"科学二盖一进局逼叫"系列之四

现代满贯叫牌
——技巧与默契

【美】王建坚◎著

成都时代出版社
CHENGDU TIMES PRESS

图书在版编目（CIP）数据

现代满贯叫牌：技巧与默契／（美）王建坚著.
成都：成都时代出版社，2024. 11. -- ISBN 978 - 7
- 5464 - 3541 - 1

Ⅰ. G892. 1

中国国家版本馆 CIP 数据核字第 2024SN0466 号

现代满贯叫牌——技巧与默契

XIANDAI MANGUAN JIAOPAI——JIQIAO YU MOQI

[美]王建坚　著

出 品 人　达　海
责任编辑　刘　瑞
责任校对　周小彦
责任印制　黄　鑫　曾译乐
装帧设计　合创同辉
封面设计　九天众和

出版发行　成都时代出版社
电　　话　(028)86785923(蜀蓉棋艺工作室)
　　　　　(028)86763285(市场营销部)
印　　刷　成都市兴雅致印务有限责任公司
规　　格　165 mm×238 mm
印　　张　22
字　　数　410 千
版　　次　2024 年 11 月第 1 版
印　　次　2024 年 11 月第 1 次印刷
印　　数　3000
书　　号　ISBN 978 - 7 - 5464 - 3541 - 1
定　　价　68. 00 元

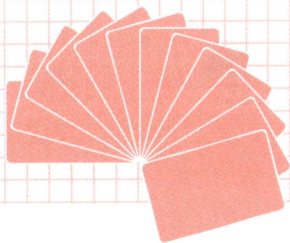

我与王建坚先生相识于二十世纪八十年代末。他毕业于北京大学，后赴美深造并取得博士学位，成为一名卓有成就的科学家。

我们的友谊源于共同的爱好——桥牌。那时他凭借出色的牌技，成功入选国家青年队，并在全国性比赛中屡获佳绩，被视为桥牌界最具潜力的青年牌手之一。

身居海外三十年，他对桥牌的热忱始终如一。在工作之余，他多次参加北美大赛，并取得过包括冠军在内的辉煌战绩，向世界展示了中国牌手的精湛技艺与非凡风采。此外，他还始终关注并支持中国桥牌事业的发展，利用其国际桥牌新闻协会（IBPA）委员的身份，积极推荐中国牌手参与年度奖项评选，有效提升了中国桥牌在国际舞台上的影响力与地位。

2014年，应中国桥牌协会之邀，他出任中国希望队教练，倾力培育了一批优秀的年轻女性牌手，这批新生力量如今已成为中国女子桥牌的中坚力量。同年，我亦再次担任中国桥牌女队教练，与他的来往交流愈发密切。执教期间，他深厚的理论功底与严谨的教学风格令人印象深刻，我对他的才华和精神十分敬佩。

他不仅是一位优秀的教练，还是一位高产的桥牌理论研究者与创作者，尤其在叫牌领域做出了许多开拓性贡献，撰写了《精确叫牌法训练指南》《科学自然叫牌法——逻辑与思维》《现代竞争叫牌——分析与综合》《现代防守叫牌——机遇与挑战》等一系列精彩作品。现在他又推出了新书《现代满贯叫牌——技巧与默契》，内容翔实，见解独到，堪称鸿篇巨制。

我受邀为其撰写序言，不胜惶恐，深感荣幸之余又细细读之，时有茅塞顿开之感，收获颇丰，受益良多。

现勉力为之，愿以此序向广大桥牌爱好者们推荐此书，共享这场由顶级牌手与教练王建坚先生给大家带来的桥牌盛宴。

王晓静

中国国家混合桥牌队主教练

序 二

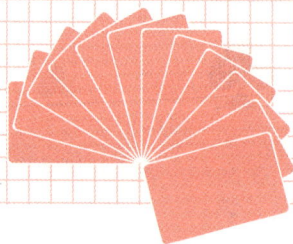

如果从北京青年队和北京队的师承来论，王建坚老师可算是我的嫡系前辈，其早年的精彩牌例只能在报刊上欣赏。我于2014年世界桥牌综合锦标赛及之后数次北美桥牌大赛中有缘与王建坚老师一同组队，近距离交流桥牌，经历十分愉快，其科学严谨的态度更是我辈当学之典范。近年来，王建坚老师把自己多年的研究成果整理成书出版，对于所有桥牌爱好者而言实乃一大幸事。

相信很多读者看过"科学二盖一"系列丛书的前三部后，都有意犹未尽的感觉。在自由叫牌、竞争叫牌和防守叫牌之后，现在也迎来了这个系列的第四部分，也是最激动人心的一个篇章。提到满贯叫牌，我脑海中立刻回想起最近一次百慕大杯上与挪威队的四分之一决赛。在那场势均力敌的比赛中，最终的几副满贯叫牌决定了胜负走向。类似的战例并不罕见，你是否在一次比赛过后有过这种感触："如果那副满贯处理好，我们本可以赢下比赛。"可是桥牌比赛哪有赛后的如果，只有赛前和搭档间细致的探讨和充分的准备，加之比别人更多的练习。

虽然我们都深知满贯叫牌的重要性，但在平时使用的叫牌体系中，满贯叫牌所占篇幅往往不大，且多是相关约定的罗列。在读完全书仔细回味后，我深感本书的重点是满贯叫牌而非满贯约定叫——系统性阐述了满贯叫牌的要素、原理及具体应用手段，并有完备的后续和扩展讨论。这绝不是一本字典般的"武功"招式大全，把它当作一部提升满贯叫牌观念的"内功"心法更为贴切。仅从书中收集的牌例，就足见王建坚老师对桥牌的热情和用心。一方面牌例多出自国际、国内高水平大赛，贴近实战而且紧随潮流，另一方面又分门别类，做了详尽解读和深入探讨。通过对实战牌例的剖析与总结，我们更能体会桥牌之千变万化、博大精深。即使是世界级高手也难以做到尽善尽美，提高之路永无止境。

要将书中的内容融会贯通，运用于实战并取得出色效果，书名中最后两个字"默契"堪称点睛之笔。任何先进的理念、高超的技巧都只能在搭档默契的维度上奏效，如果把叫牌比作两个人的对话，一般的叫牌大概三言两语就能把梗概讲清，而满贯叫牌则时常需要结构起承转合、内容洋洋洒洒。在满贯叫牌领域，由于决策判断的条件更精细，搭档间沟通的轮数更多，所要交换的信息更复杂，搭档默契就显现出举足轻重的地位。我们都不愿看到两个人说着华丽的辞藻，拼凑起来的文章却前言不搭后语。如果你读完本书有豁然开朗之感，或是对书中的叫牌技巧跃跃欲试，一定不要忘记把这本书也推荐给你的搭档。相信王建坚老师的专著能够成为你们桥牌之路上进步的阶梯。

刘 京

中国国家女子桥牌队主教练

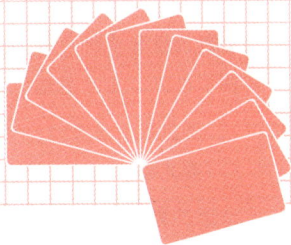

本书为"科学二盖一"系列丛书的第四部，重点是对桥牌叫牌中极为重要的满贯叫牌展开全面的讨论。

满贯叫牌无疑是桥牌比赛中最激动人心，也最具观赏价值的部分。这一方面是因为满贯叫牌的成败往往会导致大的分差，甚至足以决定一场比赛的胜负，其伴随而来的巨大喜悦或失落也会令人对桥牌这项运动爱恨交加（亦是一种魅力）。同时满贯叫牌也最能体现一对牌手使用各种叫牌技巧的能力以及搭档之间的默契程度。一个精准的满贯叫牌令人心旷神怡，如饮香醇美酒；而一个失败的满贯叫牌又会让人在咽下苦果的同时扼腕叹息。

众所周知，桥牌比赛的胜负有很大一部分取决于叫牌。而在所有叫牌导致的分差中，满贯叫牌又占了相当大的比例。那么假设你如笔者一样是一位桥牌典籍的收集者，偶尔去检视一下书架时会看到什么呢？有75％－80％是探讨攻防的书，而研究叫牌的书仅有20％－25％——这与它们对比赛胜负的贡献正好相反。进一步查看还可以发现其中系统讨论满贯叫牌的著作更可谓凤毛麟角。

应该说形成这一局面的原因是多方面的：

首先，叫牌是桥牌特有的技术环节，而攻防则与其他一些扑克牌游戏有着相通的地方，尽管桥牌的攻防在难度上要远远高出其他游戏。因此着眼于攻防的书更容易为大部分人所接受并参与其中。而叫牌的许多技巧则往往不易理解，练习起来也会觉得较为枯燥。

其次，在看到四手牌的情况下正确的攻防路线比较直观，即使是初中级牌手也能在绝大部分情况下看明白，至于专家牌手则会较容易地得出一致的意见。而叫牌则要复杂得多，往往是即便能看出两手牌所应叫到的最佳定约，也很难给出最为合理的进程。到了满贯范畴的叫牌，即便是世界级的牌手也会因其使用的体系、风格和所掌握的技巧不同而出现五花八门的进程，搭档之间意见相左甚至出现灾难性误会的情况也时有发生。这些都无形中增加了优化满贯叫牌手段和形成成熟理论的难度。即使是实战和写作水平都很高的牌手也会对在这一领域著书立说产生畏难情绪。这使得一般牌手更难学习和掌握相对高深的叫牌手段与技巧，进而导致许多满贯叫牌都处于一种"瞎蒙"的状态。

再有就是桥牌的攻防技术与理论已非常成熟，而叫牌尤其是满贯叫牌的手段与理论则依然在不断发展。当一个牌手想提高自己的攻防水平时，将凯尔西（Hugh Kelsey）或里斯（Terence Reese）半个多世纪以前的著作都好好学习一遍绝对有效。这是因为虽然坊间不乏

3

近年出版的桥牌攻防书籍，但鲜少有出其右者。但是反过来说，现在又有谁会为了提高实战成绩去研习一本几十年前的叫牌书呢？在凯尔西众多的桥牌著作中曾经有过一本《满贯叫牌》，现在且不说看过，恐怕连听说过的都远没有细读过《桥牌逻辑》《桥牌高超做庄技巧》《桥牌防守杀着》等书三遍以上者众。

论述叫牌的书籍大多可以归为两类：第一类是介绍某种体系，那么满贯叫牌通常只占其中一章，浅尝辄止而缺乏深入探讨；第二类是讨论某些专题，虽有为数不多是针对满贯叫牌的，但往往缺乏系统性和完整性。在极少的关于满贯叫牌的专著中，最值得称道的是波兰著名桥牌理论家与作家克里斯托多夫·马汀（Krzysztof Martens）十年前所著的《专业满贯叫牌》（Professional Slam Bidding）。其对满贯叫牌中的牌值评估、局势判断及各种特定装置的使用等重要课题都有不同程度的探讨，并提出了很多独到且有深度的见解。然而其各个部分的难易程度相差较大，且缺乏有效的衔接以说明如何合理地组合及提升满贯叫牌的能力。因此大部分读者在阅读时深感晦涩与吃力，也难以在实践中彰显其成效。

需要说明一点：本系列丛书的前三部中已有不少涉及满贯叫牌的讨论。因此本书的部分内容会与之前的三部有所交叉。本书专注于各个满贯叫牌课题，进行全方位系统的梳理和研究，是对整个体系不可或缺的补充。大部分研讨叫牌体系的书都会演示一些使用某种装置达到理想满贯的精彩进程，这一点我们也不能完全免俗。然而在实战中如何避免叫到不合格的满贯，即何时刹车、何时放弃同样甚至是更加重要的课题。因此这部分也将是我们关注的重点。

我们在此特别强调，与本系列丛书的第三部《现代防守叫牌——机遇与挑战》类似，作为第四部的《现代满贯叫牌——技巧与默契》也具有不分体系的普适性，其中所阐述的概念、原则、手段、方法可以为所有不同程度的牌手提供帮助。

最后，我们热忱地欢迎诸位桥友对本书提出批评和建议。请将您的意见或问题电邮至wangjj_ bridge@yahoo.com，笔者一定予以认真答复。

目 录

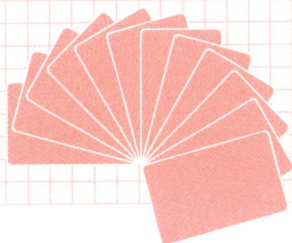

第三部分 相关用法及约定

4

第一部分

确定足够的赢墩

在这一部分，我们将主要讨论保证我方
满贯定约至少有12个赢墩的手段与方法。

第 1 章　输墩计算

"输墩计算"作为一种帮助牌值评估的方法并不能算是一个新概念。早在1934年，"输墩计算"一词就出现在了杜德利·考特尼（Dudley Courtenay，美国）所著的《专家体系》（The System of the Experts Play）一书中。1935年，乔治·沃尔仕（George Walshe，英国）与原作者合作编辑后出版了该书的英国版，并将书名改为《输墩计算》（Losing Trick Count）。

当代桥牌作家朗·克林格（Ron Klinger，澳大利亚）在1986年所著的《现代输墩计算》（The Modern Losing Trick Count）一书中对输墩计算的原理和应用做了更加细致的介绍，也使得这一方法获得了进一步的推广。目前，许多专家牌手都将之作为判断边缘局势时一个较为有效的判据。

在本章中，我们将首先与读者一起回顾输墩计算的基本原理，并对这一方法的优势及缺陷做出评估。然后再结合实战牌例就如何改进基本计算、明确应用范围、提高实战效果做出更为完整的讨论。值得强调的是：输墩计算的使用并不仅限于满贯叫牌，而是可以广泛应用于对包括是否停叫、邀局、进局、试探满贯在内的各种局势的判断。

1.1　基本原理

输墩计算的基本原理和使用可以归纳为一个前提及三个步骤。

一个前提是指我方已明确建立起8张以上的配合——这一点非常重要。

三个步骤则是：

（1）计算自己的输墩；

（2）估算同伴的输墩；

（3）用 24 减去自己和同伴的输墩得到己方联手所能获得的赢墩。

不难看出，虽然称作"输墩计算"，但其实际上是一种以计算出我方总赢墩数为最终目的的牌力评估方式。

1.1.1 计算自己的输墩

检查至少有 3 张的花色中的前 3 张牌，以及不足 3 张的花色中的所有牌：

· J 以下的牌张计 1 个输墩；

· Q 在单张或双张时计 1 个输墩，否则不计输墩；

· K 在单张时计 1 个输墩，否则不计输墩；

· A 不计输墩。

例 1.1 请计算以下几手牌中的输墩数。

a) ♠A107　　♥985　　♦Q765　　♣K75

b) ♠A107　　♥K9854　　♦QJ6　　♣K5

c) ♠A10　　♥K98542　　♦QJ65　　♣K

d) ♠A107　　♥KQ9854　　♦QJ6　　♣A

e) ♠A107　　♥AKQ9854　　♦Q6　　♣A

f) ♠A107　　♥AKQ9854　　♦AQ6　　♣—

a) 各门输墩数分别为 2、3、2、2，共计 9 个。

b) 各门输墩数分别为 2、2、2、1，共计 7 个。

c) 各门输墩数分别为 1、2、2、1，共计 6 个。

d) 各门输墩数分别为 2、1、2、0，共计 5 个。

e) 各门输墩数分别为 2、0、2、0，共计 4 个。

f) 各门输墩数分别为 2、0、1、0，共计 3 个。

1.1.2 估算同伴的输墩

如果说计算自己持牌的输墩比较简单而直接，那么估算同伴持牌的输墩则较为复杂且间接。而完成这一评估的依据只能是其做出的叫牌。

假设我们持有一手 4-3-3-3 型的牌，在没有 A、K、Q 时：

♠J432　　♥J32　　♦432　　♣432

3

这样一手 2 个大牌点的牌输墩为 12。而在每门花色都有 A、K、Q 时：

♠AKQ2   ♥AKQ   ♦AKQ   ♣AKQ

这样一手 36 个大牌点的牌输墩为 0。

也就是说，大约每 3 个大牌点可以减少 1 个输墩。我们通过表 1 - 1 给出一些初期叫品所大致对应的大牌点和输墩数：

表 1 - 1　初期叫品对应的大牌点和输墩数

叫品	大牌点	输墩数
低限开叫	12 ~ 14	6 ~ 7
中限开叫	15 ~ 18 -	5 ~ 6
高限开叫	18 + ~ 21	4 ~ 5
超强开叫	22 +	4 个以下
简单加叫开叫花色	6 ~ 10	8 ~ 9
有限加叫开叫花色	10 + ~ 12 -	7 ~ 8

1.1.3　得出己方的赢墩数

在完成了前两步之后，只要用 24 减去自己手上的输墩及同伴大致的输墩，得出的差就是我方联手最可能获得的赢墩数。

为什么是用 24 去减？因为两手牌最多可能的输墩数是 24（12 + 12）。

我们不妨通过两个简单的例子来验证一下这一原理的有效性。

例 1.2

a）开叫人：　　　　　应叫人：

♠ 63　　　　　　　　♠ 8

♥ AQ54　　　　　　　♥ K109762

♦ K3　　　　　　　　♦ A854

♣ AKJ93　　　　　　♣ 74

5 输墩　　　　　　　7 输墩

联手赢墩数：24 - 5 - 7 = 12

尽管联手只有 24 点，却可轻易完成 6♥。

b）开叫人：　　　　应叫人：

♠ Q9　　　　　　♠ J87

♥ K954　　　　　♥ AJ62

♦ J3　　　　　　♦ K54

♣ AKJ63　　　　♣ Q74

7 输墩　　　　　　9 输墩

联手赢墩数：24 − 7 − 9 = 8

尽管联手有 25 点，但完成 4♥ 成局定约的机会很低。

1.2　适当调整

输墩计算的基本原理非常简单，但其存在的问题也是非常明显的：

首先，其对 3 张以上套中的 A、K、Q 一视同仁。也就是对 A32、K32、Q32 的牌值评估是一样的，而这显然不符合实际情况。同样是面对同伴含 K 的 3 张，持 A32 时将只输 1 墩，而持 Q32 时通常要输 2 墩。

调整 1：Q×× 算作 2.5 输墩，而有较多控制的牌则下调 0.5 − 1 个输墩。

其次，其没有赋予 J（10）任何价值。而它们显然与一张小牌是有区别的，这一点在和 A、K、Q 形成组合大牌时尤其如此。

调整 2：对以下大牌组合做出调整：

AJ10　　　　　　　1 输墩

KJ10　　　　　　　1.5 输墩

QJ×　　　　　　　2 输墩

再次，单张 K、双张 Q 在输墩计算中被完全忽略不计。但如果同伴在这门花色上拥有 A、K、Q，这时的单张 K、双张 Q 就可能产生必要的赢墩。

调整 3：在面临边缘决定时，应考虑单张 K、双张 Q 及没有形成组合的 J（同伴花色中的大牌尤其有利）的正面因素。比如：同伴主套中的单张 K、双张 Q 应减半个输墩，我方将牌中的单张 K、双张 Q 则减一个输墩。

1.3　优势之处

当我们拿到一副牌的时候，都会首先数一下大牌点以作为最初步的牌力评估。那么在此基础上为什么要进行输墩计算？是否有些多此一举？其相比于仅计算大牌点有哪些优势？

简而言之，输墩计算法有以下三点优势：

第一，其体现了组合大牌的优势。

众所周知，组合的大牌比分散的大牌有效。例如：

例1.3

a）你： QJ2　　　　b）你： Q32

同伴：543　　　　　同伴：J54

联手都是3个点，但a）组合取得1墩的机会是75%，而b）组合取得1墩的机会只有50%。

c）你： KQ2　　　　b）你： K32

同伴：543　　　　　同伴：Q54

联手都是5个点，但c）组合有50%的机会取得2墩，而b）组合则需要极好的运气才能获得2墩。

例1.4　请比较以下两手牌

a）♠ K764　　　b）♠ KQ64

　　♥ AK93　　　　　♥ AK93

　　♦ J2　　　　　　♦ J2

　　♣ Q42　　　　　♣ 742

　　7.5 输墩　　　　7 输墩

都是13点。a）中♠K和♣Q两张分散大牌使得两门黑花色合计4.5输墩；b）中♠KQ为组合大牌，两门黑花色合计仅4输墩。

第二，其体现了长套的优势。

输墩计算只看每门的前3张，因此从第4张起就都评估为"赢张"。

例1.5　请比较以下两手牌

a）♠ KQ642　　　b）♠ KQ6432

　　♥ AK932　　　　♥ AK932

　　♦ J3　　　　　　♦ J3

　　♣ 4　　　　　　♣ —

　　5 输墩　　　　4 输墩

仍然都是13点，但6－5套的价值应高于5－5套。由输墩计算看a）中高花5－5，低花中有3个输墩；而b）中高花6－5，低花中的输墩降为2个。

第三，其体现了长套中点力的优势。

例 1.6　请比较以下两手牌

a)	♠ K7642	b)	♠ KQ642
	♥ AK932		♥ AK932
	♦ QJ		♦ J3
	♣ 4		♣ 4
	6 输墩		5 输墩

依然都是 13 点，但直观上 b) 显然要更好一些。由输墩计算看 a) 中的 ♦Q 在双张套中效力有限；b) 中的 ♠Q 在长套中，于是减少了 1 个输墩。

1.4　具体应用

例 1.7　持下面两手牌，你准备如何应叫？

1♠　　　　　?

a)	♠Q64	♥Q973	♦J62	♣Q42
b)	♠A64	♥9873	♦QJ62	♣42
c)	♠K764	♥3	♦A2	♣987542

a) 1NT。7 点牌，似乎属于正常加叫 2♠ 的低限。但是从输墩计算的角度来看这手牌有 10.5 个输墩（方块 3 个，其他三个花色各 2.5 个）。因此正确的处理应该是应叫 1NT。

b) 平加叫。同样 7 点牌，不过输墩数减为 9 个，属建设性加叫的低限。

c) 跳叫邀局。还是 7 点牌，但如果做正常的 2♠ 加叫绝对是低叫。7 个输墩的牌在有限加叫中都属于好牌。

例 1.8　持下面几手牌，你准备如何再叫？

1♠　　　　　2♠
?

a)	♠AKQJ4	♥832	♦KQ	♣762
b)	♠AK764	♥83	♦J862	♣AK
c)	♠AJ764	♥3	♦42	♣AKQ62

a）不叫。15 点及 7 个输墩属于低限开叫实力，应满足于 2♠定约。

b）3♦。15 点，6 个输墩。加上 2 组 AK 适当的正调整，属于寻求帮助叫邀请中不错的牌。

c）4♠。14 点，比上一例还"弱"的牌就直接跳叫进局？是的，由于是 5－5 套且点力全部集中于长套中，整手牌只有 5 个输墩。♠J 还有正调整，理应信心满满地叫到成局定约。

例 1.9 2016 年世界桥牌运动会公开组决赛

（摩纳哥队——荷兰队）第 58 副　双方有局

$$
\begin{array}{c}
\spadesuit\ KJ1085 \\
\heartsuit\ A82 \\
\diamondsuit\ Q98 \\
\clubsuit\ J2
\end{array}
$$

♠ 42	北	♠ 76
♥ KQ1043	西　东	♥ J9
♦ 102	南	♦ AJ654
♣ A976		♣ Q543

$$
\begin{array}{c}
\spadesuit\ AQ93 \\
\heartsuit\ 765 \\
\diamondsuit\ K73 \\
\clubsuit\ K108
\end{array}
$$

	西	北	东	南
开室：	De Wijs	Helness	Muller	Helgemo
闭室：	Multon	Drijver	Martens	Brink
			——	1♣
	2♥	加倍	——	2♠
	——	4♠	==	

4♠显然是个很差的定约，主要的问题是应叫人的再叫。

虽然有 11 点及 5 张黑桃，但 5－3－3－2 及零散的次级大牌使得这手牌的实际能力并没有简单叠加点力表现出的那么好。

输墩计算发现这手牌的四门花色分别有 1.5、2、2.5、2，共计 8 个输墩，也就是相当于邀叫实力的牌。如果应叫人选择了正确反映这手牌实力的邀叫，那么同样持有 8 个输墩的开叫人肯定会止于 3♠。

一般来说，两手 8 个输墩的牌合起来应该只能得到 24 − 8 − 8 = 8 墩牌。实际上也确实如此，黑桃定约有红花色各 2 个、梅花 1 个，共 5 个输张。实战中，当庄家从明手引 ♣J 时，面临判断的东家未盖 ♣Q，使得庄家得到 2 墩梅花并垫掉明手一个方块输张。尽管如此，4♠ 依然是难逃宕一的结果。

例 1.10　2017 年世界桥牌团体赛威尼斯杯半决赛

（瑞典队——英格兰队；中国队——波兰队）

第 14 副　双方无局

```
                    ♠ 9
                    ♥ AQ843
                    ♦ 873
                    ♣ AQ64
   ♠ KQ853          北          ♠ A1042
   ♥ 109652    西        东     ♥ K7
   ♦ K9                         ♦ A1054
   ♣ 8              南          ♣ J72
                    ♠ J76
                    ♥ J
                    ♦ QJ62
                    ♣ K10953
```

	西	北	东	南
第 2 桌：	Bertheau	Draper	Anderson	Smith
第 3 桌：	C. Baldysz	卢燕	Z. Baldysz	刘艳
			1♣	−−
	1♠	2♥	2♠	==

瑞典和波兰组合都错过了极佳的 4♠ 定约（即便红心畸形分布，北家也要做出几乎不可能的 ♥A 首攻方能击败 4♠）。究其原因在于西家过于拘泥点力而未看出整手牌的实际价值。

西家虽仅 8 点，但只有 6 个输墩。在同伴持有 4 张配合、正常 6 − 7 个输墩的开叫牌时，做进局邀叫都嫌少了，更不要说不叫了。这两对牌手在这副牌上输掉 6IMP 实在是一点都不冤枉。

在讨论了两副是否应该进局的牌例后，我们再回到满贯范畴的叫牌。

例 1.11 2017 年世界桥牌团体赛百慕大决赛

（法国队——美国二队）第 74 副 双方有局

```
              ♠ J94
              ♥ AJ85
              ◆ 109
              ♣ J862
♠ 32                        ♠ AKQ87
♥ Q          北             ♥ K432
◆ AKQ875   西   东          ◆ 32
♣ A753       南             ♣ K10
              ♠ 1065
              ♥ 10976
              ◆ J64
              ♣ Q94
```

开室（美国二队）：		闭室（法国队）：	
Martel	Fleisher	Volcker	Bessis
	1♠		1♠
2◆	2♥	2◆	2♥
3◆	3NT	2♠[1]	2NT
==		3◆	3♠
		3NT	4♣
		4◆	4♥
		6◆	==

1. 梅花套。

开室 Fleisher 的 3NT 在♣4 首攻后取得 13 墩，＋720。闭室 Volcker 的 6◆ 在♥A 首攻后取得 12 墩，＋1370。

开室错失满贯的责任在 Fleisher 最后的 3NT 上。当 Martel 显示了好的 6 张套及进局实力之后，Fleisher 握有 5 个输墩、控制及大牌组合均好的 15 点而未做任何满贯试探显然是不妥的。

闭室 Bessis 则对整手牌的价值有着更准确的评估。其 4♣扣叫是极为关键的一叫。注意：这里不宜做简单的 4NT 邀叫，那将否认 8 张配合——即在同伴显示的 6 张以上好套（方块）中为单缺。

例1.12 2017年全国桥牌团体赛第二轮

第5副 南北有局

```
              ♠ AQ6
              ♥ 3
              ♦ KJ109
              ♣ KJ765

♠ 9542            北        ♠ 1087
♥ KJ9865      西      东     ♥ A42
♦ —               南        ♦ 742
♣ 832                       ♣ A104

              ♠ KJ
              ♥ Q107
              ♦ AQ8653
              ♣ Q9
```

西	北	东	南
	1♣	--	1♦
2♥	3♦	3♥	加倍
--	5♦	--	6♦
==			

叫到缺2个A的小满贯总是值得认真检讨的。

从南家的角度来看：同伴的3♦承诺4张方块及非低限。之后跳叫进局应是基于红心短及一定的余力。那么应叫人是否足以加叫进满贯呢？虽然是持14点和不错的6张套，但分散的次级大牌使得这手牌的总输墩数为7个。指望开叫人持5个输墩，亦即在应叫人一盖一应叫后就能完成四阶定约的牌并不现实。

或许有人会说如果开叫人的♣KJ换成♣A，依然是一手6个输墩的牌，但6♦就是铁牌了。如果那样，握有5个控制、3个关键张的开叫人应考虑正调整，在3♥加倍之后会扣叫而不是直接叫5♦到局。

例1.13 2018年世界桥牌综合锦标赛罗森布鲁姆杯决赛

第47副 南北有局

```
                ♠ J3
                ♥ KQ75
                ♦ AQ9742
                ♣ 8
   ♠ Q10                      ♠ 9854
   ♥ J84          北           ♥ 32
   ♦ J105      西    东        ♦ 63
   ♣ AKQ93       南            ♣ J10762
                ♠ AK762
                ♥ A1096
                ♦ K8
                ♣ 54
```

	西	北	东	南
开室：	Sementa	Helness	Bocchi	Helgemo
			——	1♠
	加倍	再加倍	2♣	——
	3♣	3♦	——	3♥
	——	4♥	==	
闭室：	Klukowski	Bilde	Gawrys	Duboin
			——	1♠
	2♣	2♥¹	4♣	——
	——	加倍	——	4♥
	==			

1. 方块套。

双方都错过了极佳的6♥定约。

从输墩原理来看，主要责任在持有12点、仅有5个输墩的北家。其在有
红心4-4配合且同伴做了开叫的情况下，理应表现出一定的满贯兴趣。

开室Helness在同伴3♥之后值得扣叫4♣，简单加叫4♥过于软弱。

闭室Bilde在对方积极的4♣阻击叫之后所面临的形势要困难一些。但看
在对方有配合的阻击花色上单张的份上还是可以积极一些。一来同伴应该在

梅花上没有浪费；二来即便需要飞西家的 ♦K，鉴于其做过的二盖一争叫 2♣，成功率也应该远超 50%。如果 Bilde 能在 4♥ 后扣叫 5♣，之后持有余力（好控制）的 Duboin 应该足以推进至 6♥。

例 1.14 2020 年中国国家队（公开组）选拔赛决赛

第 4 副　双方有局

```
                    ♠ AK76
                    ♥ K65
                    ♦ AQ84
                    ♣ Q2
   ♠ 10984                        ♠ QJ5
   ♥ J9742          北             ♥ A83
   ♦ 2          西      东         ♦ J9753
   ♣ J76            南             ♣ 103
                    ♠ 32
                    ♥ Q10
                    ♦ K106
                    ♣ AK9854
```

开室：　　　　　　　　　闭室：

北	南		北	南
1♦	2♣		1♦	2♣
2NT	3NT		2♠	3NT
4NT	==		4NT	==

实战中双方均止于 4NT 而获得 +690——错失了有 68% 成功率的小满贯。直观来看，导致错误定约的主要原因在于应叫人始终未能显示出一个好的 6 张梅花套。同时，我们不妨从输墩计算的角度来分析实战进程中的瑕疵。

开室南家将同伴的 2NT（通常为低限）加叫至 3NT 并无问题，但在同伴显示 18～19 点的 4NT 后，6.5 输墩的牌应以 5♣ 做进一步的描述与试探。之后，持有控制及关键张均佳、仅 5 个输墩的北家应该没有顾虑地挺进满贯。

闭室南家在同伴 2♠ 再叫（实力相对非限制）后，再叫描述性的 3♣ 显然要好于简单跳叫 3NT。同时，其在 4NT 后也出现了与开室南家同样的问题。

建议的改进进程为：

1♦	2♣
2♠[1]	3♣[2]
4♦[3]	4NT[4]
6NT	==

1. 实叫，通常没有 5 张方块。该叫牌比 2NT 的描述性更好。

2. 6 张以上好套。

3. 反冲式罗马关键张问叫。

4. 2 个关键张，但无♣Q。

当应叫人显示出 6 张以上梅花、进局逼叫实力之后，持有 5 个输墩（同伴花色中的♣Q2 计 1 个输墩）及极好控制且唯一的旁门 Q 还是组合大牌的开叫人已足以相信只要不缺 2 个关键张，就应该有合格的满贯可打。

1.5　延伸应用

当持有一个有力的长套时，即使是同伴没有配合亦可应用输墩计算法对整手牌的前景做出有效的评估。所谓有力的长套是指 6 张半坚固以上套（至少 AKQJ10 中 4 张）或很好的 7 张套（至少有 KQ10）。

这时可照常计算自己的输墩并根据同伴显示的点力估算其输墩。不过之后估计联手的得墩能力时要减一墩。这是因为原始输墩计算法的总体评估是基于双方有配合，即有一定将吃能力（使得长套中的第四张不再是输墩）的前提下做出的。也就是说，其更适用于双方均有 4 张以上将牌时使用，而在 5-3 配合时则需要略做负调整。如果是在足以确定将牌但又没有配合的情况下运用，联手的总墩数就应有明确的负调整。

例1.15 2019年世界桥牌团体赛四分之一决赛

第26副 双方有局

♠ 32			♠ KQ108764
♥ J94	西	东	♥ A108
♦ AJ109862			♦ 7
♣ 10			♣ A3

	1♠
1NT	3/4♠
==	

实战中大部分的牌手选择了4♠，也有少数牌手选择了3♠。

持有7张很好的黑桃，开叫人的输墩计算为5个。再加上好的控制及中间张的正调整可算作4.5个输墩。同伴1NT应叫的实力与建设性加叫类似，可算作8-9个输墩。这样24-4.5-8.5=11，再减去无配合时的一个负调整，足以跳叫需要10墩牌的4♠定约。

庄家虽然因将牌位置不利要输2墩将牌，但依靠明手将吃梅花和♦A两个进手双飞红心成功依然足以完成4♠。

例1.16

♠ A2			♠ 1064
♥ 94	西	东	♥ AK1083
♦ AQ109862			♦ K75
♣ K10			♣ A3

1♦	1♥
3♦¹	4♦
4♠²	4NT³
5♠⁴	5NT⁵
6♣⁶	7♦
==	

1. 虽仅13点，但作为5个输墩且长套、控制均好的牌足以做跳再叫。

2. 扣叫。

3. 关键张问叫，之前的4♦就是在等待同伴的黑桃扣叫。

4. 2个关键张及♦Q。

5. 问特定 K。

6. ♣K。

输墩计算法不仅可以应用于含 6 张以上有力长套的单套牌，也可在持 10 张以上、质量不错的双套牌时使用。

例1.17 持下面两手牌，你准备如何再叫？

	1♠	1NT
	?	

a) ♠AK9543　　♥AK943　　♦ —　　♣J6

b) ♠KQ10752　♥KQ103　　♦3　　♣AK

a) 3♥。虽然仅 15 点，但 4 个输墩的 6 - 5 套牌在 1NT 应叫后理应做跳叫新花色的进局逼叫。

b) 3♥。17 点的 6 - 4 套，够不够进局？当然够，毕竟只有 3 个输墩。

同时值得强调的是：输墩计算法在竞叫中也有着不错的应用价值，尤其是在对方有配合的时候。

例1.18　2019 年世界桥牌团体赛威尼斯杯决赛

（中国队——瑞典队）第 64 副　东西有局

```
                    ♠ K76
                    ♥ Q7
                    ♦ AQJ4
                    ♣ 8762
   ♠ AQJ98                        ♠ 532
   ♥ 1098          北             ♥ J2
   ♦ K6        西      东         ♦ 1082
   ♣ Q109         南             ♣ AK543
                    ♠ 104
                    ♥ AK6543
                    ♦ 9753
                    ♣ J
```

开室：　　西　　　北　　　东　　　南

　　　　　1♠　　　--　　　2♠　　　==

不难看出，如果南家主打红心定约可以拿到 11 墩，仅在黑花色中各输

1 墩。那么南家在东家的 2♠ 加叫之后应该行动吗？

按照输墩计算法，南家的持牌为 7 个输墩。也就是说，从主打能力上看与有开叫实力的牌相当。因此虽然仅 8 个大牌点还包括 1 个单张♣J，但仍应该毫不犹豫地竞叫 3♥。

实战中南家过于保守地不叫，使得这副牌的主打权被对方偷走。同时，未能叫出红心套在防守时还产生了一个副作用：导致同伴始终未碰红心。首攻♣6，庄家♣Q 后机敏地打♠J，北家很自然地放小。最后防守方仅得到♠K 及红花色各 2 墩，−110。

闭室南家在同样的 1♠、2♠ 之后正常地争叫 3♥，并最后主打 4♥ 超一。收获 +450 及 11IMP。

1.6 不足之处

看来输墩计算确实是一个非常有用的工具，那么它有没有什么不足之处呢？我们还是通过几组牌例来说明。

例1.19　　　　　开叫人：5 输墩

a)

♠ 63
♥ AQ54
♦ K3
♣ AKJ93

b)

♠ K3
♥ AQ54
♦ 63
♣ AKJ93

应叫人：7 输墩

♠ 8
♥ K109762
♦ A854
♣ 74

c)

♠ K63
♥ AQ54
♦ 3
♣ AKJ93

我们曾在 1.1 节中用开叫人 a）与应叫人相配说明输墩计算的原理：当开叫人持 5 个输墩、应叫人持 7 个输墩时，联手可得 12 墩，即可打成 6♥。

那么，如果我们将开叫人的牌稍做调整呢？

开叫人 b）是将♦K 换成了♠K。联手依然是 12 个输墩，但很可能需要全取 5 墩梅花才能得到 12 墩。6♥ 已不再是一个合格的定约。

开叫人 c）是进一步将 ♦6 换成了 ♠6。这下由于没有了方块输张，6♥ 定约又变得非常有希望了。

输墩计算缺陷一：无法准确估算联手点力与牌型结合的有效程度。例如短门中是否有浪费，将吃的能力等。

例 1.20　　　　开叫人：6.5 输墩（含控制数调整）

a)

♠ K8

♥ AJ1072

♦ A84

♣ 876

b)

♠ 98

♥ AJ1072

♦ A84

♣ K76

应叫人：5 输墩

♠ AQJ73

♥ KQ54

♦ 3

♣ A52

c)

♠ 98

♥ AJ1072

♦ AK4

♣ 876

联手都是 11.5 个输墩，但打红心定约的得墩情况是明显不同的。

开叫人 a）持有的 ♠K 在同伴的 5 张旁门长套里。打成 7♥ 没什么问题。

开叫人 b）持有的 ♣K 在同伴的 3 张套里。需要飞中 ♠K 才能得到 13 墩，6♥ 属正常定约。

开叫人 c）持有的 ♦K 在同伴的单张里。在对方的梅花首攻之后，需要飞中 ♠K 才能得到 12 墩，6♥ 属边缘定约。

例1.21　　　　　　开叫人：4.5 输墩（含控制数及 J 的调整）

♠ 8
♥ AJ72
♦ AKJ4
♣ A876

应叫人：7 - 8 输墩

a)　　　　　　　　b)　　　　　　　　c)

♠ A73　　　　　♠ A73　　　　　♠ AQ3
♥ KQ1042　　　♥ KQ1042　　　♥ KQ1042
♦ Q2　　　　　♦ 63　　　　　♦ 63
♣ 952　　　　　♣ Q52　　　　　♣ 952

应叫人 a) 有 8 个输墩。结合开叫人的 4.5 个输墩，联手似乎应有 11.5 个赢墩。但由于 ♦ Q2 与 ♦ AKJ6 形成强大的组合优势。让应叫人将吃两次黑桃就可完成 7♥——亦即比输墩计算的评估多出 1.5 墩。

应叫人 b) 有 7.5 个输墩，预估 6♥ 为合理定约。由于 ♣Q 与 ♣A 形成一定的组合优势。做庄时可以通过先飞 ♣K 再飞 ♦ Q 两飞中一的打法尽量将低花输墩限制为一个。应该说输墩计算在这副牌上的评估非常到位。

应叫人 c) 因 ♠Q 与 ♠A 形成组合大牌而仅有 7 个输墩，但对联手牌并无意义。换句话说，红心定约实际上可得的 11 墩（梅花首攻后不飞 ♦Q 的得墩数；如果飞 ♦ Q，飞中 12 墩、飞失 10 墩）比输墩计算法评估的 12.5 墩少了 1.5 墩。

输墩计算缺陷二：可以体现单手牌组合大牌的优势，却无法评估出联手牌组合大牌的优势。

1.7　总结

作为一个不太复杂但颇为有效的牌值评估方式，输墩计算法：

· 对简单的点力计算是一个有效的补充；

· 对持边缘牌时判断是否止叫部分定约、邀请成局定约、确立成局定约、试探满贯定约有较大的帮助，尤其是在叫牌的中早期阶段；

· 由于其无法准确地衡量出联手点力、牌型配置的有效性，因此确定最终的满贯定约往往还有赖于更加细腻的中后期叫牌。

第2章 严肃与非严肃3NT

2.1 原始定义

严肃/非严肃满贯试探的系列用法始于美国著名牌手埃里克·罗德威尔（Eric Rodwell）所发明并推广的被称为严肃3NT的约定叫。其基本定义为：当己方在一个无干扰的进局进程中（比如开叫人和应叫人均有开叫以上实力）于三阶建立了高花配合之后，以3NT作为约定叫显示一手真正有满贯兴趣的好牌，而直接扣叫则是一手非低限足以配合满贯试探的牌。

2.2 优势之处

为什么需要这样一个满贯试探的装置？概括地说，其有助于对整手牌量的准确评估——即判断出我方是否具备打成满贯所需的实力及赢墩。

例2.1

	1♠	2♥
	3♥	?

a) ♠ 54
♥ KJ654
♦ KQ6
♣ QJ3

b) ♠ 4
♥ KJ6543
♦ KQ6
♣ QJ3

持a）手牌，至少7输墩理应示弱4♥。那么持b）手牌呢？是否觉得叫4♥太委屈（仅6输墩），而扣叫4♦又过于积极（毕竟只12点且控制差）呢？

如果使用严肃3NT，那么b）手牌就可以心安理得地叫4♦了。

2.3 适度改进

目前牌坛更为流行的是原始严肃 3NT 的衍生用法——即所谓的非严肃 3NT［为美国桥牌名宿基特·伍尔西（Kit Woolsey）首倡］。描述起来很简单，就是对调原始 3NT 和扣叫的定义：以 3NT 显示非低限、直接扣叫显示中限以上实力。

我们支持这一改进。其主要原因在于 3NT 的隐蔽性要好于扣叫，而在我方联手达到进局实力时持非低限牌的机会肯定要高于持中限以上好牌的机会。这一对调将提高使用 3NT 的频率，也就总体上减少了透露给对方的信息量。

我们同时建议在三阶红心配合之后使用 3♠ 作为温和满贯兴趣，不妨称之为非严肃 3♠，而将 3NT 作为扣叫黑桃的严肃满贯试探。这一改进的优势在于一方持相对较弱的牌时，给同伴留出了更多的扣叫、试探满贯的空间。

从现在开始，我们约定在适当的进程中将红心、黑桃配合后的 3♠、3NT 作为非严肃性满贯试探，而直接扣叫（红心将牌时以 3NT 替代黑桃）作为严肃性满贯试探。

2.4 具体应用

非严肃 3♠/3NT 主要应用于以下进程：

a)	1♦	2♣	b)	1♥/♠	2♣（♦）
	2♥	3♥		2♥/♠	3♥/♠
	?			?	
c)	1♥/♠	2♣（♦）	d)	1♠	2♥
	2♠/♥	3♠/♥		2♠	3♠
	?			?	
e)	1♠	2♥	f)	1♠	2♣（♦）
	3♥	?		2♥	3♥
				?	

具体来说，就是两轮叫牌之后于三阶建立了高花配合及进局逼叫的进程，但二人的持牌均还属于非限制性的范畴。

注意：在 e）中，如果应叫人再叫 3♠，即我方先后配合同伴而未叫过其他花色时，将被视作自然实叫。因此即使是红心将牌，仍需要使用 3NT 作为非严肃满贯试探显示非低限的牌。

问题 2.1 对于使用强 1♣ 开叫体系的牌手而言，开叫人有使用非严肃 3♠/3NT 的必要吗？

即便是使用强 1♣ 开叫如精确体系，在现代积极开叫的原则下，其高花开叫 10 + ~15 点的范围依然是较大的，因此仍然有必要使用两档满贯试探叫。

例 2.2

	1♥	2♦
	2♠	3♠
	?	

a）	♠K675	♥AJ876	♦6	♣QJ3
b）	♠K675	♥AJ876	♦QJ6	♣3
c）	♠KQ65	♥A9876	♦6	♣Q53
d）	♠AJ65	♥AQ876	♦6	♣QJ3
e）	♠AJ65	♥AQ876	♦6	♣K43
f）	♠AJ65	♥AK8762	♦K6	♣3

a）4♠。点力低限，控制、牌型也都没有什么加分因素。

b）3NT。对调了低花，对同伴的主套有支持，未叫花色单张，不能作为最低限处理。非严肃 3NT 正是为这类牌所设。

c）3NT。原则：持 2.5 个以上关键张时，都不能作为最低限牌处理。

d）3NT。14 点，控制和点力位置一般，为非严肃 3NT 的高限。

e）4♣。♣QJ 换成 ♣K。多了个控制，可视作严肃满贯试探的低限。

f）4NT，关键张问叫。不仅是多了 1 点，更重要的是牌型得到了本质的提升。只要不缺关键张，满贯就值得打。

总体而言，在使用非严肃 3♠/3NT 的局势下，直接加叫进局的弱牌应该只占 10% 的比例——即绝对低限，大部分牌都在非严肃 3♠/3NT 的范围之内，而足以扣叫甚至直接做关键张问叫的牌占 25% – 30%。

例 2.3

	西	东	
♠ K3			♠ A
♥ AJ1054			♥ KQ6
♦ J6			♦ AKQ875
♣ QJ102			♣ 985

开室:		闭室:	
1♥	2♦	1♥	2♦
2♥	3♥	2♥	3♥
4♥	4NT	3♠	3NT
5♥	==	4♥	==

开室没有非严肃3♠这一装置，开叫人在3♥后只能叫4♥示弱。应叫人在仅需要同伴持♥A及梅花控制即能产生满贯的情况下继续试探满贯。该组合使用4♠作为反冲式罗马关键张问叫，4NT则是黑桃的扣叫。虽然在发现缺乏梅花控制之后止于5♥，但已太高了。持有♣A7的首攻人一上来便连取三轮梅花将5♥定约击宕。

闭室的开叫人则先使用非严肃3♠，后坦然示弱4♥。应叫人在未听到同伴扣叫4♣显示梅花控制之后，满贯自然也就不用再试了。

例2.4

♠ A10854		♠ KQ6
♥ A43	西　东	♥ Q9876
♦ —		♦ A4
♣ QJ976		♣ AK5

1♠	2♥
3♥	3♠[1]
3NT[2]	4♣[3]
4♦[3]	4NT[4]
5NT[5]	6♠[6]
==	

1. 显示黑桃配合。

2. 在我方连续配合高花后，除非立刻4NT为双套关键张问叫。其他叫牌均暂时假设第二套为将牌，尽管不排除最后以第一套作为将牌。3NT仍为非严肃性满贯试探。

3. 扣叫。

4. 关键张问叫。

5. 偶数关键张及缺门。

6. 基于之前的非严肃3NT，不论同伴哪个花色缺门都应满足于小满贯。

23

例 2.5 2018 年世界桥牌综合锦标赛罗森布鲁姆杯四分之一决赛

第 20 副　双方有局

<pre>
                    ♠ K104
                    ♥ 764
                    ♦ KJ76
                    ♣ Q64
      ♠ Q62   北   ♠ AJ
      ♥ AKJ3   西   东   ♥ Q1052
      ♦ A1095   南   ♦ Q2
      ♣ 83   ♣ AK752
                    ♠ 98753
                    ♥ 98
                    ♦ 843
                    ♣ J109
</pre>

开室：		闭室：	
西	东	西	东
Branco	Brenner	Madala	Bianchedi
1♦	2♣	1NT	2♣
2♥	3♥	2♥	4♣
4♥	==	4♦	4♠
		5♣	5♠
		6♥	==

　　闭室 Madala 开叫 14 ~ 16 点 1NT，Bianchedi 找到红心配合并在同伴最后一班车（详见第 3 章）4♦ 后以 4♠ 做反冲式罗马关键张问叫，最后叫进 6♥。

　　开室 Brenner 的 3♥ 之后持有低限开叫 14 点的 Branco 决定示弱 4♥。同时进行的女子组麦考尼尔杯半决赛中的一桌也同样复制了这一进程。

　　如果开叫的 1♦ 换成 1♠，3♥ 后就是大多数牌手熟悉的非严肃 3♠ 典型局势。而在实战牌例的进程中，由于开叫人、应叫人双方都属于无上限的牌，因此依然符合我们使用非严肃 3♠ 的要求。如果 Branco 能以 3♠ 作为非严肃满贯试探过渡一下，Brenner 就会有信心继续后续的满贯叫牌——比如先扣叫，然后再如闭室一样使用反冲式罗马关键张问叫。

　　在罗森布鲁姆杯四分之一决赛的八桌中仅有三桌叫到了 6♥。Madala 的做庄也同样精彩，其在赢得将牌首攻后飞中♠K，取♣AK 将吃♣2 后兑现红心、梅花赢墩，达到如下局面：

```
                    ♠ K10
                    ♥ —
                    ♦ KJ
                    ♣ —
    ♠ Q6                          ♠ A
    ♥ —          北                ♥ —
    ♦ A10    西      东            ♦ Q2
    ♣ —          南                ♣ 5
                    ♠ 97
                    ♥ —
                    ♦ 843
                    ♣ —
```

在兑现♣5 时手上垫♦10，成功实施了对北家的十字挤牌，并成为唯一全取 13 墩的庄家。

2.5　延伸应用

非严肃 3♠/3NT 的基本用法仅限于无干扰叫牌。但是在某些特定的竞争叫牌序列中，其也同样可以得到应用——以更好地评估联手实力总量。

具体应用：当己方建立 8 张以上高花配合且两人均为非限制性好牌，而对方显示 5-5 双套或有三阶高花配合之后——即我方不太可能要打 3NT 时。

a) 1♠　　3♣[1]　　3♥[2]　　――
3NT

1. 5-5 以上红心和方块套。

2. 黑桃配合，有限加叫以上实力。

b) 1♥　　1♠　　2♠　　3♠
3NT

c) 1♠　　2♥　　3♦[3]　　3♥
3NT

3. 黑桃配合，有限加叫以上实力。

例2.6 2009 年世界桥牌团体赛百慕大杯决赛

（意大利队——美国二队）第 107 副　双方无局

```
            ♠ Q97654
            ♥ 5
            ♦ AKQ62
            ♣ 4
♠ J3                          ♠ AK
♥ A10983      北              ♥ KQ4
♦ J        西    东           ♦ 98753
♣ KQ962       南              ♣ AJ3
            ♠ 1082
            ♥ J762
            ♦ 104
            ♣ 10875
```

	西	北	东	南
开室：	Zia	Fantoni	Hamman	Nunes
	1♥	3♣¹	3♠	——
	4♥	==		
闭室：	Versace	Rodwell	Lauria	Meckstroth
	——	1♠	1NT	——
	2♦²	3♦	3♥	——
	4♣	——	4♠	——
	6♣	==		

1. 5−5 以上黑桃和方块套。

2. 红心转移叫。

正如一些专家建议的，Zia 或许应该考虑在 Hamman 的 3♠ 扣叫之后使用非严肃 3NT 这一装置。那么其后续进程可能是：

西	北	东	南
1♥	3♣	3♠	——
3NT	——	4♣³	——
4♦³	——	4♠³	——
5♣³	——	6♥	==

3. 一系列扣叫显示控制及实力。

例2.7 2018 年 BBO 网络练习赛

第 16 副　东西有局

```
            ♠ AQJ43
            ♥ 9874
            ♦ 3
            ♣ 943
♠ 52                        ♠ K7
♥ AQJ53        北           ♥ K102
♦ A86       西    东         ♦ KQJ432
♣ J87          南           ♣ A6
            ♠ 10986
            ♥ 6
            ♦ 1095
            ♣ KQ1052
```

西	北	东	南
1♥	1♠	2♠[1]	3♠
3NT[2]	--	4♣[3]	--
4♦[3]	--	4NT[4]	--
5♠[5]	--	6♥	==

1. 3 张红心，有限加叫以上实力。

2. 非严肃 3NT。持 2.5 个关键张时不能直接示弱叫 4♥。

3. 扣叫。

4. 我们采用扣叫对方花色优先于反冲式罗马关键张问叫的方式；即此时 4♠ 为扣叫，4NT 则是关键张问叫。

5. 2 个关键张及 ♥Q。

注意：如果西家在 3♠ 后直接叫 4♥，其不仅表示为低限牌且否认有 2.5 个关键张。之后，持有 2 个关键张的东家就不必继续试探满贯了，或许五阶就会有危险了。

2.6　相关问题

非严肃、严肃性满贯试探是在高级牌手中较为流行的约定叫。但在使用过程中也会有一些可能产生混淆的地方，搭档间有必要就一些局势进行讨论并达成一致。

例2.8　请判断下列进程中 3♠/3NT 的含义

a)　1NT　　　2♦ *
　　2♥　　　 3♦
　　3♥　　　 3♠？

　　* 转移叫

b)　1♦　　　 1♠
　　1NT　　　2♦ *
　　2♥　　　 3♥
　　3♠/NT？

　　* 虚叫，逼叫进局

c)　1♠　　　 2♦
　　3♣ *　　 3♠
　　3NT　　　?

　　* 至少 14+点

d)　1♥　　　 2♣
　　2♦　　　 3♥ *
　　3♠？

　　* 3 张红心及 4 张方块

e)　2♣　　　 2♦
　　2♠　　　 3♠
　　3NT/4♣？

f)　1♥　　　 1♠
　　2♦　　　 3♣ *
　　3♠　　　 3NT？

　　* 第四花色逼叫

在上面的这些例子里均不使用非严肃 3♠/3NT。其主要原因在于有一方已不再是非限制性牌。

a）1NT 开叫属限制性叫牌，牌力与牌型的范围已很小，也就没有必要使用区分温和及严肃满贯兴趣的装置了。在应叫人已经显示出 5-4 以上的两套后，可依照搭档约定作为碎片叫（第三套）或显示单缺。

b）1NT 再叫为限制性叫牌。这时 3♠ 为扣叫、3NT 则是成局选择。

c）开叫人的 3♣ 已经承诺有相当的余力，因此也不必再使用非严肃性 3NT。将其作为自然叫更为合理。

d）应叫人的牌型相对限制。3♠ 也是以展示牌型为好。

e）开叫人为超强牌，而应叫人则是限制性弱牌。在黑桃配合后，3NT 为显示无第二套的满贯兴趣、4♣ 则是 4 张以上的实叫兼满贯试探。换句话说，3NT 及四阶新花色也是作为描述牌型使用。

f）开叫人在进局逼叫的 3♣ 虚叫之后的 3♠ 只保证 2 张，并不确定有 8 张黑桃配合。因此，应叫人的 3NT 为实叫，通常比 2♦ 后直接叫 3NT 有些余力。

第3章 最后一班车

3.1 基本定义

最后一班车是一个非常实用、有效的满贯试探工具。其基本定义是：当我方只有一个可以在不提高定约阶数的前提下用作满贯试探的叫品时，该叫品将被用作笼统叫。其仅仅表示一手综合实力有满贯兴趣但又不足以越过当前定约阶数的牌，并不对所叫花色有任何（控制）承诺。该约定为美国著名牌手杰夫·麦克斯特罗斯（Jeff Meckstroth）首创。

3.2 优势之处

这一装置与上一章介绍的非严肃3♠、3NT有异曲同工之妙。其核心都是通过一个约定叫来表明既非低限希望止叫的牌、也非有足够的额外实力保证完成更高一阶的定约或满贯。其主要作用是帮助同伴对我方可能的满贯前景有一个更好的把握。

3.3 具体应用

最后一班车的典型局势是我方确定高花配合之后，一方在四阶叫出比将牌低两级的叫品，而另一方接着叫出比将牌低一级的叫品。

下面是一些比较常见的使用最后一班车的进程：

a) 1♥/♠   2♥/♠
   4♣/♦   4♦/♥!

b) 1♥/♠   3♥/♠
   4♣/♦   4♦/♥!

c) 1♥/♠   2NT*
   4♣/♦   4♦/♥!

d) 1♥/♠   2♣（♦）
   3♥/♠   4♣/♦
   4♦/♥!

＊ 4张以上配合，进局逼叫

e) 1♥/♠   2♣（♦）
   2♥/♠   3♥/♠
   3♠/NT* 4♣/♦
   4♦/♥!

f) 1♠   2♥
   3♥   3NT*
   4♣   4♦!

＊ 非严肃3♠/3NT

g) 1♥/♠   2♣（♦）
   2♥/♠   3♥/♠
   4♣/♦   4♦/♥!

h) 1♠   2♥
   3♥   4♣
   4♦!

i) 1♥/♠   4♣/♦
   4♦/♥!

j) 1♥/♠ （3♣/♦） 4♣/♦
   4♦/♥!

问题 3.1　最后一班车可以应用在防守叫牌中吗？

可以。实际上对于使用这一约定的牌手而言，在符合最后一班车理念的局势下都会自然而然地去应用，并不太会去注意是己方还是对方开叫。例如以下局势：

a)（1♣/♦） 1♥/♠ 4♣/♦   b)（3♣/♦） 3♥/♠ 4♣/♦
           4♦/♥!   4♦/♥!

例 3.1

西		东
♠ K1084		♠ AQ76
♥ A43		♥ 876
♦ 4		♦ KQ75
♣ AKQJ7		♣ 53

西	东
1♣	1♠
4♦[1]	4♥[2]
4NT[3]	5♣[4]
5♦[5]	6♠[6]
==	

1. 16~18 点，4 张黑桃，Splinter 叫单缺。

2. 最后一班车。

3. 反冲式罗马关键张问叫。

4. 1 个关键张。

5. ♠Q?

6. 有♠Q。

有了最后一班车这个装置，应叫人就可以凭着手上 1.5 个关键张及 1 个额外（方块）赢墩叫 4♥。之后开叫人可放心地通过关键张问叫达成 6♠。如果不将 4♥ 作为最后一班车，而是保证红心控制的扣叫，那么应叫人就只好止叫 4♠。随后开叫人将很难办：不叫可能错过满贯；继续叫又可能在同伴持类似于 ♠J976　♥K76　♦KQ75　♣53 或更弱的牌时宕在 5♠ 上。

例3.2　东西有局

```
                    ♠ 1052
                    ♥ AJ109
                    ♦ 4
                    ♣ KQ1043
    ♠ AKJ86                        ♠ Q974
    ♥ 8              北             ♥ Q7653
    ♦ AQJ32      西      东         ♦ K87
    ♣ 96            南             ♣ A
                    ♠ 3
                    ♥ K42
                    ♦ 10965
                    ♣ J8752
```

西	北	东	南
1♠	2♣	2NT[1]	5♣
——[2]	——	加倍	——
5♦[2]	——	5♥	——
6♠	==		

1. 4 张以上黑桃，至少有限加叫实力。

2. 延迟性扣叫显示满贯兴趣但否认梅花控制。

在开叫人的 5♦ 之后，持有 1.5 个关键张、♦K 的应叫人虽然没有红心控制，但有梅花控制时必须响应同伴的满贯试探。其叫出的 5♥ 为最后一班车，而这足以使己方最后叫到合格的 6♠。

3.4 延伸应用

最后一班车主要应用于高花配合后的满贯叫牌，但其也可延伸到低花，尤其是梅花配合之后的满贯试探。

相对于高花配合之后要决定是否应越过四阶将牌，低花配合之后往往面临着是否要越过 3NT 的问题。因此，最后一班车的延伸定义是：当我方在三阶建立低花配合且于 3NT 之前仅剩下一个非自然的叫品时，该叫品即为最后一班车。如下列进程：

a) 1♦   1♥   b) 1♦   1♥

   2♠   3♦   3♦   3♠！

   3♠！

注意： 相对于显示 5－6 套、止张，最后一班车具有优先权。

c) 1♣   1♥   2♥   3♥

   4♥   --   4♠/NT！

注意： 当 4♥ 到 5♣ 间有 4♠、4NT 两个叫品时，其中一个为关键张问叫，剩下的另一个为最后一班车（同伴间需达成一致）。

d) 1♣   1♠   2♠   3♠

   4♠   --   4NT！

注意： 当 4♠ 到 5♣ 间仅 4NT 一个叫品时，最后一班车优先于关键张问叫。

例 3.3 2017 年世界桥牌团体赛百慕大杯决赛

（法国队——美国二队）第 33 副　双方无局

```
                    ♠ Q10853
                    ♥ —
                    ♦ J7
                    ♣ KQ9874

  ♠ J92              北           ♠ K64
  ♥ KQ10763      西     东        ♥ 94
  ♦ Q106                         ♦ K9843
  ♣ 10               南           ♣ J32

                    ♠ A7
                    ♥ AJ852
                    ♦ A52
                    ♣ A65
```

开室（法国队）：		闭室（美国二队）：	
北	南	北	南
Lorenzini	Quantin	Fleisher	Martel
--	1♥	--	1♥
1♠	2♣	1♠	2NT
2♦	3NT	3♠	4♣
==		4NT	5♣
			==

双方均错过了很好的 6♣ 定约。

首先看开室。Quantin 再叫 2♣ 为 Gazzilli 约定叫——自然叫或强牌，其随后在同伴显示 8 点以上的 2♦ 后，必须以跳叫 3NT 表明均型强牌。持双套牌的 Lorenzini 由于完全无法判断同伴点力的质量与位置，只好不叫。应该说这类牌是 Gazzilli 约定叫的一个盲点。

再来看闭室。Martel 可以在低一阶的 2NT 上同样显示出均型强牌。Fleisher 的 3♠ 与我们的用法一致——梅花转移叫，其在同伴配合 4♣ 之后：4♦ 为反冲式罗马关键张问叫，4♥ 为扣叫大牌，4♠ 为成局选择，4NT 就成了 5♣ 成局前唯一无明确含义的满贯试探叫品，即最后一班车。之后拥有 4 个 A 的 Martel 在长考后决定止叫 5♣ 稍嫌保守。

以 4NT 作为最后一班车的满贯试探在高阶竞叫中，当叫牌空间被大量压缩之后有着更为显著的意义。

例3.4 2012 年世界智力运动会桥牌公开组决赛

（波兰队——瑞典队）第 17 副　双方无局

```
              ♠ K864
              ♥ Q1064
              ♦ 9874
              ♣ 2
   ♠ J10                    ♠ A5
   ♥ 2          北          ♥ 875
   ♦ KQJ105   西   东       ♦ A32
   ♣ A9874      南          ♣ KQ1065
              ♠ Q9732
              ♥ AKJ93
              ♦ 6
              ♣ J3
```

	西	北	东	南
开室：	Bertheau	Narkiewicz	Cullin	Buras
		——	1♣[1]	2♦[2]
	3♥[3]	4♥	4♠	——
	5♣	==		
闭室：	Zmudzinski	Nystrom	Balicki	Upmark
		——	1♣[1]	2♦[2]
	3♦	4♠	——	——
	5♣	==		

1. 2 张以上。

2. 5-5 以上双高花。

3. Splinter 叫。

在对方的双高花争叫之后，闭室 Zmudzinski 以先实叫 3♦ 再叫 5♣ 的方式显示 5-5 型，但是没有叫出红心上的控制。相对而言，开室 Bertheau 的 Splinter 叫 3♥ 描述性更好，传递的信息也更多。在 Cullin 扣叫 4♠ 后，牌型好而实力有限的西手牌介于示弱 5♣ 和跳叫 6♣ 之间。我们认为在遭遇对方高阶阻击且成局前仅有 4NT 一个叫品可以作为满贯试探时，其应优先作为最后一班车使用。而本例中西家的持牌恰恰适合这一用法。

注意：在最后一班车的 4NT 之后，同伴如果认为存在大满贯的可能，可在 5♦ 至 5NT 之间答叫关键张，即将 4NT 作为类似于条件性关键张问叫。

在某些进程中，由于一些中间叫品已有明确的含义，最后一班车可能以更加复杂的形式出现——远不仅仅是在同伴的叫牌上加一级或比可能的成局定约低一级那么简单。

例 3.5 2020 年中国 U25 女子青年队 BBO 训练赛

第 12 副　南北有局

♠ K9875			♠ A1043
♥ 63	西	东	♥ AKQ98
♦ J96			♦ A
♣ 1084			♣ A72

西	东	
——	1♥	(2♦)
——	加倍	
2♠	3♦¹	
3♠²	4♣³	
4♥⁴	5♦	
6♠	==	

1. 加倍之后再扣叫显然是很强的牌（19～21 点），可能的持牌为：a）3 张黑桃的邀叫或成局选择；b）4 张黑桃且有满贯兴趣。

2. 首先基于同伴 3 张黑桃配合的成局邀叫进行再叫。如果持两张有效大牌，理应接受邀请而越过 3♠。现在含 K 的 5 张套属于边缘，鉴于 5 - 2 - 3 - 3 型而倾向于 3♠。

3. 扣叫，并澄清之前的 3♦ 为有 4 张黑桃的满贯兴趣牌。

4. 之前叫 3♠ 中的绝对好牌，自当积极响应同伴任何的满贯试探。由于 4♦（扣叫敌方花色）须保证控制，4♠ 前仅剩的 4♥ 就是最后一班车——否认方块控制，但并不承诺红心控制。

例 3.6 双方有局

♠ AJ94			♠ K
♥ K4	西	东	♥ A10765
♦ Q98			♦ 3
♣ Q1074			♣ KJ8632

	西	东
	(1♦)	2NT¹
	3♦²	4♣³
	4NT⁴	5♣⁵
	==	

1. 红心加梅花双套。

2. 扣叫，至少邀局实力。

3. 显示额外长度。

4. 最后一班车——一个需要对4♣到5♣间各个叫品含义完整梳理后方能得出的结论：4♦是保证控制的扣叫；4♥为配合红心的实叫；4♠是反冲双套关键张问叫；4NT——5♣前仅剩的无明确定义的叫品：最后一班车。

注意：若不使用反冲关键张问叫，应对调上述4♠和4NT的含义。

5. 在已显示5-6套后，实在没有什么余力了。

例3.7 2016年世界桥牌运动会团体赛公开组决赛

（摩纳哥队——荷兰队）第14副 双方无局

	♠ A72	
	♥ Q1086	
	♦ 10875	
	♣ K4	
♠ KJ85	北	♠ Q43
♥ AK942	西 东	♥ J753
♦ 92	南	♦ J
♣ J3		♣ 109872
	♠ 1096	
	♥ —	
	♦ AKQ643	
	♣ AQ65	

	西	北	东	南
开室：	Nab	Multon	Bob Drijver	Martens
			— —	1♦
	1♥	1NT	3♥	3NT
	==			
闭室：	Helmego	Bas Drijver	Helness	Brink
			— —	1♦
	1♥	2♠	3♥	4♥
	— —	4♠	— —	5♣
	— —	5♦	==	

开室 Martens 在 3♥ 后因不确定满贯的前景而选择了 3NT，毕竟在同伴持颇多红心浪费的双止时，3NT 很可能就是最佳定约。

值得讨论的是：3♥ 之后南家如果加倍应是寻求 3NT——希望同伴在红心双止或红心一止且有方块大牌时叫 3NT；作为 3NT 前唯一的非实叫叫品——3♠ 应是最后一班车（同伴已否认 4 张黑桃。持 5 - 6 套时可现在叫 4♠ 或之后再叫 4♠），通常是至少温和满贯兴趣的牌。那么后续的发展可能是：

西	北	东	南
		--	1♦
1♥	1NT	3♥	3♠
--	4♣[1]	--	4♥[2]
--	4♠[2]	--	5NT[3]
--	6♦	==	

1. 实叫或配合方块的扣叫。

2. 扣叫。

3. 满贯选择。

闭室 Brink 的 1♦ 保证 5 张或 4 - 4 - 4 - 1 型，Bas Drijver 的 2♠ 为 4 张方块的建设性加叫。遗憾的是起步良好的该组合在接下来的三次扣叫之后仅仅止于 5♦。或许持 6 张坚固套的 Brink 可以更积极一些，毕竟无方块大牌的 Bas Drijver 能扣叫 4♠ 肯定还有其他有用的点力。

实战公开组、女子组、老年组、混合组共 16 桌中（含季军争夺战）无一叫到 6♦，其中 12 桌 3NT、4 桌 5♦。

3.5　相关问题

请看下面这两个进程：

a) 1♥　　　4♣　　　b) 1♠　　　4♣

　 4♦！　　　　　　　　 4♦　　　4♥？

在 a) 中，4♦ 无疑是最后一班车，那么 b) 中的 4♥ 呢？一部分牌手使用广义的最后一班车，任何黑桃、红心配合后的四阶以上红心、方块叫牌都是最后一班车，于是这个 4♥ 是最后一班车。另一部分牌手使用狭义的最后一班车，只有在黑桃、红心配合后的第一声叫牌是四阶以上的方块、梅花时，接下来的红心、方块叫牌才是最后一班车，那么这个 4♥ 就不是最后一班车。这是同伴间需要达成一致的地方，而我们建议的是后者。在一轮积极的满贯试探后，使用最后一班车的意义已不大，没必要造成开叫人不知道应叫人是否有红心控制的混淆。

例3.8 2021 年 BBO 练习赛

第 18 副　南北有局

♠ K	西　东	♠ AQ54
♥ Q		♥ AJ854
♦ 102		♦ 753
♣ KQJ1087652		♣ 9

西	东
	1♥
2♣	2♠
3♣	3♦ [1]
4♣ [2]	==

1. 这是 3NT 前的最后一个非实叫叫品，因此将之用作最后一班车显示余力是有一定价值的。但是，第四花色寻求止张的含义往往更有意义及可能，毕竟对方的首攻花色已非常明确（类似于对方争叫之后）。

注意：第四花色寻求止张比最后一班车具有更高的优先权。

2. 二盖一应叫后连续在三阶、四阶（因缺乏止张）再叫应叫花色为非逼叫。

再看两个最后一班车的后续进程：

a) 1♥	2NT	b) 1♥	4♣
4♣	4♦！	4♦！	4♥
4♥	5♣		5♣

上述进程中的 4♦ 均为最后一班车。不过在同伴的 4♥ 止叫后，最后一班车的使用者又继续扣叫 5♣ 做进一步的满贯试探。这就说明上一轮的 4♦ 并非只想表示温和满贯兴趣的最后一班车，而是足以叫到五阶的强满贯试探叫。在此情况下，4♦ 应被追加为确保方块控制的扣叫（无方块控制又足以叫到五阶的强牌可直接越过 4♥ 扣叫）。

例 3.9

♠ AQ875		♠ K943
♥ 83	西　东	♥ A107
♦ KQJ62		♦ A3
♣ 4		♣ AJ72

1♠	2NT
4♦[1]	4♥[2]
4♠[3]	5♣[4]
5NT[5]	6♣[6]
7♠[7]	==

1. 5−5 以上套，有限实力。

2. 16 点及 4 个关键张，在同伴显示 5−5 套之后至少将推进到五阶。

3. 暂且认为同伴的 4♥ 是最后一班车，这手牌直接越过 4♠ 稍有不足。

4. 继续扣叫，同时澄清之前的 4♥ 也是保证控制的扣叫。

5. 本来之前叫 4♠ 就觉得有点委屈，同伴既然有进一步的满贯兴趣，小满贯总是要叫的。基于同伴保证红心控制，以五阶将牌加一级作为关键张问叫（详见第 7 章）进行大满贯试探最为恰当。

6. 4 个关键张。

7. 黑桃、方块各 5 墩及另 2 个 A，再有一个额外的将吃赢墩就足以完成大满贯定约了。

实际上最后一班车的应用并不完全限于我们目前所讨论到的范畴。在本书的后续章节中，读者朋友们还将看到其更加广泛的用途。

第 4 章　等待叫与限制叫

4.1　主叫与从叫

　　叫牌是一个信息交流的过程，目的就是把自己的牌准确告知同伴，并且尽可能地了解同伴的牌。然而受叫牌空间的限制，两个目的往往难以同时达成。这时就要退而求其次：一方处于主动的位置去控制叫牌进程，尽量了解同伴的牌而不在意报告自己的牌；另一方处于被动的位置来准确描述自己的牌而不去关心同伴的牌。这就是人们通常所说的主叫与从叫原则。

　　一般而言，持牌复杂——点力（多少及位置）和牌型不易表明的一方应该是控制方，因为其包含的信息多而难以准确传达。比如，极强牌的点力分布、坚固长套或者缺门等都属于不易表述的信息。相反，可以或已做了某种限制性较强叫牌的一方或牌型简单又或牌力弱的一方应该是从属方。因为其剩余的信息少，易于向同伴传达。

　　作为主叫的一方，应尽可能地降低叫牌水平，节省更多的空间供同伴描述其持牌。有时甚至会欺骗同伴，以利于叫牌进程的控制。当然，主叫者一定要具备驾驭全局的能力，不能失控。作为从叫的一方，应努力通过描述性强的叫牌将手上的牌型、点力及控制的位置准确汇报给同伴，以帮助其决定整手牌的走向及最佳定约。

　　例 4.1　同伴开叫 1♠，你持以下各手牌，如何应叫？

a)　♠KJ43　　　♥7　　　　♦A5432　　　♣KQ2

b)　♠KJ43　　　♥7　　　　♦AKQ32　　　♣762

c)　♠KJ43　　　♥A　　　　♦AKQ32　　　♣762

a）和 b）的点力和牌型都相同，但应该做出不相同的应叫。a）手牌可以做典型的 Splinter 叫 4♥。这是一个将同伴置于主叫位置的限制性叫牌——明确表明 13～15 点，4 张以上黑桃及红心单缺。b）手牌有一个近乎坚固的方块套，可提供至少 4 个赢墩，而梅花却极为薄弱。这两个信息是 Splinter 应叫无法表达的。所以这手牌适合做节约空间的 2♦ 应叫，之后再配合黑桃。这是一个互相交换信息，不确定主叫方的进程。c）手牌多了个 ♥A，实力大增。此时所关心的是同伴的梅花控制及黑桃大牌以确定有无满贯，应该叫 Jacoby 2NT 显示 4 张黑桃配合。这是一个将自己置于主叫位置的问叫，请同伴描述其持牌。从这三手牌可以看出，当某个限制性较强的叫品能很好地描述自己的持牌时应立刻选择这一叫牌，并使同伴成为主叫方；而当自己的牌不易描述或仅需要同伴某些特定信息时，应尽量使自己成为主叫方。

例 4.2

♠ AJ852		♠ K10743	
♥ 983		♥ AKQ	
♦ AQ96		♦ 8	
♣ 4		♣ AJ63	

开室：

1♠	4♦
4♠	4NT
5♥	5NT
6♠	==

闭室：

1♠	2NT
3♣	4NT
5♥	7♠
==	

开室应叫人只看到自己的黑桃配合和方块单张，而不顾有 17 点及 5 张黑桃的强大实力，轻率地 Splinter 叫 4♦。之后在同伴示弱的 4♠ 之后又发起关键张问叫，这本身就与 Splinter 的从叫原则相违背（我们将在第 6 章中对此做进一步阐述）——岂不等于是在 1♠ 开叫后直接关键张问叫而白白浪费了之前所有的叫牌空间？最后获得的有用信息仅是同伴有 2 个关键张，因无法了解梅花单张而止于 6♠。

闭室应叫人正确认识到自己持有一手不易向同伴描述而适合作为主叫方的牌，因此采取了 2NT 以了解同伴持牌的处理。在得到同伴 3♣ 答叫显示梅花单缺这一利好消息之后，立刻通过核实关键张轻松叫到 7♠。

例 4.3 2018 年世界桥牌综合锦标赛女子组双人赛决赛第三节

第 11 副　双方无局

```
              ♠ AKQJ92
              ♥ 10
              ♦ AJ83
              ♣ 109
   ♠ 86                    ♠ 104
   ♥ A9872      北         ♥ J53
   ♦ 752     西    东      ♦ K4
   ♣ K83        南         ♣ QJ7652
              ♠ 753
              ♥ KQ64
              ♦ Q1096
              ♣ A4
```

西	北	东	南
	Wittes		Quinn
			1♦ [1]
--	1♠	--	1NT
--	2♦ [2]	--	2♥
--	3♠	--	4♠
--	5♦	--	5♥
--	5♠	==	

1. 4 张以上方块，或 4-4 高花的 4-4-3-2 型。

2. 人为进局逼叫。

上述进程充分体现出了北家对主叫、从叫原则把握上的欠缺，处于一种相对迷茫的状态。在同伴 1NT 否认 4 张黑桃支持之后，已知己方的方块至少4-4 配合。那么接下来满贯的命运就将取决于南家关键张的多少及红心上浪费的程度了。如果运气好，同伴持有 ♥A、♦KQ、♣A 全部 3.5 个关键张，7♦ 如探囊取物；如果运气差，同伴在红心上浪费严重（如本例），那么只能打 4♠。然而北家的后续叫牌完全无助于对所需关键信息的了解。其在 4♠ 后仅获知同伴是低限的 3-4-4-2 型，至于 4-4 中哪套更好则完全不知（如果对调南家的红花色，6♦ 将易如反掌）。

那么这手牌应该如何处理呢？我们建议采取节约空间，更好了解同伴持牌的主叫方式——即在南家的 2♥ 后叫 3♦ 确定配合。那么后续进程将是：

西	北	东	南
			1♦
--	1♠	--	1NT
--	2♥	--	2♥
--	3♦	--	3♥
--	3♠	--	3NT
--	4♠	==	

在南家的 3♥ 显示红心实力及随后示弱的 3NT 之后，北家可放心地满足于 4♠ 成局定约。

北家适合主叫的另一原因是：即使同伴的红心上有些浪费也并不一定就没有 6♦，更为重要的是其关键张的情况。比如其持类似：

    ♠753   ♥K964   ♦KQ96   ♣A4

那么南家在上述改进进程中的 3♠ 之后将不会示弱 3NT，而应扣叫 4♣。12 点虽属低限开叫点力，但在同伴连续表明满贯兴趣之后，持有 2.5 个关键张的牌是要有所响应的。

实战中北家跳叫 3♠ 的处理既浪费了空间，又摇摆于主叫、从叫之间而未能转达或获得关键的信息。5♠ 定约在 ♣Q 首攻后因在旁门花色中各输 1 墩而安然宕一，获得了一个结结实实的底分。

在防守叫牌中，争叫人有时也需要决定是采用主叫还是从叫的叫品，哪怕是持……于弱牌。

例4.4 2022 年北美大赛（夏季）斯平果尔德杯半决赛

第 16 副　东西有局

<pre>
                    ♠ J109
                    ♥ AK8
                    ♦ 9743
                    ♣ J92
   ♠ KQ87543   北   ♠ A62
   ♥ Q105   西   东   ♥ J432
   ♦ AJ   南   ♦ 652
   ♣ 6   ♣ AQ4
                    ♠ —
                    ♥ 976
                    ♦ KQ108
                    ♣ K108753
</pre>

	西	北	东	南
开室：	Donner	L'Ecuyer	C. Rimstedt	Street
	1♠	--	1NT	2♣
	3♠	4♣	4♠	5♣
	--	--	加倍	==
闭室：	Pachtmann	Grue	Zatorski	Moss
	1♠	--	1NT	3♣
	3♠	4♣	4♠	==

　　开室 Street 被加倍的 5♣ 在除黑桃外的三个花色中各失一墩后宕一，
–100。闭室 Pachtmann 的 4♠ 则在 ♥AK 首攻后超一，+650。

　　两个进程中具有决定性的差异是南家的争叫。阻击叫无疑是个从叫叫品，
基本上一口之后便由同伴决定所有了。而南家的牌有诸多限制性叫牌无法描
述的特点：既有缺门，又有很好的 4 张边花。反而是主套长度及强度均不足。
如果处于第一或第三家位置，我们支持 3♣ 开叫——在有利的局况下以破坏性
为主。但现在是对方已做了一轮叫牌的第四家，阻击效果明显削弱。而在同
伴不叫后的 2♣ 争叫则更有主叫意味，倾听同伴的声音将为后续的高阶判断提
供帮助。开室 Street 最后凭着额外的牌型叫出 5♣ 牺牲，而闭室持绝对均型的
Grue 和已多叫梅花的 Moss 均已无力再拼五阶。

4.2 等待叫

4.2.1 基本定义

等待叫是指一个不具备实质性含义的叫牌，其主要目的不是向同伴描述自己的牌情，而是希望进一步了解同伴的持牌。换句话说，这是一个主叫或双向交流的选择——其通常是一个占用叫牌空间较少，且有一定积极意义的叫品。等待叫的优势在于其弹性——使得在牌力、牌型上不易直接表述的一方可以成为叫牌进程中相对主导的一方。同时，节约叫牌空间的等待叫也便于搭档双方做更深入的信息交换。

从理论上说，越经济的叫品，覆盖的牌力范围应该越大；越奢侈的叫品，覆盖的牌力范围应该越小。

4.2.2 具体应用

等待叫在各类体系中都有着广泛的应用，其在成局选择、满贯试探方面都发挥着无可替代的作用。为求精炼，我们在此仅以一些常见的进程为例对其特点及用法做原则性说明。

a)	1♥	1♠	b)	1♠	1NT	c)	1♠	2♣
	3♦	3♥!		3♥	3♠!		3♣	3♦!

在 a) 中，应叫人 5 张黑桃不足以叫需要保证 6 张的 3♠，4 张方块配合却没有足够的实力立刻加叫 4♦。以 3♥这一最便宜的叫品作为等待叫，并不保证红心配合。其可能持：♠KQ765　♥6　♦Q986　♣986。

在 b) 中，假设使用标准自然体系的开叫人再叫 3♥仅保证 5－4 高花套，那么应叫人会希望在同伴持 5－5 高花时打 4♥。3♠等待叫并不保证黑桃配合，毕竟有 3 张黑桃时总会打黑桃定约，而是希望同伴 5－4 高花时叫 3NT，5－5 高花时继续叫 4♥。其可能持：♠5　♥K86　♦9865　♣K9865。

在 c) 中，我方已建立了低花配合的逼局进程，且开叫人保证有余力。不过应叫人虽非低限却尚不确定是否有满贯。因此，以最低的叫品作为等待叫，听听同伴进一步的反应。其可能持：♠A5　♥K86　♦QJ6　♣AQ986。

例4.5 2019年世界桥牌团体赛百慕大杯循环赛第五轮

（美国一队——波兰队）第12副　南北有局

　　　　　　♠ A53
　　　　　　♥ Q643
　　　　　　♦ 963
　　　　　　♣ 1085

♠ KJ8764　　　　　　　　　♠ Q2
♥ AK5　　　　　　　　　　♥ 87
♦ A82　　　　　　　　　　♦ KQJ7
♣ 9　　　　　　　　　　　♣ AQJ42

　　　　　　♠ 109
　　　　　　♥ J1092
　　　　　　♦ 1054
　　　　　　♣ K763

开室（波兰队）：		闭室（美国一队）：	
西	东	西	东
Buras	Narkiewicz	Katz	Nickell
1♠	2♣	1♠	2♣
2♠	3♦	2♠	3♦
3NT	==	3♥[1]	3♠
		4♦[2]	4♥[3]
		4NT[4]	5♦[5]
		5♥[4]	6♠[5]
		==	

1. 等待叫。

2. 扣叫。

3. 最后一班车。

4. 反冲式罗马关键张问叫系列。

5. 依该组合的答叫方式显示1个关键张及♠Q。

两位庄家均仅失♠A。美国一队收获10IMP。

Katz的3♥等待叫是关键。不过如果Nickell持1－3－4－5型，3NT就是最佳定约，但其敢在红心无止的情况下叫3NT吗？

其实更好的等待叫是东家在2♠后再叫2NT。西家的2♠已基本否认4张方块。同时也不必担心红心，笼统的2♣应叫后再叫2NT并未给对方提供特定的信息。

1♠	2♣
2♠	2NT[6]
3♦[7]	3♠
4♥[8]	4NT[9]
5♦[10]	6♠
	==

6．等待叫。

7．之前否认4张方块，现在的3♦是显示6张黑桃及余力位置。

8．扣叫，显示满贯兴趣。

9．反冲式罗马关键张问叫。

10．3个关键张。

上面是两个等待叫在满贯试探中的应用，实际上等待叫对于选择最佳的成局定约往往也很重要。

例 4. 6

♠ A863		♠ K42
♥ AQ862	西　东	♥ K3
♦ Q5		♦ KJ
♣ A4		♣ QJ10763

1♥	2♣
2♠	3♣
3♦[1]	3♥[2]
3♠[2]	4♣[3]
5♣	==

1．典型的等待叫。高花无额外长度，又不适合叫3NT。

2．显示点力位置。

3．鉴于两个低花套都不够好，3NT应该不是一个选择。

5♣是最稳妥的定约，而3NT则将主要依赖于对方♥3-3分布。

4.3 限制叫

4.3.1 基本定义

与等待叫相对应的则是限制叫——指一个叫品所描述的点力范围在 2～3 点内，或赢墩范围在 1 墩内（例如 1NT 开叫）。限制叫通常是用一个比较占用叫牌空间的叫品表达一类常规进程不易描述的牌。

限制叫的优势自然就是其限制性——通过对牌力、牌型特征的准确描述为己方的后续叫牌提供极大的方便。同时值得注意的是：低阶限制叫因尚有较大叫牌空间，其描述的范围可略大，如 1NT 开叫可以含 5 张高花或 6 张低花等。而高阶的限制叫尤其是跳叫就非常严格，点力、牌型甚至控制都应有相对明确的规定。

相比各种使用强 1♣ 开叫的体系，自然二盖一体系的一阶开叫点力范围要大许多，通常为 12～21 点，实际还包括一些低于 12 点的畸形牌和高于 21 点但不适合 2♣ 强开叫的牌。点力范围大对后续叫牌的技巧要求就更高，因此正确使用限制性叫牌的意义也就更大。在使用限制叫的时候应特别注意：一方面，当持适合限制叫的牌时一定要及时运用以简化叫牌过程，降低同伴后续叫牌的难度；另一方面，应清晰掌握各种限制叫的定义，不能滥用。否则不仅失去了限制叫的优势，还会导致同伴在剩余不多的叫牌空间里出现误判并最终叫到错误的定约。

总体而言，限制叫比等待叫要复杂，需要同伴间详细讨论。首先要明确哪些叫品是限制叫；其次要定义限制叫的准确含义，使其能够覆盖那些非限制叫不易描述的牌。

4.3.2 具体应用

a) 1♥ 2♣ *

3♦/♥/♠?

* 5 张以上套或无 4 张红心的均型牌，笼统性进局逼叫

b) 1♠ 2NT *

4♣/♦/♥?

* 4 张以上黑桃配合，进局逼叫

在这两个进程中，开叫人的再叫都是进局进程中的跳叫，均属于理论上应该用作限制叫的叫品。

在 a）中，由于 2♣ 为保证 2 张的笼统性进局逼叫，比较合理的设计是：

3♦：10～14 点，保证 5 张梅花支持的 5-5 以上型。

3♥：14～16 点，至少 6 张半坚固以上套。

3♠：10～14 点，6 张开叫花色及 4 张梅花支持。

这组约定对点力和牌型都有明确规范，同时照顾到由 2♣ 笼统应叫造成的一些不易处理的牌。

在 b）中，不少牌手只是简单地将开叫人的四阶跳叫定义为 5-5 以上套。这显然不符合限制叫的要求。试想此时离成局的 4♠ 定约已无多少空间，如果应叫人对开叫人的点力、控制情况都不了解的话，其该如何决定是否要越过 4♠ 呢？因此我们对这类跳叫的建议是：5-5 以上套，不计旁门 Q、J 的 10～14 有效点，且点力多集中于主套中。同时，旁门中没有首轮控制。这样应叫人对后续叫牌的判断就会准确且有效得多。

例4.7 2010 年世界桥牌综合锦标赛公开组双人赛半决赛第三节

第 20 副　双方有局

```
                    ♠ AK7643
                    ♥ J
                    ♦ Q9
                    ♣ Q943
    ♠ 92                              ♠ QJ10
    ♥ 642          北                 ♥ Q98753
    ♦ K108754   西     东             ♦ J
    ♣ 82           南                 ♣ 1076
                    ♠ 85
                    ♥ AK10
                    ♦ A632
                    ♣ AKJ5
```

西	北	东	南
	敖海龙		王建坚
--	--	--	--
--	1♠	--	2♣
--	2♠[1]	--	2NT[2]
--	3♣[3]	--	3♦[4]
--	3♠[5]	--	4♥[6]
--	4♠	--	5♣[7]
--	6♣[8]	--	==[9]

1. 笼统叫。否认有 4 张红花色或 14 点以上及 4 张梅花。

2. 等待叫。19 点及 8 个控制的强牌，希望由自己主叫。

3. 3 张以上梅花。

4. 显示余力及方块中的点力。

5. 6 张黑桃。

6. 扣叫。同时表明有 2 张黑桃，即具备打黑桃的可能性。

7. 现在最关心的是 ♠AKQ、♣Q 及长度。由于关键张问叫无法了解梅花中的情况，故选择叫 5♣ 寻求帮助。

8. 明确 4 张梅花，接受满贯邀请。

9. 超时情况下，匆忙做出的从理论到实践均错误的决定。

在 6♣ 之后，应叫人可以看到：同伴持 11 ~ 13 点的 6 - 4 黑花色，其黑桃的强度将决定最佳定约是 6♣、6♠ 或 7♣。尽管在有 2 个黑桃输墩的情况下，例如同伴只有 ♠AQ 或对方 4 - 1 分配时，6♣ 是最佳定约。但这应该是一个不足 50% 的低概率事件。在更多的情况下，6♠ 是可以完成的。而一旦我方能打成 6♠，6♣ 就会是个很差的比赛分。因此改叫 6♠ 至少应好于不叫。同时我们可以进一步看到，此时扣叫 6♥ 请同伴在 6♠ 和 7♣ 中做最后选择才是最佳叫品。在显示过低限开叫实力之后，有 ♠AK 和 ♣Q 三个关键张的开叫人很可能会在 6♥ 后叫进 7♣。

6♣ 超一的 +1390 分只值 34%（比想象的好）的比赛分，而 7♣ 则无疑将是顶分。当时我们尚没有直接显示 6 - 4 套这一后来才在专家牌手中流行的装置。如果使用之前提到的 3♥ 限制叫定义，将会轻松地叫到最佳的 7♣ 定约。

西	北	东	南
--	1♠	--	2♣
--	3♥ [10]	--	4♦ [11]
--	4♥ [12]	--	4NT [13]
--	5♠ [14]	--	7♣
--	==		

10. 10～14 点，6 张黑桃及 4 张梅花。

11. 此时，所有希望定将黑桃的牌都要叫 3♠。而所有 4♣ 以上的叫品均是指定梅花将牌，其中 4♦ 为反冲式罗马关键张问叫。

12. 1 个关键张。

13. 由于黑桃是同伴的主套，此时的 4♠ 为提供成局选择的实叫，而 4NT 则是寻问♣Q 的接力叫。

14. ♣Q 及♠K。

在与限制性叫牌有关的叫牌进程中，我们经常会看到两类错误：一是在该用限制性叫牌的时候未用，从而失去了向同伴清晰描述持牌的机会；二是滥用限制性叫牌，在不符合规定的情况下将纪律性抛诸脑后，使得同伴对整个形势产生误判。当然，这两类错误的根源是一样的：对限制性叫牌的概念不清及对限制性叫品理解模糊。下面是这类错误的几个典型例子：

例 4.8 2020 年中国 U25 国家青年女队 BBO 练习赛

第 9 副　东西有局

♠ KQJ10764	♠ A932
♥ A743	♥ K10
♦ 4	♦ AJ8
♣ 7	♣ J843

西　东

开室：

西	北
(1♣)	--
1♠	2♣
4♠	==

闭室：

东	南
(1♣)	--
2♠	3♣
3♥	4♦
4♠	==

开室西家采用了毫无特色的 1♠ 争叫，随后在同伴扣叫 2♣ 之后想不出有

51

什么更好的描述方式便直接到局。

闭室西家认为离跳叫3♠还欠了点，于是选择了2♠。其随后在同伴扣叫3♣之后也做了一次扣叫，但在4♦之后并无越过4♠的把握。而做了两次示强的东家也没有上五阶的勇气。最终同样是止于4♠。

正确的进程应该是：

（1♣）	--
3♠	4♦
4♥	4NT
5♠	6♠
==	

虽然平衡跳叫的正常点力是11+~14点，但是全部有效的10点、准坚固的7张套及7-4-1-1的额外牌型理应划归这一范畴（依输墩计算法为仅有5个输墩的好牌）。使用3♠限制叫立刻准确描述出了这手至少开叫实力且有很好7张套的牌。随后，持有极好控制及配合的应叫人自然会尽力做满贯试探——先是扣叫4♦显示方块控制但否认梅花控制，再在同伴承诺梅花控制及余力的4♥后通过关键张问叫进军6♠。

例4.9 2017年世界桥牌团体赛百慕大杯决赛

（法国队——美国二队）第104副　双方无局

```
              ♠ 10873
              ♥ 9764
              ♦ 83
              ♣ 976
♠ QJ5                      ♠ A92
♥ AK108       北           ♥ Q
♦ A         西   东         ♦ KQ10954
♣ QJ1054      南           ♣ AK2
              ♠ K64
              ♥ J532
              ♦ J762
              ♣ 83
```

闭室:	西	北	东	南
	Combescure	Pszczola	Rombaut	Rosenberg
	1♣	––	1♦	––
	1♥	––	2♦ [1]	––
	3NT	––	4♦	––
	4♥	––	4NT [2]	––
	5♥ [3]	––	5NT [4]	––
	6♦ [5]	––	7NT	==

1. XYZ 约定叫，逼叫进局的虚叫。

2. 关键张问叫。

3. 2 个关键张。

4. 询问 K。

5. 1 个旁门 K。

北家对 7NT 做出了致命的黑桃首攻——一举摧毁了庄家利用梅花长套对南家实施挤牌的可能。那么定约 7NT 而宕一的法国组合问题出在哪里呢？在 Combescure 的 3NT 上！我们支持在成局进程中以跳叫 3NT 表示余力（通常 15～17 点），因为这是一类在一般再叫后比较难处理的牌——比如在同伴叫成局定约时往往不确定是否应该继续试探满贯。但是依照成局进程中的跳叫为限制性叫牌的原则，其应同时对牌点和牌型均有限制，即为相对均型牌。而从 Rombaut 的后续叫牌来看，其也充分相信同伴至少会有 2 张方块。

简而言之，Combescure 的持牌不符合 3NT 限制性叫牌的要求，而应采取 3♣——显示 5 张梅花及余力的叫法。那么知道有 8 张梅花配合而方块配合不确定的 Rombaut 肯定会考虑 7♣ 作为最后定约，而不是简单决绝地跃进 7NT。

开室美国二队的 Grue/Moss 组合则叫到 7♣ 定约，收获 +1440 及 16IMP。

例 4.10　2020 年 BBO 双人赛

第 8 副　双方无局

♠ A108		♠ KJ43
♥ —	西　东	♥ J103
♦ AKQ7653		♦ 82
♣ QJ8		♣ AK53

进程 1：		进程 2：		进程 3：	
1♦	1♠	1♦	1♠	1♦	2♣
3♦	3NT	3NT	4NT	3♦	3NT
==		6♦	==	4♦	5♦
				==	

进程 1 中的 3♦ 属于限制叫，其实力相当于 16～18－点及 6 张好套。这手 16 点含坚固 7 张套的牌显然超出了这一范围。错误的限制性叫牌使得持 11 点均型无配合的同伴认为 3NT 很可能是最佳定约。结果可以摊牌打成 7♦ 的牌宕在了 3NT 上。

进程 2 中的 3NT 亦属限制叫，其定义为至少 6 张半坚固以上开叫套，7.5－8.5 个赢墩。应叫人花色很可能单缺，但不排除双小的可能。这手牌满足前两个条件，而在同伴的黑桃中却是含 A 的三张。这使得应叫人认为同伴黑桃如果单缺，♠K 是浪费；如果双小，满贯在对方的黑桃首攻下可能立刻就宕了。所幸应叫人犹豫再三后选择了 4NT 邀叫，起码是叫到了 6♦。

进程 3 中的应叫人采用了激进的二盖一进局应叫。我们并不支持这一做法，但就这副牌而言似乎应使得后续的满贯推进更为容易。然而开叫人接着错误地使用了相当于 14～16 点 6 张半坚固套的 3♦ 限制叫。随后已有所冒进的应叫人自然是一路示弱，最后竟然止于 5♦。

那么合理叫到 7♦ 的进程应该是什么样的呢？

1♦	1♠
3♣[1]	4♣[2]
4♦[3]	4♠[4]
4NT[5]	5♣[6]
5♠[7]	6♣[8]
7♦[9]	==

1. 这手牌不属于任何一个限制性叫牌的范畴。7 张坚固套、红心缺门都是不易描述的特征。这类牌只能由自己来主叫，而半实叫且逼叫到局的 3♣ 跳叫新花色才是最适合的再叫。

2. 直接加叫四阶在 4 张梅花支持时应有 10 点以上的实力。

3. 澄清 3♣ 是为强调方块而做的准备叫。

4. 持有 4 个控制及 2 张方块，响应性扣叫黑桃（否认红心控制）。

5. 已知同伴无 ♥A，红心缺门时照样做常规关键张问叫。

6. 1 个关键张。

7. 除叫回将牌外加二级询问特定 K。

8. 有 ♣K。注意：这里不必以 5NT 显示之前 4♠ 时已承诺过的 ♠K。

9. 同伴持有含 AK 的 4 张梅花及 ♠K，已能数到 13 墩牌了。

4.3.3 速达原则与图像式（限制性）叫牌

速达原则俗称"好牌慢叫"，指在我方已明确有进局或小满贯的实力后，持低限牌时应一口叫足，以减少信息泄漏；而在持更强的牌时则应尽量节省叫牌空间，便于进一步交流信息。

先看一个简单的例子：

例 4.11

♠ AQ		♠ K98742
♥ K8	西 东	♥ A92
♦ AJ53		♦ Q4
♣ AK542		♣ 73

2NT	3♥
3♠	4♠
6♠	==

开叫人以 20 ~ 21 点的均型牌开叫 2NT，应叫人的 3♥ 是转移叫，并在同伴遵命叫出 3♠ 后，加叫至 4♠。很显然，在听到开叫人的 2NT 后，应叫人就决定要叫 4♠ 进局，那么为什么没有直接叫 4♥ 转移到 4♠ 呢？依照速达原则，直接叫 4♥ 应是较弱的叫品，表示没有满贯兴趣的成局牌，例如：

♠K98742   ♥J92   ♦Q4   ♣43

而先叫 3♥ 再加叫 4♠ 则是较强的叫品，是显示温和满贯兴趣的限制叫。本例中，开叫人持有双张大牌配合的最高限牌，如果同伴直接叫 4♥，其只能满足于 4♠；但当同伴多叫一轮，显示一定的额外实力及满贯兴趣后，就可以叫进满贯了。

速达原则在竞叫进程中有着更为广泛的应用，因为在很多时候我们希望通过速叫达到连打带阻、迟滞对方信息交流的目的。这一点已为广大牌手所熟知。不过在对方实力有限时，则可能需要变通。例如：

例 4.12 双方有局

西	北	东	南
--	--	1♠	--
2♠	加倍	?	

东家在两家不叫后，开叫 1♠，假设其持一手在 2♠ 后就准备叫进 4♠ 的牌。但现在对方加倍了，此时东家最好的办法可能是先不叫，而到下一轮再叫 4♠。这样可以更多地获取对方牌力及牌型的信息，以利于做庄。反正对方两家都不叫过，不大可能会在 4♠ 以上叫牌。在本例中北家是未开叫牌，这一点非常重要。否则东家在加倍后就该立刻叫 4♠，堵塞对方信息交流。

值得注意的是：速达原则在现代自由叫牌中的应用日趋减少。除非在特定的、明确定义的局势下（如之前的讨论），大部分情况下的跳叫都被定义为有额外实力但牌型和牌点都更为明确的限制叫。例如在成局进程中的跳叫 3NT 都被定义为 15 ~ 17 点且牌型要求严格的均型牌。同时在面对未做限制性叫牌的同伴时，传统的快速花色跳叫表示低限牌的用法正在被限制性更强的图像式叫牌（Picture Bid）所取代。所谓图像式叫牌是指一个跳叫不仅表示足以做相应阶数叫牌的低限实力，同时显示点力集中的位置。图像式叫牌运用日渐增多的原因在于：除非同伴是非常限制的牌，以一个占用很多空间的跳叫仅告知点力范围属于低效的描述——往往导致同伴持需要根据点力位置来决定有无满贯的牌时却发现已没有安全的探查空间了。

基于此，现代体系多强调其对持牌描述的重点是"图像"而非"速达"。《桥牌世界》杂志在对大量专家牌手调查之后，也制定了除少数有明确约定的特定进程外，成局进程中均使用"慢达"的原则，即跳叫显示的牌更强或是图像式叫牌。我们使用的科学二盖一体系中对这一原则也有着多方面的体现。

例 4.13 请考虑以下低花开叫进程中，最后跳叫所描述的大致持牌。

a) 1♣	1♦	b) 1♦	1♥	c) 1♣	1♥
1♥	4♥	1♠	2♠	2♥	4♣
		4♦			

d) 1♣	1♠	e) 1♦	1♠	f) 1♦	1♥
2♦	4♣	2♠	3♥	2♦	4♦
		4♠			

a）低限进局实力，2－4－5－2 型且点力集中于长套。例如：

♠32　　♥AQ32　　♦KQ1032　♣32

b）在同伴平加叫的低限时足以进局，即 17～19 点。同时点力多集中于长套，但第四花色中无控制。例如：

♠AQ32　　♥K2　　♦AKQ102　♣32

c）低限进局实力，2－5－2－4 型且点力集中于长套。例如：

♠32　　♥AQ1032　♦32　　　♣KQ32

d）在同伴逆叫后的进局逼叫，但余力有限。例如：

♠AK1032　♥32　　♦32　　　♣Q432

e）低限开叫实力，4－2－5－2 型且点力集中于长套。例如：

♠KQ32　　♥32　　♦AQJ32　♣32

f）这一进程与之前的所有进程的区别在于其并不保证到局。其描述的图像是 6－4 红花色的邀叫牌。例如：

♠32　　♥KQ5432　♦A432　♣2

例 4.14　请考虑以下高花开叫进程中，最后跳叫所描述的大致持牌。

a)	1♥	1♠	b)	1♥	1♠	c)	1♥	1NT
	2♣	4♣/♥		2♠	4♥		3♦	4♥
d)	1♠	2♣	e)	1♠	2♣	f)	1♠	2♦
	2♦	2♠		2♦	3♦		2♥	4♠
	4♦/♠			5♦				
g)	1♠	2♦	h)	1♠	2♦	i)	1♠	2♥
	3♦	4♠		2♥	4♥		4♥	

a）低限进局实力，4♣ 保证 5 张配合且在第四花色中单缺。例如：

♠KQJ32　♥32　　♦2　　　♣AQ432

4♥ 为 5－4－2－2 型且点力集中于长套。例如：

♠KQJ32　♥AQ32　♦32　　♣32

在此特别强调跳叫高花与低花的区别：跳叫高花保证联手 8 张配合，且第四花色无控制；跳叫低花保证联手 9 张配合，且第四花色有控制。其原因在于 8 张配合的高花可以打四阶高花，而 9 张配合的低花且第四花色短才确定愿意越过 3NT。

b）低限进局实力，5－4－2－2 型且点力集中于长套。例如：

♠KQJ32　　♥KQ32　　♦32　　　♣32

c）低限应叫，图像是在同伴长套中有 2 张大牌。例如：

♠32　　　　♥K32　　　♦Q32　　♣65432

♠J32　　　♥K32　　　♦K2　　　♣65432

d）低限开叫实力，4♦为 5－5 双套且第四花色单缺。例如：

♠KQJ32　　♥2　　　　♦AQ432　　♣32

4♠为 5－2－4－2 型且点力集中于长套。例如：

♠AQ432　　♥Q2　　　♦KQ32　　♣32

注意：如果将♥Q 和♦Q 换成♦A，虽然仍是低限开叫点力，但持 2.5 个关键张外加连张♦K 的牌不能按低限处理，也就不应使用图像式跳叫 4♠。

e）五阶跳叫为高度限制叫，5－1－5－2 型（第四花色单张）。例如：

♠KQ432　　♥2　　　　♦AJ432　　♣32；

♠AQ432　　♥2　　　　♦KQ432　　♣32

f）黑桃配合且点力集中于黑花色，大牌点并不够二盖一应叫。例如：

♠K62　　　♥4　　　　♦9743　　　♣AQJ85

g）低限进局实力，4－2－5－2 型且点力集中于长套。例如：

♠KQ32　　♥32　　　♦AQJ32　　♣32

h）低限进局实力，2－4－5－2 型且点力集中于长套。例如：

♠32　　　　♥AJ32　　♦AQJ32　　♣32

i）低限开叫实力，5－4－2－2 型且点力集中于长套。例如：

♠AQJ32　　♥AJ32　　♦32　　　♣32

注意：在图像式跳叫只保证有低花配合之后，平叫 4NT 为实叫且止叫——其可能就是最佳的成局定约。在除叫回两个长套及 4NT 外的加一、二级分别为对最后所叫花色的关键张问叫、双套关键张问叫。

例4.15 2023年世界桥牌团体赛百慕大杯循环赛第七轮

（波兰队——挪威队）第1副 双方无局

```
                    ♠ Q6432
                    ♥ K54
                    ♦ A2
                    ♣ QJ7
    ♠ A1085                        ♠ KJ97
    ♥ 102           北              ♥ J6
    ♦ 10963      西     东          ♦ J5
    ♣ A93           南              ♣ 106542
                    ♠ —
                    ♥ AQ9873
                    ♦ KQ874
                    ♣ K8
```

西	北	东	南
开室： Helgemo	Kotorowicz	Grude	Araszkiewicz
闭室： Lutostanski	Bakke	Buras	Brogeland
	1♠	--	2♥
--	4♥		==

两桌都因北家再叫时采用了不合时宜的"速达原则"跳加叫而导致错过了很好的6♥定约。

本例很好地展现了在面对持完全非限制牌的同伴时，以低限牌一律跳加叫进局的缺陷：南家在4♥后完全不知道同伴点力的分布情况，或者说在黑桃长套中有多少浪费，也就不敢贸然在成局线以上试探满贯。

如果将4♥定义为图像式跳叫，那么合理的进程将是：

西	北	东	南
	1♠	--	2♥
--	3♥[1]	--	4♣[2]
--	4♦	--	5♦[3]
--	6♥[4]	==	

1. 有红心配合，但不适合做严格限制性的图像式跳叫。

2. 扣叫，严肃的满贯试探。

3. 强牌在成局线以上叫旁门为寻求帮助叫。

4. 同伴显然是短黑桃，这手牌理应接受同伴的强满贯邀请。

例4.16 2020年BBO练习赛

第9副　东西有局

♠ A4
♥ K
♦ A9764
♣ K9762

西　东

♠ 2
♥ AQJ102
♦ 82
♣ AJ843

西	东
1♦	1♥
2♣	4♣[1]
4♦[2]	4NT[3]
5♥[4]	7♣[5]
==	

1. 图像式跳叫，显示低限进局实力的5-5套，且在未叫花色中单缺。

2. 对梅花的关键张问叫。

3. 2个关键张。

4. 此时5♦为询问特定K，5♥则是花色问叫。由于同伴4♣为点力集中于两套的限制性叫牌，因此不会持有2个A外加♦K。于是，寻求可以吃通的红心套将是完成大满贯的唯一途径。

5. 同伴显然是有♥K才没有问特定K，这样就有了5个红心赢墩。面对同伴显示出的大满贯兴趣应足以直叫7♣。

注意：在5♥询问叫之后，没有♥Q时应止叫6♣；仅有♥Q而无♥J时可加一级叫5♠。关于花色问叫，我们在第8章中还会详加讨论。

第 **5** 章　展示牌型——长套

在学习桥牌最初的几周里，人们都会被告知：打成 3NT 或四阶高花成局定约需要 25 点、五阶低花成局定约需要 29 点、小满贯需要 33 点、大满贯需要 37 点。

但是大家很快就发现，一个合格的小满贯很少有确实需要 33 点的时候，而大满贯更极少是在有 37 点的时候才得以完成。极端情况下，联手 5 个点（将牌的 AJ）就足以通过将吃和建立旁门长套打成大满贯。于是我们在实践中学习了牌型与赢墩之间的关系，以及同伴间准确而有效地交换牌型信息的重要性。

在接下来的两章里，我们将就展示牌型的方法和技巧展开讨论。本章的重点是对长套的描述，而下一章将主要关注短套的显示。

5.1　单套型

单套型牌是指整手牌只有一门突出的 5 张以上长套。这是相对来说最容易描述的一类牌，要么连叫自己的长套，要么叫无将或配合同伴。

如果说有什么值得注意的地方，主要就是在持半坚固及坚固长套时的处理。众所周知，现代叫牌不论何种体系都是以描述牌型为主要目的而不太在意具体点力的位置。例如我们一阶高花开叫的定义：11 点以上，5 张以上套。它既可能是仅 65432 的五张，亦可能是 AKQJ109 甚至更长的坚固套。而从同伴的角度来说，其期待值通常是在长套中有一定的点力，特别强或特别弱的套都属于意外。

正是由于上述原因，一个半坚固以上的长套属于叫牌中不易描述的特征，因为其不能通过简单的多次叫该花色来显示——那往往只能展示额外的长度。同时，及时显示半坚固以上长套对整个叫牌进程来说又是非常重要的信息：一来其可以告诉同伴可能的赢墩来源；二来可以尽快确定将牌并进入可能的满贯试探阶段，而不是在以哪个花色作为将牌的问题上与同伴展开"竞叫"。

这类牌的处理方式主要有两种：一是通过限制性叫牌准确告知同伴整手牌的实力（范围在2点以内）且含有6张以上至少半坚固的长套，然后由同伴主叫；二是在整手牌的实力不适合使用限制性叫牌时使自己作为主叫的一方，尽可能地去了解同伴的持牌。

如何显示半坚固以上套是一对成熟的搭档必须要认真讨论并形成默契的地方。搭档间不妨从讨论下面这个简单的例子开始：

例5.1

♠ AK1072	♠ 864
♥ 5	♥ KQJ1064
♦ AK4	♦ Q7
♣ A653	♣ K7

进程1：

1♠	2♥
3♣	3♥
4♦	4♥
6♥	==

进程2：

1♠	2♥
3♣	4♥
6♥	==

两个进程都叫到了合格的6♥定约，没有问题。那么哪个会是你和搭档使用的进程呢？换句话说，哪个进程的应叫人显示出了6张以上至少半坚固以上的红心套？而哪个进程可能是一个7张以上的离散套，例如：AQ98765、KQ98765、KJ987654之类？

这里并没有标准答案，关键是搭档间是否一致。我们将会采用进程2的方式，并认为进程1中的应叫人显示的是一个7张以上的离散套。

例 5.2 作为开叫人，在下面这个进程中，你如何计划后续叫牌？

	1♠	2♥	
	?		
a）	♠AKQJ42	♥5	♦7642	♣Q7
b）	♠AKQJ42	♥5	♦7642	♣K7
c）	♠AKQJ42	♥5	♦J642	♣AJ
d）	♠AKQJ42	♥5	♦K642	♣A7

上面的四手牌都有一个坚固的 6 张套及 6 - 1 - 4 - 2 的牌型，点力则从 12 至 17 点不等。对于不少初中级牌手来说，实战中拿到其中的任何一副牌可能都会跳叫 3♠。当然在我们将这些牌放在一起讨论的时候，不少人单凭直觉就会隐约觉得以一个跳叫覆盖如此大的实力范围颇为不妥。实际上这也确实违背了我们在第 4 章中所讨论的限制性原则。

a）手牌取自 2018 年美国桥牌锦标赛暨国家队选拔赛半决赛。实战中，四位开叫人采取了四种不同的处理方式：

· 开叫 2♠（低限开叫实力，6 张以上套），再叫 3♠；

· 开叫 1♠，再叫 3♠；

· 开叫 1♠，再叫 2♠，随后在同伴的 3♥ 后继续叫 3♠；

· 开叫 1♠，再叫 2♠，随后在同伴的 3♥ 后继续叫 4♠。

除了第一种处理方式不符合我们不以坚固套做阻击开叫（即便定义为低限开叫实力）的原则外，后面三种处理方式都不能简单地以对错判断之。关键在于同伴间是否就这类形势下，什么样的实力可以通过限制叫表达半坚固以上套有过充分的讨论。

从实战各桌的后续进程看，至少有着不少模糊的空间。我们对上述各手牌的建议是：

a）再叫 2♠，随后在同伴的 3♥ 后跳叫 4♠。以此表达一手低限实力，6 张以上的半坚固以上黑桃套。

b）再叫 3♠。以此表达一手有余力（14～16 点），6 张以上的半坚固以上黑桃套。

c）再叫 3♠。上一例是这一叫品的低限牌，而本例则是高限牌。

d）再叫 2♠，随后在同伴的 3♥ 后继续叫 3♠。这手牌超出了我们限制叫的实力范围。因此希望采取主叫姿态，通过压低叫牌的方式尽可能多地了解同伴的持牌，以此来帮助我们决定叫牌的走向及最后定约。

我们继续讨论几个实战中的例子：

例5.3 2009 年世界桥牌团体赛百慕大杯四分之一决赛

第49 副　双方无局

```
              ♠ —
              ♥ AK87
              ♦ AK6
              ♣ AJ9762

  ♠ J652          北          ♠ A7
  ♥ J105                      ♥ 643
  ♦ 10      西        东      ♦ J975432
  ♣ K10853        南          ♣ Q

              ♠ KQ109843
              ♥ Q92
              ♦ Q8
              ♣ 4
```

第2桌（俄罗斯队）：		第3桌（德国队）：		第8桌（挪威队）：	
北	南	北	南	北	南
Gromov	Dubinin	Gromoeller	Kirmse	Saelensminde	Austberg
1♣[1] （1♦）	1♠	1♣ （2♦）	4♠	1♣	1♠
2♣	2♠	4NT	5♣	2♥	2♠
2NT	4♠	5♦	6♠	3♣	4♠
==		==		4NT	5♣
				5♦	6♠
				==	

1. 精确法，16 点以上。

由于防守方有 2 个将牌赢墩，外加一次方块将吃，4♠是这手牌的极限。但是在实战中，有近一半的组合因冒叫而得到负分。其成败的关键就在于北家如何从叫牌中对同伴黑桃套的强度做出正确的评估。

挪威队的 Saelensminde 显然认为 Austberg 的 1♠、2♠、再跳叫 4♠应该持 6 张以上的半坚固以上套。因此其在程序性的关键张问叫发现同伴有 1.5 个关键张之后叫到 6♠。依我们的风格也会采取类似北家的处理，因为持南家这样一个离散 7 张套时应先叫 3♠、再叫 4♠，那么北家肯定不会继续推进了。

德国队的 Gromoeller 同样对 Kirmse 的 4♠ 跳叫寄予了更高的期望，同样通过关键张问叫系列让 6♠ 成为最后定约。这个进程有对方的阻击干扰，较挪威队的进程复杂。一般来说，在对方非跳叫争叫之后的 4♠ 应是以阻击为主，即保证是半坚固的 7-8 张套但旁门点力极为有限。那么在对方的阻击叫之后呢？在同伴做了开叫的前提下，直接跳叫 4♠ 肯定仍是严格的限制叫。至于具体的定义则以同伴间的讨论为准。

俄罗斯队的 Dubinin 也采取了 1♠、2♠、再跳叫 4♠ 的处理，但是 Gromov 并没有做进一步的行动。相信该组合很可能对这类局势下的 4♠ 跳叫有过讨论——搭档之间在交换信息时处于同一波段总是最要紧的。

例 5.4　2019 年美国桥牌锦标赛暨国家队选拔赛半决赛第七节

第 14 副　双方无局

```
                    ♠ AKQJ84
                    ♥ J54
                    ♦ 1042
                    ♣ 5
   ♠ 76          北              ♠ 32
   ♥ 832     西        东        ♥ Q1097
   ♦ K873        南              ♦ AQJ965
   ♣ A843                        ♣ 10
                    ♠ 1095
                    ♥ AK6
                    ♦ —
                    ♣ KQJ9762
```

	西	北	东	南
开室：	Kriegel	Martel	Smith	Fleisher
			——	1♣[1]
	——	1♥[2]	2♦	加倍[3]
	3♦	4♠	==	
闭室：	Greco	Platnick	Hampson	Diamond
			1♦	2♣
	——	3♠	——	4♠
	==			

1. 保证 2 张梅花。

2. 转移叫显示黑桃。

3. 支持性加倍，3 张黑桃。

这副牌的关键在于南家是否能确知北家持可以独打的半坚固以上黑桃套。

开室 Martel 先转移应叫 1♥ 再在同伴的支持性加倍后跳叫 4♠ 并没有显示出是这么好的长套。我们不支持以一手 2.5 个关键张以上的牌直接封局，扣叫 4♦（四阶将牌以下的扣叫显示满贯兴趣，但不保证控制）更为合适。顺便指出：我们也不赞成 Fleisher 以攻防比如此之高的梅花套做支持性加倍，毕竟同伴在持 4 张黑桃、短梅花时有罚放的可能。

闭室 Platnick 在同伴的 2♣ 争叫后跳叫 3♠ 应该是保证半坚固以上长套的逼叫。Diamond 如果确知这一点的话，显然不应该仅满足于 4♠，直接跳叫 5♦ 作为排除性关键张问叫亦不为过。

两位庄家都仅失♣A 拿到 12 墩牌，但同时也错过了赢得 11IMP 的机会。

例 5.5

	♠ A9753		♠ K864
	♥ A5	西 东	♥ 43
	♦ A4		♦ KQJ1086
	♣ KQJ3		♣ A

1♠	2♦ [1]
3♣	3♦ [2]
3♥ [3]	4♠ [4]
4NT [5]	5♥ [6]
7NT [7]	==

1. 实战中，有些牌手选择 2NT 显示 4 张黑桃配合的进局逼叫。基于以下两个原因，我们不支持这一处理：一是这么好的方块及很一般的黑桃，不应急于确立将牌；二是这手牌尚未强到使自己成为主叫方的地步，还是应以交换信息为主。

2. 同伴 3♣ 显示有余力，更不一定非打黑桃了。现在有两点需要告知同伴，黑桃支持及 6 张以上好方块。若现在叫 3♠ 支持，以后将无法显示 6 张好方块；现在叫 3♦ 是强调方块套，黑桃支持可放到下一轮。

3. 18 点，同伴有 6 张以上好方块，满贯在望，看看同伴有无余力。准备下一轮做关键张问叫。

4. 终于显示黑桃支持。同伴可能认为是 3 张支持，但这无关紧要，如此多的边花赢墩，是不需要将吃赢墩的。

5. 同伴跳叫 4♠ 一定是 3 张支持。同时，延迟性的加叫还表示先前叫过的方块套一定很好。这手牌足以使用反冲式罗马关键张问叫。

6. 2 个关键张但无 ♠Q。

7. 同伴先叫 3♦、再叫 4♠，一定是有只缺 A 的 6 张以上方块，13 个顶张赢墩都数出来了。如果不放心，叫 5NT 再确认一下也无不可。同伴持有众多的方块赢墩，在关键张到齐之后自然是会叫进大满贯的。

一般而言，半坚固套和坚固套是不易表达清楚的。所以如果有机会不要放过，其他相对容易传递的信息可以缓一下。

例 5.6

	西 东	
♠ J1064		♠ A
♥ 8		♥ AQJ9543
♦ AKQ72		♦ 3
♣ AK3		♣ 10965

西		东
1♦	(1♠)	2♥
2♠[1]		3♠[2]
3NT		4♥[3]
4NT[4]		5♠[5]
6♥		==

1. 显示余力，逼叫进局。

2. 首先将被视作寻求止张。

3. 在同伴的 3NT 后，继续叫出 4♥ 除表明之前的 3♠ 为扣叫外，同时显示出极好的红心（至少半坚固的 6 张以上套）。

4. 关键张问叫。

5. 2 个关键张及 ♥Q。

通过之前各个牌例的讨论，我们仅仅是希望为半坚固以上的长套的处理提供一些原则性意见。希望读者朋友们能具体结合自己的体系结构，和同伴就这类牌的处理达成共识。

例 5.7

♠ 32   ♠ AK108764
♥ J98   西 东   ♥ A5
♦ A65   ♦ K4
♣ AK1093   ♣ QJ

1♣	1♠
1NT	2♦ [1]
3♣ [2]	3♠ [3]
3NT	4♣ [4]
4♦ [5]	5♣ [6]
5♦ [7]	7♣ [8]
==	

1. 与前面的例子对照，这手牌的要点是：不该跳叫时不跳叫与该跳叫时跳叫同样重要。虽然是不错的 7 张黑桃，却未达到半坚固的程度。

2. 5 张梅花。

3. 强调黑桃。

4. 同伴的黑桃应该是双张小牌，那么梅花很可能才是我方的最佳配合。

5. 持有 5 个控制，作为再叫 1NT 的牌在同伴如此强势的叫牌之后足以启动反冲式罗马关键张问叫。

6. 2 个关键张及♣Q。

7. 这手牌已基本叫足。继续 5♦ 问特定 K 只是告诉同伴关键张到齐。除非同伴能自己叫大满贯，不然将满足于 6♣。

8. 只要关键张齐了，7♣ 就是好定约。

5.2 双套型

双套型牌是指整手牌有两门 5 张以上的长套。这类牌的关键是如何在持不同的实力时表达出 5－5、6－5、5－6、7－5、5－7 套（第一位数为较高花色）的结构。同时要强调的是：由于叫牌空间有限，并不是总能准确地表述出每套的长度，往往需要突出重点、有所取舍。

一般而言：

5－5 套按照高、低、低的顺序显示。

6－5 套愿打 6－1 配时按照高、低、高、低的顺序显示。

6－5 套不愿打 6－1 配时按照高、低、低的顺序显示。

5－6 套 13－点以下时按照高、低、低、低的顺序显示。

5－6 套 13＋点以上时按照低、高、高的顺序显示。

7－5 套除非 7 张套不佳，通常按照高、低、高、低的顺序显示。

5－7 套除非 7 张套不佳，通常按照低、高、高、低的顺序显示。

例 5.8

	西 东	
♠ QJ10863		♠ 9
♥ AK1043		♥ 92
♦ K2		♦ AQ1073
♣ —		♣ A9872

1♠	1NT
2♥	2NT
3♠	3NT
4♥	4♠
==	

开叫人持 6－5 高花，其中的 6 张黑桃在面对同伴单张时也愿意打。于是采取高（1♠）、低（2♥）、高（3♠）、低（4♥）的叫法，并最终打 4♠。

例 5.9

	西 东	
♠ Q108632		♠ 9
♥ AKQ43		♥ 92
♦ K2		♦ AQ1073
♣ —		♣ A9872

1♠	1NT
2♥	2NT
3♥	3NT
==	

开叫人同样持 6－5 高花，但 6 张黑桃较弱，并不希望在同伴持单张黑桃

时打4♠。于是采取了高（1♠）、低（2♥）、低（3♥）的叫法，并最终打3NT（希望赢得梅花首攻后能吃通一个红花色长套）。

例5.10

西	东
♠ —	♠ QJ973
♥ 4	♥ A1053
♦ KQ97642	♦ AJ
♣ AK972	♣ Q3

西	东
1♦ [1]	1♠
2♣ [1]	2♥ [2]
3♦ [1]	3NT
4♣ [1]	4♦ [3]
4♠ [4]	4NT [5]
5NT [6]	6♣ [7]
7♦	==

1. 以高、低、高、低的顺序显示6−5套（可独打的6张）或7−5套。

2. 第四花色进局逼叫。

3. 明确配合方块。如果扣叫高花则是配合梅花。

4. 扣叫。

注意：在显示了11张以上的双套之后，扣叫短套（本例为4♠，或4NT扣叫红心）为显示第一轮控制，通常为缺门。短套1−1时可使用反冲式关键张问叫（本例为4♥）或再叫长套。

5. 关键张问叫。

6. 双数关键张及缺门。

7. 关键张已齐，6♦前唯一的叫品作为最后一班车邀叫大满贯。

例5.11 2020年中国国家公开队选拔赛决赛

第32副　东西有局

♠ AQ532
♥ AQJ1095
♦ 6
♣ 7

♠ J986　　　　　　　　　　　　♠ 104
♥ 864　　　　　　北　　　　　♥ 73
♦ J82　　　西　　　东　　　♦ AK10953
♣ Q84　　　　　　南　　　　　♣ J103

♠ K7
♥ K2
♦ Q74
♣ AK9652

西	北	东	南
闭室： --	1♥	--	2♣
--	2♠	--	3♣
--	3♥	--	4♥
==			

4♥没有悬念——超二完成＋480。由于开室误叫到7♠宕二－100，因此侥幸赢得了11IMP。这手牌合理的进程应该是：

西	北	东	南
--	1♥	--	2♣
--	2♠	--	3♣
--	3♠	--	5♥
--	6♥	==	

开叫人的第三叫应该是叫3♠——准确描述出一手5-6以上高花，且有余力的牌。之后控制极好的应叫人就可以跳加叫5♥作为寻求第四花色（方块）控制的满贯邀叫（具体用法及后续可参阅第14章），持第二轮方块控制的开叫人随后加叫6♥。

同时值得指出的是：即使开叫人第三叫选择了3♥，握有3个关键张、5

个控制的应叫人也不应简单加叫4♥到局，而应该扣叫3♠等待一下。之后只缺关键张的开叫人就可以使用关键张问叫了。

例5.12 2017 年世界桥牌团体赛百慕大杯循环赛第十轮

（法国队——美国一队）第 2 副　南北有局

♠ A72
♥ 42
♦ A65
♣ AQ853

♠ 10865		♠ QJ943
♥ 7	北	♥ KQ6
♦ J97	西　东	♦ 104
♣ KJ974	南	♣ 1062

♠ K
♥ AJ109853
♦ KQ832
♣ —

开室（法国队）：

北	南
Lorenzini	Quantin
	1♥
2♣	2♦
2♠	3♦
4♦	4NT[1]
5♦[2]	6♦
==	

闭室（美国一队）：

北	南
Rodwell	Meckstroth
	1♥
2♣[3]	2♦
2♥[4]	3♦
3♠ （加倍）	4♥
==	

1. 关键张问叫。

2. 3 个关键张。

3. 2 张以上的笼统性进局逼叫。

4. 等待叫。

持 7-5 型的两位南家都（准备）采取高、低、低、高的叫牌顺序。不同的是在 3♦ 之后，Lorenzini 直接加叫 4♦ 而 Rodwell 过渡 3♠ 被对手首攻指示加倍。之后 Meckstroth 立刻止叫 4♥ 略显保守，毕竟两个主套都还不错。

Quantin 在持有缺门的情况下进行关键张问叫并不理想，但也没有更好的满贯叫牌方式，姑且假设叫 2♣ 的同伴有 ♣A 吧。

实战中也有很多南家在第三声叫 3♥（同样会是我们的选择），最后打四至六阶的红心定约。如果只看两手牌，6♥ 应是最佳定约。其在梅花首攻时，由于明手有 ♦A 和 ♣A 两个进手，概率打法是双飞红心，成功率为 75%；在非梅花首攻时，明手只有 ♦A 一个进手（♠A 不能超得 ♠K 作为进手，因为要和 ♣A 一起垫 2 张方块以防止其 4-1 分布）可以飞将牌，因此概率打法变为拔手上 ♥A 希望 ♥2-2 或有人持单张大牌，成功率为 65%。6♦ 需要将牌 3-2 外加红心只一个输墩，接近 60% 的机会。

百慕大杯循环赛二十二桌中六桌打 6♥ 均运气不佳地宕一，五桌打 6♦ 除一桌意外宕一外其他四桌包括法国组合都成功完成。

在涉及双套畸形牌的叫牌进程中，我们建议以下原则：

·在正常叫出两个花色之后若跳叫其中一个花色，那么将显示两套 12 张以上且低限。

·在同伴显示两套 12 张以上之后，非跳叫地叫其余两个花色是扣叫，而跳叫自己的长套才是自然叫。

a)	1♠	2♦		b)	1♠	2♣
	2♥	3♣			2♥	3♦
	4♥/♠				3♥	5♣/♦
					5/6♥	

在 a）中，开叫人的 4♥/♠ 为显示 6-6/7-5 的黑桃加红心双套。

在 b）中，应叫人的 5♣/♦ 为显示 7-5/7-6 的梅花加方块双套。之后开叫人非跳叫的 5♥ 应视作扣叫；而跳叫 6♥ 则是想打。

涉及双套牌的满贯叫牌还有一个很重要的课题。在崇尚积极开叫的今天，持双套牌的开叫基本遵循 19.5 或 20 法则。换句话说，当持有 5-5 套时，开叫的下限仅为 10 点。这在整手牌有配合的情况下问题不大，因为有不错的主打能力，这也是轻开叫得到普遍认可的主要原因。然而当整手牌无配合的时候，如果应叫人不考虑同伴可能是轻开叫的因素，将很可能导致冒进。

例5.13 2018 年 BBO 双人赛

♠ —		♠ AJ1053
♥ AK973	西 东	♥ J4
♦ 985		♦ AKQ6
♣ K10763		♣ A2

1♥¹	1♠
2♣	2♦
3♣	5NT²
6♥	==

1. 实战四十桌中开叫1♥、未开叫的各有二十桌。

2. 请同伴选择满贯。

在所有开叫 1♥ 的桌上均由应叫人逼叫到包括 6♣、6♦、6♥、6NT 在内的某种小满贯，结果是宕一或宕二不等。在所有未开叫的桌上则均止于成局定约。问题的关键似乎在于是否开叫 1♥。其实不然，我们同意开叫——因为其符合 20 法则。但反对叫进满贯，当然这在看到两手牌后是显而易见的。那么问题出在哪里呢？前五个叫牌应该是自动的，关键在应叫人的第三叫。当使用畸形牌的轻开叫时，后续叫牌要有相应的配套手段，以免在失配牌时导致冒叫。就这手牌而言，在开叫人叫出 3♣ 显示 5-5 以上套后，其低限牌力就要从 12～14 点修正为 10～14 点。应叫人持控制不错的 19 点，但赢墩不足，应使用强邀叫而不是直接进满贯。

那么在开叫人叫出 5-5 套后，应叫人又拥有哪些邀叫手段呢？4NT 显然是一个，而 3♦—再叫第四花色（又被称作"第五花色逼叫"）作为笼统叫以进一步了解同伴的牌是另一个应该考虑的叫品。相对于直接叫 4NT，先第五花色再叫 4NT 是强于直接叫 4NT 的强邀叫。这也类似于第四花色逼叫后再叫 3NT 要强于直接叫 3NT。如果本例中应叫人的 ♦Q 换成 ♦J，就可以直接叫 4NT。合理的进程是：

1♥	1♠
2♣	2♦
3♣	3♦
3NT	4NT
==	

例5.14 2008 年美国桥牌锦标赛暨国家队选拔赛决赛

第 85 副　南北有局

♠ AJ1043		♠ K
♥ 7		♥ KQJ82
♦ Q10653	北　南	♦ AK2
♣ A2		♣ K764

开室：		闭室：	
Rodwell	Meckstroth	Strul	Becker
1♠	2♥	1♠	2♥
3♦	3♥	2♠	2NT
3NT	==	3♦	3♥
		3NT	==

　　与上例比较可以发现，专家牌手对同伴显示两套后可能的低限牌有着充分的警觉。但似乎有些走向另一个极端了。开室使用精确体系的 Meckstroth/Rodwell 组合以轻开叫著称，两套超过 10 张时以 9 点开叫是很常见的。这或许是 Meckstroth 最后选择不叫的原因。

　　闭室 Strul/Becker 组合使用二盖一体系。开叫人的所有叫牌都是显而易见的，如果有问题应该是应叫人的。2NT 等待叫是正着，之后的 3♥ 显示很好的5 张套或不太好的 6 张套亦属正常。但最后以似乎所有点力都不坏的 19 点，一点满贯兴趣都不表现实在不妥，毕竟之前的 3♥ 更可能是成局选择。

　　我们建议的进程为：

1♠	2♥
2♠	2NT
3♦	3♥
3NT	4♦[1]
5♣[2]	6♦[3]
==	

　　1. 如果是 4 张方块有满贯兴趣的牌，3♦ 后就应该加叫 4♦。所以此时叫4♦ 是显示 3 张好方块，这比加叫 4NT 更好地描述了这手牌。

　　2. 一直示弱的开叫人在应叫人的 4♦ 满贯试探后，应该将这手含 2 个 A及 ♦Q 的 5-5 双套牌升值，做积极的叫牌理所应当。不过从另一个角度说，

第一部分　确定足够的赢墩

75

这手牌除了关键张之外并无其他优势，直接使用关键张问叫尚嫌不足，以扣叫 5♣ 示强最为合适。

3. 看来同伴是控制不错的 5-5 低限牌，6♦ 应是最佳定约。

例5.15 2006 年世界桥牌综合锦标赛罗森布鲁姆杯决赛

第 63 副　南北有局

```
              ♠ 108754
              ♥ 94
              ♦ 10632
              ♣ Q3
♠ AKJ2                        ♠ 93
♥ A5          北             ♥ 1063
♦ 8        西     东          ♦ AK74
♣ K108762     南             ♣ AJ95
              ♠ Q6
              ♥ KQJ872
              ♦ QJ95
              ♣ 4
```

	西	北	东	南
开室：	Helgemo	Lindkvist	Helness	Fredin
				2♥
	3♣	——	3♥	——
	3♠	——	5♣	——
	6♣	==		
闭室：	Nystrom	Sontag	Bertheau	Bates
				1♥
	2♣	——	2♥	——
	2♠	——	3♥	——
	4NT	——	5♥	加倍
	6♣	==		

6-4 型的牌既不属于标准的单套牌，也不属于典型的双套牌，我们不妨称之为准双套牌。如何准确展示这类牌也是颇有讲究的。

在南家开叫之后两对东西组合均未能叫到铁打的7♣。

开室 Fredin 占用更多叫牌空间的 2♥ 开叫使得 Helgemo 无法准确地描述出其 6-4 型牌，在 Helness 跳叫 5♣ 后满足于 6♣ 也合情合理。

闭室 Bates 的 1♥ 开叫给了东西方更多的机会。不过 Nystrom 的 2♠ 再叫同样未能准确展现其持牌。更为合理的处理是跳叫 3♠——因之前未使用 Michaels 扣叫而明确表明是持 4-6 型的高限牌。可能的后续发展是：

西	北	东	南
			1♥
2♣	--	2♥	--
3♠	--	4♣[1]	--
4♥[2]	--	4NT[3]	--
5♦[4]	--	5♠[5]	--
7♣[6]	==		

1. 明确为配合梅花，此时的 4♦、4♥ 则应视作配合黑桃的扣叫。
2. 扣叫。
3. 关键张问叫。
4. 3 个关键张。
5. 加两级问特定 K。
6. 同伴表明关键张到齐及大满贯兴趣。额外的 ♠KJ 应足以接受邀请。

5.3 三套型

三套型牌是指有三门 3 张以上及一门单缺的牌。我们首先强调一个重要的概念，即所谓的碎片叫（Fragment Bid）。这是指在叫出 5-4 以上套之后，继续叫出的新花色为第三套，通常是 2-3 张，而未叫的第四花色则是单缺。也有不少牌手约定在叫出两套后的第三套是单缺，而未叫的第四花色则通常是 2-3 张。这两种用法从本质上说是一回事，完全可以根据搭档间的喜好决定。只是要注意一点：一定要保证体系的一致性。避免在有些进程下叫短，而换了个进程又变为叫长，徒增记忆负担及出错的可能性。

我们在类似的局势下一律采用碎片叫。一来其相对自然，二来不利于对方做首攻指示性加倍。许多专家牌手对于叫第三套显示短门的叫品采取不加倍、加倍分别建议、不建议首攻未叫 2－3 张套的约定来为同伴的首攻提供帮助。我们亦支持这一用法。但是如果实叫第三套，那么这类首攻指示性加倍就要承担一定的风险，或许被再加倍成为最后定约也未可知。

a)	1♥／♠	2♣	b)	1NT	2♦／♥
	2♦	2♥／♠		2♥／♠	3♣（♦）
	?			3♥／♠	?

上面两个进程均属使用碎片叫的局势。在 a) 中开叫人叫 2NT 为 2－5－4－2/5－2－4－2 型，叫 3♣ 或 2♠/3♥ 为第三套。同时，在使用碎片叫时，跳叫新花色——4♣ 或 3♠/4♥ 则是显示单缺及余力（15～17 点）。在 b) 中应叫人先转移叫出高花再显示低花第二套，随后在开叫人明确配合第一套后叫出的新花色为第三套，未叫套 2－2 时则叫 3NT（逼叫）。

例 5.16

♠ KJ		♠ AQ3
♥ 96		♥ KQ107
♦ Q642	西　东	♦ AK1042
♣ A10963		♣ 2

西	东
——	1♦
2♦[1]	2♥[2]
2NT[3]	3♠[4]
4♣[5]	4♥[6]
4♠[7]	4NT[8]
5♠[9]	6♦
==	

1. 10 点左右的好加叫，但因是不叫过头的牌而不逼叫。

2. 自然描述，寻求帮助。

3. 未叫双套均有点力。注意：虽有 5 张梅花，但不够好时不要叫 3♣——以免误导更关心你点力位置的同伴。

4. 显示第三套，并表明梅花单缺。

5. 基本都是有效点，扣叫同伴短门为显示 A。

6. 反冲式罗马关键张问叫。

7. 1 个关键张。

8. 询问 ♦Q。

9. ♦Q 及 ♠K。

例 5.17 双方有局

♠ Q954		♠ AJ1063
♥ 875	西　东	♥ AQJ63
♦ 652		♦ AK4
♣ A42		♣ —

	（1♣）	2♣
3♠ [1]		4♦ [2]
5♣ [3]		6♠ [4]
	==	

1. 6 个有效点，有局方时阻击叫的标准牌。

2. 只要同伴是含大牌的 4 张黑桃，并能解决手上的方块输张（比如其持双张方块），就会有满贯。显示过 5 - 5 双套高花后的 4♦ 依然是碎片叫。

3. 扣叫。由于同伴已显示梅花短门，这一定是 ♣A。

4. 方块输张将由同伴的 ♣A 解决。同伴敢于越过 4♠，4 张黑桃上必有大牌。依靠飞中 ♥K 机会较大的有利因素，6♠ 应该不错。

例 5.18 2018 年世界桥牌综合锦标赛混合团体赛半决赛

第 24 副　双方无局

	♠ 10	
	♥ AKQ109	
	♦ A87	
	♣ AKJ9	

♠ Q985		♠ KJ72
♥ 853	北	♥ J72
♦ Q104	西　东	♦ 92
♣ 743	南	♣ Q1052

	♠ A643	
	♥ 64	
	♦ KJ653	
	♣ 86	

北	南	北	南
第1桌:		第4桌:	
De Wijs	Von Arnim	Brock	Willenken
1♥	1♠	1♥	1♠
3♣	3♥	3♣	3♥
4NT	==	4♣	4♥
		==	
第2桌:		第3桌:	
D. Rosenberg	M. Rosenberg	廖正江	谢召彬
2♣	2♦	2♣	2♦
2♥	2♠	2♥	2♠
3♥	4♦	3♣	3♦
4♠	5NT	4♦	4NT
6♥	==	5♦	5♥
		6♦	==

这副牌的最佳定约是6♦，而6♥次之。整个叫牌进程的关键在于北家是否能表达出一手短黑桃的准三套型，从而使得南家能够确知己方有方块配合且手上8点均属有效。

开叫1♥和2♣的南家各有两位。在持21点的准三套牌且黑桃短时，我们更倾向于1♥开叫。不过在开叫人跳再叫3♣逼局，应叫人3♥（我们使用3♦）等待叫之后，我们并不支持两位1♥开叫人实战中的选择。De Wijs 的4NT给同伴以2-5-2-4的感觉，而Brock的4♣则更适合5-5套，都没有将牌型描述准确。此时更为恰当的叫品是4♦，接下来南家会扣叫4♠表明配合及黑桃上没有浪费，那么持最高限的北家必将挺进满贯——5NT请同伴选择满贯在这个进程中最为合适，而6♦亦将成为最终定约。

2♣开叫的两桌上前两轮叫牌完全一致：2♥为Kokish约定叫——实叫红心或逼叫进局的均型强牌。两位开叫人的第三叫均表明为红心加梅花双套（Rosenberg采用3♣、3♥对换叫，即交换这两个叫品的自然含义）。之后，廖正江/谢召彬组合顺利找到方块配合并叫到6♦。Rosenberg 夫妇也在4♦及4♠扣叫后确立了方块配合，不过之后的5NT满贯选择将最后的定约带偏了点。好在红心分布有利，6♥同样取得了成功。

例 5.19 2019 年北美春季大赛范德比尔特杯决赛

第 9 副　东西有局

♠ Q64
♥ 1076
♦ 102
♣ QJ1097

♠ 985	♠ AKJ102
♥ AKJ54	♥ 932
♦ K95	♦ AJ86
♣ 85	♣ A

北西东南

♠ 73
♥ Q8
♦ Q743
♣ K6432

开室：

西	东
Katz	Nickell
	1♠
1NT	2♣²
3♠	4♠
==	

闭室：

西	东
Crouch	Hydes
	1♣¹
1♠³	2♣⁴
2♠	3♦
3♥	3♠
4♠	==

1. 16 点以上。

2. Gazzilli 约定叫，梅花套或 16 点以上好牌。

3. 红心套。

4. 黑桃套。

　　两边都错过了极好的 6♠，而症结就在于开叫人未能展示出自己 5－3－4－1 的牌型。开室使用 Gazzilli 约定叫的东家在 3♠后已无充分展示牌型的空间，而闭室采用精确法的东西方则未能发挥出体系节约空间的优势。

　　一个较为自然且合理的进程是：

	1♠
1NT	2♦
3♠	4♥
4NT	5♣
6♠	==

这里的关键就是开叫人的第三叫——4♥，其含义应该是什么？在开叫人和应叫人的1NT和2♦这两个有限叫之后，即便两边都是高限实力也是不可能单凭点力完成满贯的。只有在点力配置极佳，即短套上没有浪费时满贯才有可能，因此4♥应为展示牌型的碎片叫。之后在梅花上毫无浪费且有赢墩来源的应叫人就可以通过关键张问叫顺利达到6♠了。

例5.20 2019年世界桥牌团体赛德奥西杯循环赛第二十二轮

第12副 南北有局

<pre>
                 ♠ 1093
                 ♥ 10653
                 ♦ 943
                 ♣ J108
   ♠ 5   ♠ AQ72
   ♥ KQ2   北   ♥ AJ84
   ♦ AQ1085   西   东   ♦ K6
   ♣ K964   南   ♣ AQ2
                 ♠ KJ864
                 ♥ 97
                 ♦ J72
                 ♣ 753
</pre>

荷兰队：		澳大利亚队：	
西	东	西	东
Vergoed	Mulder	Neill	Kanetkar
1♦	1♥	1♦	1♥
2♣	2♠（加倍）	2♣	2♠（加倍）
3♥	4NT	3♥	4♠
5♠	5NT	5♥	5NT
6♣	7♥	6♥	7♥
==		==	

荷兰和澳大利亚组合前三轮的叫牌基本一致。开叫人通过1♦、2♣、3♥

准确描述出了 14 + ~17 点，至少 5 张方块、4 张梅花、及 3 张红心配合的三套型牌。如果其持同样牌型的低限牌，那么应该在 1♥ 后立刻加叫 2♥。

随后握有 20 点的东家立刻发动关键张问叫，其中澳大利亚队 Kanetkar 的 4♠ 为反冲式关键张问叫。在听到同伴有 2 个关键张及 ♥Q 后，两位应叫人又均以 5NT 进行大满贯试探。略有不同的是荷兰队 Vergoed 是问特定 K，并在获知同伴的 ♣K 叫上 7♥。而澳大利亚队东家此时若叫 5♠ 是问特定 K，而 5NT 则是请同伴选择六阶定约，其计划是在同伴的 6♦ 后叫 7NT，而在同伴的 6♥ 后加叫 7♥——一种更为细腻的处理。

在同时进行的九十六桌比赛中，仅约 10% 的牌手叫到了最佳的 7♥ 定约。

例 5.21

♠ —	♠ J5432
♥ J962	♥ A
♦ KQJ93	♦ A4
♣ AK52	♣ QJ743

西　东

1♦	1♠
2♣	2♥
3♥[1]	4♣[2]
4♠[3]	4NT[4]
5♥[5]	5♠[6]
7♣[7]	==

1. 4 张红心，有余力。

2. 澄清之前的第四花色逼叫为配合梅花。

3. 上一轮的 3♥ 已表明短黑桃。现在接着立刻扣叫短黑桃为显示缺门（如果是单张 ♠A 则应先选择其他扣叫）。

4. 关键张问叫。

5. 2 个关键张，但无 ♣Q。

6. 接力问特定 K。

7. 这么好的方块套在关键张到齐时足以直接叫到大满贯。

例 5.22

♠ A982		♠ 4
♥ KQ73	西 东	♥ AJ864
♦ K83		♦ A94
♣ AJ		♣ Q1074

1NT	2♦¹
3♣²	3♦³
3♥	4♣⁴
4NT⁵	6♥⁶
==	

1. 红心转移叫。

2. 4 张红心，梅花有效双张。

3. 转移至 3♥。其可能是要打 3♥或 4♥，也可能是满贯试探的展型。

4. 继续叫新花色表明满贯兴趣，结合之前的 3♦同为展型（黑桃单缺）。

5. 扣叫♠A。

6. 同伴显然在黑桃中除 A 外没有更多的点力，否则不足以越过 4♥。

这手牌的关键是应叫人需要知道同伴在黑桃中有无浪费，而这一信息只有通过持非限制牌的应叫人展示牌型，持限制牌的开叫人扣叫才能实现。

例 5.23 2021 年北美桥牌大赛索罗威杯淘汰赛预赛第十四轮

第 6 副　东西有局

	♠ KJ752	
	♥ J	
	♦ 75	
	♣ KQ96	
♠ Q83	北	♠ A9
♥ A9872	西 东	♥ KQ3
♦ K1064	南	♦ AQ93
♣ 4		♣ AJ75
	♠ 1064	
	♥ 10654	
	♦ J82	
	♣ 10832	

西	北	东	南
史骏		王建坚	
		2NT	——
3♦[1]	——	3♠[2]	——
4♦[3]	——	4♥	——
4♠[4]	加倍	4NT[5]	——
5♣[4]	加倍	6♥[5]	——
==			

1. 红心转移叫。

2. 3 张红心，高限。

3. 再度转移叫。

4. 反冲式罗马关键张问叫系列。

5. 4 个关键张及♥Q，且在北家首攻指示性加倍的黑花色中均有控制。

南家首攻♠4，庄家以♠A 盖打♠J 再飞♠10 的方式将黑桃输墩限制为 1 个，并取得 13IMP。假如南家首攻除黑桃外的其他花色，庄家依然可以通过在还剩 3 张牌的残局上实现对北家黑花色的剥光挤牌而成约。

6♥应该说是个个错的定约，飞中♠K 或♥3-2 分布都将使定约的完成更为容易。但是在♠K 位置不利、红心非理想分布时就会有问题，明显不如 4-4 配合的 6♦来得安全。一个改进的进程可以是：

西	北	东	南
		2NT	——
3♦	——	3♠	——
4♦	——	4♥	——
4NT[6]	——	6♦[7]	——
==			

6. 四阶将牌以上的寻求帮助叫（详见第 10 章），同时澄清之前的 4♦同为展示牌型的一部分，即梅花单缺。

7. 高限牌接受满贯邀请，并提供将牌选择。

应叫人在持一手足以试探满贯但并无满贯把握的三套牌时，并不很适合采用直接关键张问叫的主叫方式。毕竟关键张的数目并不一定是满贯成功与否的决定因素，例如在开叫人牌型不变的情况下将 ♦Q 换成 ♣Q，满贯的质量就将急剧下降。因此采取展示牌型，相对从叫的满贯试探方式更为合适。

5.4 均型

均型牌是指整手牌既无突出的主套亦无单缺。这类牌由于牌型相对明确，后续处理也相对容易一些。不过即便如此，一手牌到底是 4-3-3-3，抑或具体哪两个花色是 4-4 甚至 5-4-2-2（一般视作准均型）在某些情况下对于满贯的最后决定依然是至关重要的。

例 5.24　2021 年叫牌练习

第 16 副　东西有局

♠ AQ105	♠ K8
♥ K86	♥ AQ4
♦ J1087	♦ AKQ5
♣ K3	♣ A942

西	东
1♦	2♦
2NT[1]	3♦[2]
3♠[3]	4♥[4]
4♠[5]	5♥[6]
5NT[7]	6♣[8]
7♦	==

1. 13+~14 点均型，进局逼叫。

2. 无单缺，满贯兴趣。

3. 自然叫，4 张。

4. 对方块的反冲式罗马关键张问叫。

5. 1 个关键张。

6. 问特定 K。

7. ♥K。

8. 最后一班车，大满贯试探。

这副大满贯叫牌的一个关键点是似乎并不起眼的 3♠。在双方均显示相对均型牌，而东家明确表明满贯兴趣之后，西家在低阶进一步展示、明确其牌型远比扣叫显示控制有意义得多。

不难看出如果西家是同样的大牌点及大牌位置，但牌型换成 3 - 3 - 4 - 3，那么 7♦ 将毫无机会。

5.5　无明确配合时的高阶叫牌

当我方在四阶上尚未找到明确的配合时，后续的满贯叫牌有着相当的难度，同伴间的默契非常重要。

下面是我们在这类局势下推荐使用的一些原则：

· 尽量配合同伴的套而非坚持自己的套；

· 如果放弃了较为经济的显示某门花色额外长度且逼叫的机会，那么之后再叫该花色就不再是实叫，而是等待叫或扣叫；

· 如果在第二轮或以后的叫牌中放弃了直接配合同伴长套且逼叫的机会，除非同伴再次叫该花色显示额外长度，后续再叫该花色就不再是实叫，而是等待叫或扣叫；

· 如果叫自己的套不逼叫，等待叫或扣叫是强调自己或同伴的套；

· 如果叫自己的套逼叫，等待叫或扣叫则是强调同伴的套（尤其是在 3♣、3♦ 之后，可能不愿意立刻越过 3NT 加叫 4♣、4♦）。

例 5.25　2010 年世界桥牌综合锦标赛公开组双人赛决赛第五轮

第 10 副　双方有局

```
              ♠ A6
              ♥ 10
              ♦ AQJ765
              ♣ J983

♠ 874                       ♠ 1032
♥ 832        北             ♥ 754
♦ K8     西       东         ♦ 10432
♣ AK742      南             ♣ Q105

              ♠ KQJ95
              ♥ AKQJ96
              ♦ 9
              ♣ 6
```

西	北	东	南
	敖海龙		王建坚
			1♥
--	2♦	--	2♠
--	2NT		3♠
--	4♥	--	4♠[1]
--	5♦[2]	--	6♥
==			

1. 反冲式罗马关键张问叫。

2. 2个关键张，但无♥Q。

成功地叫到可轻易完成的6♥主要仰仗应叫人几个可圈可点的决定。其一，在2♠之后敏锐地意识到可能的失配牌，因此选择了经济的2NT等待叫——给同伴以3♣或3♦进一步叫清牌型的机会，而没有直接叫3♦（如果还有♦10，3♦就比较舒服了）。其二，也是整个进程中最为关键的——加叫4♥。在同伴显示了5-6双高套之后，如果在红心中持双张或单张大牌，加叫是比较容易做出的选择。但单张♥10则属边缘，加叫最大的好处是避免了后续叫牌的复杂性，同时很好地贯彻了尽量配合同伴花色而非坚持自己长套的原则。唯一的问题是同伴在持含AKQ的6张红心时会误以为将牌无输张。但那只是特定情况，况且如果同伴有♥9（无法探知的牌），仍有52%的机会吃通红心。一般来说，在一个复杂而不易把握的进程中，不必追求尽善尽美。能在绝大多数情况下获利，而仅在某种特例下出问题的叫品就是可取的。

例5.26　2020年BBO练习赛

第6副　东西有局

♠ AKQ105		♠ —
♥ 8		♥ AQ654
♦ AQJ872		♦ 95
♣ J		♣ AQ9432

	1♥
2♦	3♣
3♠	4♣
4♠	5♣
6♣	==

实战中的开叫人、应叫人均清晰地展示出了 5－6 的高花加低花双套，但是最后没有叫到更好的 6♦，而是选择了较差的 6♣并在失去两个低花 K 后宕一。那么问题出在哪里呢？我们认为开叫人应承担全部责任。

首先是再叫。在二盖一应叫之后，不少牌手在持 5－5 以上套时都会将整手牌升值并在三阶叫出第二套。也就是说，3♣既可能是 5－4 套有余力，也可能是 5－5 套低限。而这显然存在着极大的隐患——如果同伴持 5－5 以上的另外两套牌，前一类可能是勉强配合的好牌，后一类牌则大约是极为失配的差牌。因此这两类牌是不应混为一谈的。我们的建议是：如果是低限牌，哪怕是 5－6 套也不应在三阶出第二套，而该选择经济的笼统叫——二阶再叫开叫花色。这一来符合较低的叫品覆盖更多牌的原则，二来也使得叫牌空间得到更充分的利用。或许你可以在下一轮于三阶显示第二套，从而凭空多出一轮描述实力的叫牌。

其次是当同伴以 4♠显示 5－6 黑桃加方块时，在已知有 8 张方块配合的情况下没有必要非要以 5♣完成对自己 5－6 套的描述。此时应依照尽量配合同伴而非坚持己套的原则叫 5♦。如果同伴希望打满贯，但顾虑方块的强度，其可以叫 5NT 作为满贯选择。

我们建议的进程为：

	1♥
2♦	2♥
2♠	3♣
3♠	4♣
4♦	5♦
6♦	==

这一进程使得二人在 3♠、4♣上就已完成了双套畸形牌的描述，整整比实战进程低了一阶。之后应叫人可以进一步强调自己的好方块套，并在获得同伴的加叫后叫到 6♦。

注意：如果开叫人的一个 A 换成 KJ，即在同伴 5－6 型时仅能确保提供一个旁门赢墩时，应在 4♦后叫 4NT（自然叫）而不是加叫 5♦。

89

第6章　展示牌型——短套

　　无论使用什么体系，都会有不少显示或询问单缺的装置。在同伴的短套中没有或甚少浪费，常常是叫到低点满贯的关键。

6.1　典型 Splinter 叫

　　Splinter 叫是指通过一个反常的跳叫来表达对同伴最后一个自然叫花色的配合，同时显示出单缺的位置。其最初为美国牌手大卫·克里夫（David Cliff）从碎片叫和缺门显示叫中发展而来。下面是几个典型的应用：

a) 1♣/♦   3♥（♠）!   b) 1♥/♠   4♣（♦）!

c) 1♣/♦   1♥（♠）   d) 1♠   2♥

　　4♦/♣!   4♣/♦!

e) 1♥/♠   2♦   f) 1♣（♦）   1♥

　　4♣!   1♠   4♣/♦!

g) 1♣   --   1♥   1♠

　　3♠!

　　Splinter 叫无疑是最为人熟知并经常使用的显示单缺的约定叫，也是满贯叫牌中一个极为重要的手段。然而作为高阶跳叫，其又是一个限制性很强的叫品。但是，非常遗憾的是有太多牌手忽略了这一点，从而使得 Splinter 叫成为最常被滥用的约定叫之一。在此，我们强调作为一个典型的 Splinter 叫，其通常应具备以下特征：

　　·点力：范围在 2~3 点内，加上同伴的最低点力足以成局；

90

· 将牌：4 张含大牌或 5 张；

· 单缺花色：最好是单张。持缺门或单张 A 时应适当考虑其他选择；

· 旁门花色：实力应相对均衡。既无极强（半坚固以上长套）、亦无极弱（无大牌）的花色。

这些要求在叫牌早期、无干扰的进程中较为严格，至少应满足上述四条中的三条。而在叫牌中期特别是有干扰时则相对宽松。例如：

h) 1♠　　　　1NT

　2♥　　　　4♣！

应叫人之前的 1NT 最多 12 点，属于有上限的牌。因此现在的 Splinter 叫是唯一显示极配且逼叫的叫品，那么其就不必拘泥于上述的要求。

虽然有例外，但在大多数情况下上面所列的原则应该得到尊重与贯彻，至少不要偏离太多。再次强调：占用了巨大叫牌空间的 Splinter 叫属高度限制性叫牌，其希望同伴而不是自己成为主叫人。这是一个非常重要的原则，不少牌手正是因为对此理解不深刻而导致误用。

例 6.1

♠ AQ98		♠ K2
♥ A1063	西　东	♥ KJ975
♦ —		♦ K109
♣ AQJ84		♣ 1097

　　1♣　　　　1♥

　　4♦　　　　4♥

　　==

本例取自一次高水平的双人赛。以上进程出现在不少桌上。没能叫到这个约有 76% 机会的 6♥ 是谁之过？

这副牌很好地说明了 Splinter 叫存在的两个问题：一是其使用了太多的叫牌空间。尤其是这个 4♦，其没有给同伴留出任何包括最后一班车在内的空间，应叫人被迫立刻决定是否要越过 4♥。虽有不错的 5 张红心，但 ♦K 是浪费。如果同伴持 16 点的 4−4−1−4 型，6♥ 肯定不会合格，运气不好时 5♥ 都可能宕。其最后选择不叫可以理解。二是单张与缺门很可能有着本质的区别，混为一谈存在着潜在的危机。如果运用输墩计算法，开叫人的这手牌仅 4 个输张。但是如果移一张梅花到方块，同样 Splinter 叫的牌就变成了 5 个输张。

这也是为什么我们建议用跳逆叫 3♦ 同时覆盖 13～15 点的小 Splinter 叫及 16～18 点缺门/19～21 点单张的超级 Splinter 叫（详见本系列丛书的第一部《科学二盖一进局逼叫——逻辑与思维》）。有此处理后的合理进程应该是：

1♣	1♥
3♦	3NT[1]
4♣[2]	4♠[3]
5♣[4]	6♥
==	

1. 加两级（除去示弱的 3♥）的询问叫：请同伴只在持超级 Splinter 叫的牌时答叫，否则叫回 4♥。

2. 加一级答叫：16～18 点，较低花色（方块）缺门。

3. 2 个 K、♣109 及额外牌型，足以直接做反冲式罗马关键张问叫。

4. 3 个关键张。

例 6.2　2014 年北美公开组双人赛第六区选拔赛

第 10 副　双方有局

♠ —	♠ AKQ42
♥ AQ854	♥ KJ72
♦ AKQJ3	♦ 4
♣ Q52	♣ 964

西　东

敖海龙	王建坚
	1♠
2♥	3♥[1]
4♦[2]	4♥[3]
==	

1. 好的 4 张红心支持及单张方块。但因旁门黑桃太强、梅花太弱而不符合 Splinter 叫 4♦ 的要求。选择 3♥，并期待同伴的梅花扣叫。

2. 扣叫，显示方块控制及严肃满贯兴趣，但否认越过花色梅花中的控制。

3. 梅花中至少有两个输墩，当然止叫。

实战中大部分开叫人在再叫时选择了 Splinter 叫 4♦。之后，应叫人由于想不到同伴的梅花会如此之弱而越过了 4♥。结果至少叫到 5♥，并在明显的梅花首攻下宕掉。

例 6.3 2023 年世界桥牌团体赛百慕大杯决赛

（挪威队——瑞士队）第 63 副　南北有局

```
                    ♠ 9632
                    ♥ KJ53
                    ♦ AKQ63
                    ♣ —
    ♠ AJ874                        ♠ K10
    ♥ 104          北              ♥ 62
    ♦ 754       西    东           ♦ J1092
    ♣ 876          南              ♣ AK952
                    ♠ Q5
                    ♥ AQ987
                    ♦ 8
                    ♣ QJ1043
```

开室（挪威队）：		闭室（瑞士队）：	
北	南	北	南
Bakke	Brogeland	Nowasadzki	Zimmermann
	1♥		2♥⁵
4♣¹	4♦	4♥	==
4NT²	5♦³		
6♥	==		

1. 缺门 Splinter 叫，4 张红心及梅花缺门。
2. 关键张问叫。
3. 1 个关键张。
4. 红心加低花的阻击叫。

开室北家置强弱差别巨大的两个旁门花色于不顾而贸然使用缺门 Splinter 叫。接着在南家的最后一班车 4♦ 之后，北家又犯了一个忌讳——在旁门黑桃无控制时使用关键张问叫。防守 6♥ 定约，一直倾听叫牌进展的西家首攻♠A 再继续♠4，速得 +100。

闭室在南家的 2♥ 阻击开叫后，北家完全没有了试探满贯的兴趣，很快满足于 4♥。超一的 +650 拿到 13IMP。

无独有偶，在挪威队与中国队的威尼斯杯季军争夺战中，挪威女队的 Grude/Oigarden 组合叫出了与挪威公开队一模一样的进程！也同样在 ♠A 首攻后立刻宕一，中国女队斩获 13IMP。在百慕大杯和威尼斯杯决赛的八桌比赛中，只有三位北家选择了 Splinter 应叫。而挪威公开、女子两队则是仅有的叫到 6♥ 得负分的队。相信经此一牌挪威队会重新检查其 Splinter 叫、关键张问叫的概念与用法。

例 6.4

♠ 2		♠ AJ93
♥ K8643	西　东	♥ AJ975
♦ AKQJ		♦ 8
♣ 984		♣ A63

1♥	2NT[1]
3♠[2]	4♠[3]
5♦[4]	5♠[5]
7♥[6]	==

1. 4 张以上红心配合，逼叫到局。

2. 黑桃单缺。

3. 反冲式罗马关键张问叫。

4. 2 个关键张，但无 ♥Q。

5. 问特定 K，表明关键张到齐及大满贯兴趣。

6. 方块上的额外赢墩足以叫进大满贯。

大家或许已经注意到了应叫人没有使用 Splinter 叫 4♦，为什么呢？

·14 点，5 张将牌和极好的控制已超出了正常 Splinter 叫的范围；

·5 张红心配合属于不易传达的信息；

·另外两个旁门都有 A，更适合了解同伴的单缺位置；

·同样因为两个旁门 A，不太在乎同伴方块中有些点力，那也可能是有用的赢墩；

·4♦ 只比 4♥ 低一级，连最后一班车的空间都没有了。

综合上述考虑，2NT 问叫这一主叫叫品——使自己成为队长，要好于 Splinter 叫这一从叫叫品——反正很难向同伴描述自己的持牌。

例6.5　2011 年世界桥牌团体赛百慕大杯决赛

（荷兰队——美国二队）第 10 副　双方有局

```
              ♠ 1076
              ♥ QJ7653
              ♦ 7
              ♣ K96
  ♠ 9542              ♠ K8
  ♥ —        北       ♥ K82
  ♦ Q942   西   东    ♦ KJ6
  ♣ J8742     南      ♣ AQ1053
              ♠ AQJ3
              ♥ A1094
              ♦ A10853
              ♣ —
```

	西	北	东	南
开室：	De Wijs	Bathurst	Muller	Zagorin
			1♣ [1]	——
	1♦ [1]	1♥	1NT	4♣
	——	4♥	==	
闭室：	Wooldridge	Drijver	Hurd	Brink
			1NT	2♣
	——	4♥	==	

1. 泰山精确体系：15 + 点以上强开叫、8 点以下弱应叫。

开室持三套型好牌的 Zagorin 因在对方精确 1♣ 之后没有合适的争叫而先不叫，随后采用了 Splinter 叫 4♣ 显示红心配合及单缺。之前强调 Splinter 叫是请同伴做队长的限制性叫牌，而这手控制数及点力位置均极佳的牌显然适合由自己做队长。Splinter 叫除了浪费大量的空间外毫无用处，因为实力有限的同伴几乎肯定会叫回 4♥。此时正确的处理应该是叫显示配合且逼叫的 2NT，通过了解同伴的持牌来决定有无满贯。之后，只要同伴不是连续示弱，即显示出一些额外点力或牌型，考虑到所有的飞牌都会成功，均可以发动满贯试探并最终叫到 6♥。

闭室南家在对方 15～17 点 1NT 开叫之后采用 2♣ 显示双高套，接着在北家立刻叫 4♥ 进局之后面临抉择。三、四名决赛中美国一队的 Kamil 在同样形势下以 5♦ 做控制问叫，听到同伴 Fleisher 答叫 5NT 表示有控制但无关键张之后顺理成章地叫到 6♥。即使没有这一约定，南家也应该继续叫 5♦ 作为寻求帮助的满贯邀叫。

由于东家持双张♠K，庄家可以全取得包括 4 墩黑桃、7 墩红心（含 3 次方块将吃）和 2 墩方块在内的 13 墩牌。

问题 6.1　显示低花配合的三阶 Splinter 叫是否为进局逼叫？例如：

a) 1♣/♦　　　3♥（♠）　　b) 1♠　　　　2♦
　　　　　　　　　　　　　　　　3♥/4♣

准确地说，这一情况下的 Splinter 叫应定义为逼叫到 3NT 或四阶低花。也就是说，如果同伴立刻叫回四阶低花是不逼叫的（任何其他叫品均逼叫到局）。其原因在于低配合时的 Splinter 叫并不比高花配合时的要求高，因此没有理由一定要逼叫到五阶。一些低限且有些浪费的牌既不足以打 3NT，也无法完成需要 11 墩的五阶低花定约。

例 6.6

♠ AJ76		♠ KQ
♥ K76	西　东	♥ 4
♦ Q985		♦ A10742
♣ K7		♣ QJ654

1♦	3♥ [1]
4♦ [2]	== [3]

1.　Splinter 叫。开叫实力，4 张以上方块配合及红心单缺。

2.　持低限实力，又在同伴单缺花色有一定浪费时，直接叫回四阶将牌作为示弱的非逼叫。

3.　控制一般的低限牌，在同伴示弱之后应该就此罢手。

问题 6.2　在三阶显示高花配合的 Splinter 叫之后，如果其同伴叫 3NT 是什么意思？例如：

a) 1♥　　　2♣　　　　b) 1NT　　　2♦
　　2♥　　　3♠　　　　　　2♥　　　3♠
　　3NT　　　　　　　　　　3NT

常见的、可能的用法大致包括：

· 实叫，建议打 3NT；

· 将牌较差，需要同伴至少有两个大将牌才可能有满贯；

· 等待叫；

· 扣叫同伴单缺花色的 A。

第一种用法的发生概率太低，尽管打 3NT 并非绝对不可能。第二种用法有一定价值，但应用的机会和效率并不高且不是没有其他的手段探查。后两种用法有一定的共性，即不宜扣叫其他旁门或做更加积极的满贯试探但又有一定的满贯兴趣，只不过最后一种用法传递的信息更为明确。我们建议采用显示同伴单缺花色 A 的用法，因为这同样是一个很重要的信息，不论同伴是单张还是缺门。3NT 的这一用法也可延伸应用到其他建立了高花配合且显示了单缺的进程中。

例 6.7

	西　东	
♠ A76		♠ —
♥ KQ762		♥ A94
♦ J5		♦ A1072
♣ K75		♣ QJ9864

西	东
1♥	2♣
2♥	3♠
3NT[1]	4♥[2]
==[3]	

1. 在同伴的延迟性 Splinter 叫之后，这是一手不错的牌。♠A 虽不能说是最好的点力位置，但起码目前还不能说是浪费。

2. 同伴的♠A 绝对是个坏消息，绝对低限的牌应选择最弱的止叫。

3. 同伴都没能使用过渡叫，这手牌自然没有叫上五阶的实力。

这副牌有包括对方首攻方块、可能将吃梅花、将牌 4-1 分布在内的诸多不确定因素。6♥是个不合格的定约，即便是 5♥也不一定安全，能停在 4♥上肯定是明智的。

问题 6.3　如果 Splinter 叫后再次扣叫该花色，是显示缺门还是单张 A？

如果 Splinter 叫或已显示单缺的一方下一轮立刻扣叫该花色是显示缺门，而之后先扣叫其他花色然后再回过头来扣叫该花色则是表明单张 A。

例 6.8　2006 年北美桥牌锦标赛（春季）范德比尔特杯决赛

第 35 副　东西有局

```
                    ♠ AJ94
                    ♥ K754
                    ♦ KQ4
                    ♣ K7
    ♠ 8                              ♠ 65
    ♥ A              北              ♥ 9832
    ♦ 109753      西     东          ♦ J6
    ♣ QJ10864        南              ♣ A9532
                    ♠ KQ10743
                    ♥ QJ106
                    ♦ A82
                    ♣ —
```

开室：		闭室：	
北	南	北	南
	1♠		1♠
2NT	4♣	2NT	3♥
4♦	4♠	3♠	4♣
==		4NT	5♠
		6♠	==

例 6.9

```
    ♠ AKQJ6                         ♠ 54
    ♥ Q764          西     东       ♥ AK
    ♦ AQ84                          ♦ K10963
    ♣ ——                           ♣ 9874
```

开室：		闭室：	
1♠	1NT	1♠	1NT
2♥	2♠	2♥	2♠
3♦[1]	4♣[2]	3♦[1]	5♣[3]
5♣[4]	5♥[5]	5♥[5]	6♣[6]
7♦[7]	==	7♦	==

实战中的两桌都很漂亮地叫到了大满贯。

1. 中限实力保证 3 张方块的实叫，成局邀叫。

2. 扣叫表明好配合，且基本都是有效点。

3. 反 Splinter 叫（见 6.2.1 节），表明极配且在同伴短门中毫无浪费。

4. 之前已表明梅花短，立刻扣叫梅花表示缺门。

5. 五阶将牌加一级的关键张问叫（详见第 7 章），大满贯试探。

6. 2 个关键张。

7. 确信这手最高限牌足以在同伴有大满贯兴趣时直达 7♦。

实战中，南家能否在应叫人的 2NT 后准确显示出梅花第一轮控制是成败的关键。开室南家的 4♣ 仅表示梅花单缺，之后又没有足够的把握越过 4♠ 显示缺门。闭室南家先后的 3♥、4♣ 依该组合的约定为明确显示梅花缺门。这使得应叫人足以启动关键张问叫并挺进 6♠。

我们的进程应该是：

	1♠
2NT[1]	3♣[2]
3♦[3]	4♣[4]
4♥[5]	4NT[6]
5♣[7]	6♠
==	

1. 4 张以上黑桃，逼叫到局。

2. 梅花单缺。

3. 扣叫，13 个有效点以上。

4. 立刻再次扣叫单缺花色为显示缺门。

5. 扣叫显示控制。

6. 反冲式罗马关键张问叫。同伴兼有实力和红心控制，小满贯没问题。

7. 同伴已表明梅花缺门，显示不包括♣A 的 1 个关键张。

6.2 其他 Splinter 叫

下面我们来讨论一些典型 Splinter 叫的延伸与变化。

6.2.1 反 Splinter 叫

定义：在同伴（可能）的短套上或自己不可能单缺的花色上做出不必要

的跳叫，以此来显示该花色中没有浪费。

例 6.10

西	东
♠ 5	♠ QJ742
♥ KJ5	♥ A9
♦ K9873	♦ AQ1064
♣ A1072	♣ 5

（1♣）	1♠
1NT	2♦
4♣¹	4NT²
6♦³	==

1. 之前的 1NT 否认了梅花单缺。此时的跳叫为反 Splinter 叫，显示在对方花色梅花中没有浪费，即希望同伴在该花色上单缺。同时由于这是越过 3NT 的低花加叫，一定是 5 张方块配合的高限牌。

2. 此时 4♥ 为反冲式罗马关键张问叫，而 4NT 则是红心扣叫。

3. 同伴没有问关键张，说明其需要关键张以外的帮助。黑桃单张使你相信最多在黑桃或方块上有一个输墩。

例 6.11 2014 年第四届世界智力精英运动会桥牌团体赛第二轮

（美国队——摩纳哥队）第 17 副　双方无局

	♠ J9654
	♥ A
	♦ K9874
	♣ 98

西	北东南	东
♠ Q108		♠ AK732
♥ J8632		♥ K1097
♦ QJ2		♦ 10
♣ J10		♣ K76

	♠ —
	♥ Q54
	♦ A653
	♣ AQ5432

	西	北	东	南
开室:	Helgemo	Kranyak	Helness	Demuy
		--	1♠	2♣
	2♠	--	--	加倍
	--	2NT	--	3♦
	--	4♠	--	4NT
	--	6♦	--	==

这个例子在本系列丛书第三部《现代防守叫牌——机遇与挑战》（第103页）中已有涉及。美国队组合成功叫到联手仅20点的6♦并取得11IMP（闭室摩纳哥队止于5♦）的关键就是 Kranyak 的反 Splinter 叫4♠，既表明了极配方块，同时强调了自己在黑桃中虽有止张但没什么浪费。这为 Demuy 随后凭借4－6套及有利的大牌位置发动关键张问叫奠定了基础。

例6.12 2016 年 BBO 训练赛

第9副　东西有局

♠ A2		♠ KQ8765
♥ KQ85	西　东	♥ A10763
♦ 10987		♦ 2
♣ AJ3		♣ 5

1♦	1♠	(2♣)
--	2♥[1]	
4♦[2]	4♠[3]	
5♣[4]	5♦[5]	
6♥[6]	==	

1. 如果是5－4、5－5 高花不足邀叫的实力，上一轮应使用反 Flannery 应叫；如果是5－4 高花邀叫以上实力，现在应做技术性加倍。因此这里的2♥为显示邀叫实力的5－5 以上高花。

2. 之前叫且仅叫过1♦，既不可能是短门也不可能是好套。只能是反 Splinter 叫，显示红心极配且同伴可能的短套中无浪费。

3. 反冲式罗马关键张问叫。

4. 3 个关键张。

101

5. 询问 ♥Q。

6. 有 ♥Q，但无其他余力。

6.2.2 自 Splinter 叫

定义：持单套强牌一方通过不必要的跳叫显示一个足以独打的长套及单缺，希望借此帮助同伴成功地选择成局或满贯定约。例如：

a) 1♣ （♦） 1NT
　　3♦/♥/♠！

b) 1♥ （♠） 1NT
　　4♣/♦！

c) 1♥/♠ 1NT
　　3♠/4♥！

例6.13 2016 年世界桥牌运动会团体赛公开组半决赛
（西班牙队——摩纳哥队；波兰队——荷兰队）
第 54 副　东西有局

```
              ♠ 53
              ♥ AQ93
              ♦ A1063
              ♣ 763
  ♠ 7                          ♠ KQ6
  ♥ J10652      北             ♥ K874
  ♦ J875     西    东          ♦ Q9
  ♣ Q94         南             ♣ 10852
              ♠ AJ109842
              ♥ —
              ♦ K42
              ♣ AKJ
```

北	南	北	南
第1桌（西班牙队）：		第2桌（摩纳哥队）：	
Sabate	G. Goded	Multon	Zimmermann
	1♣		2♣
2♣	2♠	2♦	2♠
2NT	3♠	2NT	4♠
4♦	5♥	4NT	5♠
5♠	==	6♠	==

第 3 桌（波兰队）：		第 4 桌（荷兰队）：	
Gawrys	Klukowski	Bob Drijver	Nab
	1♣		1♠
1♥	2♠	1NT	2♣
2NT	3♠	2♦	4♥
4♦	4NT	6♠	==
5♥	6♠		
==			

第 1 桌 G. Goded 开叫强 1♣，随后连续叫两次黑桃。Sabate 的 2♣ 为 9~11点均型，然后先否认黑桃配合再扣叫 4♦ 显示高限。之后 G. Goded 使用排除性关键张问叫并停在了 5♠ 上。

接到♥J 首攻后，在明手♥A 赢得并有了两个进手的情况下庄家采取了双飞黑桃的打法——仅在黑花色中各失 1 墩，顺利取得 +450。这也是半决赛四桌中唯一取得正分的南北方。

第 2 桌 Zimmermann 开叫强 2♣。熟悉科学二盖一体系的读者会了解我们是不支持以点力不足、有缺门的牌开叫 2♣ 的。其可能的负面影响恰为这副牌的后续所体现——导致同伴误判其真实实力。Multon 随后满贯部分的叫牌令人同情，从他的角度看双飞黑桃成功应该足以完成 6♠。

第 3 桌 Klukowski 开叫波兰 1♣，随后跳叫 2♠ 表明 16 点以上及黑桃套。Gawrys 的 2NT 与 4♦ 和第 1 桌 Sabate 的意思一样。Klukowski 的 4NT 关键张问叫存在明显的瑕疵，最后挺进 6♠ 盲目性较大。

第 4 桌 Nab 的 2♣ 为 Gazilli 约定叫。其随后在 Bob Drijver 显示 8 点以上的 2♦ 后跳 4♥ 为标准的自 Splinter 叫。但是从 Bob Drijver 接下来直冲 6♠ 来看，二人似乎未能就这一高度限制的叫牌达成共识。

对于不使用 Gazilli 约定叫的牌手来说，可以在 1NT 后直接双跳叫 4♥。这类自 Splinter 叫应该是要求同伴在有三个有利因素时继续试探满贯、四个有利因素时叫满贯。有利因素包括非短门中的大牌（A、Q 分别做正、负调整）及两张以下旁门中可能的将吃。

具体到北家这手牌，仅有两个有利因素，依我们的定义应该示弱 4♠。

三位主打 6♠ 的庄家都在接到红心首攻后从明手放♥Q 企图一举解决两个低花输张。随后手上将吃东家盖上的♥K，在明手只有一个进手的情况下拔

♠A而输掉♠KQ。Zimmermann 和 Nab 接下来飞♣Q 失败而宕二，－100。
Klukowski 则在最后通过对西家的低花紧逼而避免了梅花输墩，宕一，－50。

例6.14 2019 年世界桥牌团体赛第二十一轮

第 6 副　东西有局

```
                    ♠ Q9
                    ♥ KQJ
                    ♦ Q985
                    ♣ J1074

      ♠ J3                           ♠ 106
      ♥ 10862        北              ♥ 753
      ♦ 742      西      东          ♦ KJ6
      ♣ A632         南              ♣ KQ985

                    ♠ AK87542
                    ♥ A94
                    ♦ A103
                    ♣ —
```

百慕大杯

开室（波兰队）：		闭室（以色列队）：	
北	南	北	南
Nowosadzki	Kalita	Roll	Levin
	1♠		1♠
1NT	2♣	1NT	4♠
2NT	3♠	==	
4♠	==		

威尼斯杯

开室（法国队）：		闭室（瑞典队）：	
北	南	北	南
Bessis	Puillet	Rimstedt	Gronkvist
	1♠		1♠
1NT	2NT	1NT	4♣
3♣（加倍）	4♠	4♥	6♠
==		==	

拿着牌型纸不难看出 6♠ 是最佳定约。但是在百慕大杯和威尼斯杯的实战中，都只有不到一半的队叫到了 6♠。

我们选取了以上两场比赛中的进程做重点讨论。四桌都是以南家开叫 1♠，北家应叫 1NT 开场。之后则是十八般兵器，各显神通了。

波兰队南家通过先 2♣ 再 3♠ 表明了一手黑桃单套强牌。由于不知道同伴的梅花短门，既缺乏控制又没有特别赢墩来源的北家自然是以 4♠ 收兵。

以色列队南家一跃叫到 4♠ 同样显示出黑桃单套的强牌。而北家出于与波兰队牌手类似的原因也没有了进一步叫牌的愿望。

法国队南家的 2NT 是没有 5 张第二套的进局逼叫。在对方加倍同伴的接力 3♣ 之后，其持有的梅花缺门应该使整手牌获得升值。较好的处理是扣叫 4♣，既显示出了单套黑桃强牌，又表明了在梅花上没有浪费的满贯企图。南家却匆忙地选择了直接叫 4♠。

瑞典队南家的双跳 4♣ 即自 Splinter 叫——展现出一个可以独打的黑桃套且含梅花单缺的强牌，但尚不足以开叫 2♣。这也是整个叫牌进程中最为关键的一叫。随后在除梅花外有四个有效大牌的北家以 4♥ 扣叫配合同伴的满贯试探，而这也足以鼓励持缺门梅花的南家直叫 6♠。

打牌上没有什么困难，所有庄家均通过双飞方块得到了 12 墩。

6.2.3　延迟性 Splinter 叫

定义：未在第一时间做常规 Splinter 叫，而是在次轮才以不必要的跳叫显示配合及单缺。其对将牌配合的要求比典型 Splinter 叫少 1 张，即保证 3 张含大牌的支持或 4 张不含大牌的支持。

延迟性 Splinter 叫是一个重要而经常被忽视的概念。请看以下进程：

a) 1♦　　　　　2♣　　　　　b) 1♥　　　　　2♣/♦
　　2♦　　　　　3♥/♠!　　　　　2♥　　　　　4♦/♣!

c) 1♥　　　　　1♠
　　2♣　　　　　2♦
　　4♦!

注意：c) 中的延迟性 Splinter 叫看着不那么明显。由于应叫人使用笼统的 2♣ 进局逼叫，其先应 1♠ 再叫第四花色 2♦ 进局逼叫保证有 5 张以上黑桃。而开叫人不可能自然跳加叫同伴的 2♦ 虚叫，因此是 3 张黑桃配合的好牌，并显示方块缺门（方块单张时可跳叫 3♠）。

例 6.15 2009 年世界桥牌团体赛百慕大杯半决赛

（保加利亚队——意大利队；中国队——美国二队）

第 53 副 南北有局

♠ AK10962
♥ 542
♦ AQ
♣ A5

♠ 53		♠ J4
♥ K9763	北	♥ —
♦ K976	西　东	♦ J108542
♣ 107	南	♣ 98632

♠ Q87
♥ AQJ108
♦ 3
♣ KQJ4

第 1 桌（保加利亚队）：		第 4 桌（美国二队）：	
北	南	北	南
Stefanov	Aronov	Hamman	Zia
1♣	1♥	1♠	2♥
1♠	2♣	2♠	4♦[1]
2♠	4♦[1]	4NT[2]	5♣[3]
4NT[2]	5♦[3]	5♦[4]	6♣[5]
5♥[4]	6♣[5]	6♦[6]	7♠[7]
6♦[6]	7♠[7]	==	
==			

使用精确的保加利亚组合与使用二盖一体系的美国组合从 2♠ 开始的后续进程几乎完全一样。

1. 延迟性 Splinter 叫，显示 3 张黑桃配合及方块单缺。

2. 关键张问叫。

3. 1 个关键张。

4. 接力询问将牌 Q。

5. ♠Q 和 ♣K。

6. 六阶叫同伴的短门为一般性大满贯邀叫。

7. 有2个梅花额外赢墩，当然要满足同伴的愿望。

应该说，直截了当地显示出黑桃配合及方块单缺的延迟性 Splinter 叫使得开叫人得以立刻启动关键张问叫，为后续叫到大满贯铺平了道路。

在另外两桌上，没有使用延迟性 Splinter 叫的意大利、中国组合只分别叫到6NT 和6♠。保加利亚队和美国二队分别赢得12IMP 和13IMP。

例6.16 2016年世界桥牌运动会团体赛公开组半决赛

（西班牙队——摩纳哥队；波兰队——荷兰队）

第81副　双方无局

```
                    ♠ QJ64
                    ♥ J976
                    ♦ Q
                    ♣ J843
    ♠ A2                          ♠ 109753
    ♥ A103          北            ♥ Q
    ♦ K876532    西    东         ♦ AJ9
    ♣ A             南            ♣ KQ95
                    ♠ K8
                    ♥ K8542
                    ♦ 104
                    ♣ 10762
```

对于四支进入半决赛的队伍而言，这是一副不乏亮点的"平牌"。四对东西组合均轻松叫到了铁打的7♦。除荷兰组合 De Wijs/Muller 使用接力体系外，其他三对都是通过相对自然的进程达成。

第1桌（摩纳哥队）：		第2桌（西班牙队）：		第4桌（波兰队）：	
西	东	西	东	西	东
Helgemo	Helness	Wasik	Knap	Kalita	Nowosadzki
	1♠		1♠		1♠
2♦	2♠	2♦	2♠	2♦	2♠
3♦	4♥	3♦	4♥	2NT	3♣
4NT	5♦	4NT	5♦	3♦	4♥
7♦	==	5♥	6♦	4NT	5♣
		7♦	==	7♦	==

可以看出，这三个进程的共同之处——也是整个进程中最为关键的一环，就是东家在同伴显示额外长度的 3♦ 后的延迟性 Splinter 叫 4♥。有了 3 张方块及红心短门这一信息，西家便可通过简单的关键张问叫一举挺进 7♦。

在同时进行的女子组、老年组、混合组的半决赛中，只有中国女队的王文霏/沈琦组合叫到了 7♦，其余十一对则均止于 6♦，甚至 5♦、3NT 上。

6.2.4　缺门 Splinter 叫

如我们之前所述，传统的 Splinter 叫只是显示单张或缺门。但是单张和缺门在很多时候是有着本质的区别的。经常面临的困境是：Splinter 叫的一方如果是缺门很可能可以打成小满贯，如果是单张或许五阶都不安全。从现代输墩计算的角度来说，同样的大牌在持 4-4-4-1 和 5-4-4-0 型时有着一个输墩的差距。

因此在叫牌空间允许的情况下，我们鼓励使用直接显示缺门的装置。这一点对于竞叫中的满贯叫牌尤为重要，因为这类满贯的成功往往更加依赖于有利的牌型。

以科学二盖一体系为例，自由叫可以在成局线以下明确显示缺门的进程：

a) 1♥	2♠[1]	b) 1♥	2♠[1]
2NT[2]	3♠[3]	2NT[2]	4♣/♦/♥[4]
3NT[2]	4♣/♦/♥[5]		

1. 多用叫：a) 低花单套，邀叫；b) 3 张红心，邀叫或刚够进局实力；c) 10~15 点，4 张以上红心且含缺门。

2. 接力询问。

3. 10~12 点，有缺门。

4. 13~15 点，显示缺门（4♥ 为黑桃缺门）。

5. 显示缺门（4♥ 为黑桃缺门）。

c) 1♣	1♥	d) 1♣	1♥
3♦[6]	3♠[7]	3♦[6]	3NT[9]
4♦/♥[8]		4♣/♦[10]	

6. 小 Splinter 叫或超级 Splinter 叫。

7. 3♠ 作为除叫回 3♥ 外的一级接力是一般性询问。

8. 加三、四级答叫显示 13~15 点，分别为方块、黑桃缺门。

9. 3NT 作为除叫回 3♥ 外的二级接力是只对超级 Splinter 有满贯兴趣。

10. 加一、二级答叫显示 16 ~ 18 点，分别为方块、黑桃缺门。

e)	--	1♦ (♣)	f)	--	1♥ (♠)
	3♥/♠ (♦)			3♠/4♣/♦ (♥)	

不叫过后的 Splinter 应叫为缺门，单张则应使用其他叫品。

在竞争叫牌进程中，我们则建议在对方叫牌后的直接位置上用四阶跳扣叫作为缺门显示叫。例如下面的进程：

a) 1♠   2♥   4♥!

b) 1♣   1♥   加倍*   2♥

    4♥!

  * 4 张以上黑桃

如此处理的主要考虑是：

· Splinter 叫单缺是告知同伴该花色中 K 以下的大牌均属浪费，而在对方争叫后同伴已知该花色中 K 以下的大牌应该减值；

· Splinter 叫缺门则进一步告诉同伴该花色中的 A 也是浪费，而这一点是常规 Splinter 叫所无法传递的信息；

· 竞争叫牌进程中非常浪费空间的四阶跳扣叫应该传递更明确的信息；

· 单张叫以通过其他方式显示，例如连续扣叫等。

例 6.17　双方无局

```
                  ♠ 85
                  ♥ K2
                  ♦ A108754
                  ♣ K92
  ♠ KJ64            北         ♠ AQ1073
  ♥ AQ84       西        东    ♥ 973
  ♦ —              南         ♦ QJ6
  ♣ AQ876                      ♣ J10
                  ♠ 92
                  ♥ J1065
                  ♦ K932
                  ♣ 543
```

西	北	东	南
1♣	1♦	1♥[1]	2♦
4♦[2]	--	4♥[1]	--
4♠	--	4NT[3]	--
5♦[4]	--	5NT[5]	--
6♠[6]	==		

1. 黑桃转移叫。

2. 16~18 点，缺门 Splinter 叫。

3. 反冲式罗马关键张问叫。

4. 3 个关键张。

5. 问特定 K。希望同伴还有♣KQ。

6. 无 K。

如果 4♦ 只是保证单张的 Splinter 叫，应叫人大约会满足于 4♠。但是在知道开叫人方块缺门（则梅花至少 5 张）之后，在联手于方块之外有 23~25 点时将有很大的机会将其他三门花色的输墩限制为一个。

在防守叫牌进程中，有实力一方的双跳扣叫为缺门 Splinter 叫（单张时可以使用跳扣叫）。例如：

1♣	加倍	--	1♥
--	4♣!		

另外值得推荐的是：许多专家牌手在己方不可能打 3NT 时，采用双路 Splinter 叫。即在红心、黑桃将牌时，分别以 3♠、3NT 显示有单张的 Splinter 叫，而 3NT、4♣ 以上作为显示有缺门的 Splinter 叫。例如：

a)
1NT	2♠	--	3NT/4♣!

b)
1♣ *	--	1♦ *	1♥
--	3♠/NT!		

* 精确体系

c)
--	1♦	1♠	--
4♦!			

在 a）中，3NT 为有单张的 Splinter 叫，4♣ 则是缺门 Splinter 叫。

在 b）中，3♠ 为有单张的 Splinter 叫，3NT 则是显示黑桃缺门。

在 c）中由于是不叫过头的牌，至少到局的叫品为 5 张以上配合（4 张配合时可以 2NT 起步），3NT 以上的 Splinter 叫保证是缺门。

例 6.18

♠ 1076		♠ AQJ
♥ A10874	西　东	♥ KJ653
♦ —		♦ KJ76
♣ A8763		♣ 10

	西	东
	(1♦)	1♥
	4♦[1]	4♠[2]
	5♦[3]	7♥[4]
	==	

1. 5 张红心配合且方块缺门。
2. 反冲式罗马关键张问叫。
3. 2 个关键张。
4. 基于北家的开叫，基本可以确定将飞中♠K。

6.3　其他展示和询问单缺的装置

现代叫牌体系都会设计并使用一些展示和询问单缺的装置。仍然以科学二盖一体系为例，常用的展示单缺的装置：

a) 1♣（♦）　2♣（♦）　　b) 1♣（♦）　2NT
　　2NT　　3♥/♠*　　　　　3♥/♠*

* 所叫花色单缺

c.) 1NT　　2♣　　　　　d) 1NT　　2♦/♥
　　2♥/♠　3♠/♥*　　　　　3♣　　3♥/♠*

* 含某个花色单缺的满贯兴趣

e) 1NT　　2♠　　　　　f) 1NT　　2NT
　　2NT　　3♦/♥/♠*　　　　3♣（♦）　3♥/♠*

* 梅花［e）中］、方块［f）中］长套，所叫花色单缺

111

常用的询问单缺的装置：

a) 1♥/♠   2NT！   b) 2♣   2♦

                                        （2♥   2♠）

                                        2NT   3♦/♥

                                        3♠/NT！

c) 1♥/♠   3♣/♦ *   d) 1♥/♠   3♦/♥ *

    3♠/NT！   3♠/NT！

* 8～10 支持点，4 张以上配合   * 11～12 支持点，4 张以上配合

关于展示和询问单缺的装置，牌手们可以按照自己的体系、用法和喜好来优化使用。我们仅提出两个原则供大家参考：

第一，展示和询问单缺的装置尽量用在确定到局的进程中。也就是说，展示和询问单缺的主要目的是成局选择或满贯试探，而非探索是否进局。

这并不是说单缺的位置对于是否能完成成局定约毫无意义，而是在实战中发现暴露己方短套的成局试探往往弊大于利。而且仅在成局以上定约的探讨中才使用展示和询问单缺的装置，也符合我们一贯强调的——成局叫牌积极、小满贯叫牌细致、大满贯叫牌精确的总体原则。

第二，从主叫原则考虑，询问单缺的一方通常是主叫，即持牌不易用限制性叫牌来描述的一方；而显示单缺的一方通常是从叫，即持牌易用限制性叫牌来描述的一方。这一点对于设计作为询问方还是显示方非常重要。

例6.19 2015 年北美桥牌锦标赛（春季）公开组双人赛

第 4 副 双方有局

	西 东	
♠ A8		♠ 9732
♥ A985		♥ KQJ
♦ K4		♦ A
♣ 109854		♣ AK763

敖海龙	王建坚
1♣	2♣ [1]
3♣ [2]	3♦ [3]
3NT [4]	4♣ [5]
4♥ [6]	4♠ [7]
5♦ [8]	5♥ [9]
5NT [10]	6NT
==	

1. 反常低花加叫。

2. 低限非均型，不逼叫。

3. 接力问高花单缺。

在开叫人已做了低限非均型的限制性叫牌之后，应叫人适合作为主叫的一方控制后续进程。同时值得强调的是：由于配合的 3♣ 至 3NT 间尚有约一阶的空间，因此将 3♦ 用作询问单缺叫是恰当的；倘若配合的是 3♦，3♥、3♠将作为显示点力位置而没有了询问单缺的手段。

4. 无高花单缺。

5. 继续接力询问牌型。

6. 实叫 4 张套，2 - 4 - 2 - 5 型。

注意：此时 4NT、5♣ 为方块单缺，分别表示差的、好的控制。

7. 接力关键张问叫。

8. 2 个关键张，但无♣Q。

9. 问特定 K。

10. 有无法在 6♣ 下答出的 K，即♦K 或♥K。

在这副牌上，3♦ 这一询问单缺的装置并未发现同伴的短门，但为后续进一步准确了解同伴的牌型打下了基础。

6NT 为我们获得了绝对的顶分。如果将开叫人的♠8 变成方块，我们也会很容易地叫到 7♣。

例6.20 2022年北美大赛（夏季）斯平果尔德杯决赛

第5副　南北有局

	北　南	
♠ A		♠ KQJ8
♥ AQ74		♥ K962
♦ A1097		♦ K3
♣ Q1062		♣ K97

开室：

Manno	Di Franco
	1NT
2♦¹	2♠²
3♦¹	3♥
4♦³	4♥
==	

闭室：

Piedra	Zimmermann
	1NT
2♣	2NT²
3♦¹	3♥
3♠	4♣（加倍）
——	4♦
4NT	5♦
6♥	==

1. 保证4张红心的转移叫。

2. 4张红心。闭室的2NT为低限实力且还有4张黑桃。

3. 黑桃单缺。

两位庄家均收获12墩。而开室最大的败笔则是显示黑桃单缺的4♦。

对于任何显示单缺的叫品（包括Splinter叫）来说，单张A都是个疑问张。是否作为单缺处理应视其他两个旁门的情况而定。如果多KQ，即同伴在单张A花色上的大牌确实没什么作用时，可显示单张；反之则不要显示单张，因为同伴的K或大牌组合可能提供垫牌所需的赢墩。实战中应叫人的持牌显然属于后者。开室的开叫人在得知同伴黑桃单张后自是不可能越过4♥；而闭室的开叫人在同伴简单的黑桃扣叫后则备受鼓舞，连续两次扣叫使得6♥成为最终定约。

第二部分

确定有限的输墩

在这一部分，我们将主要讨论保证我方
满贯定约输墩不超过1个的手段与方法。

第7章 关键张问叫
——输墩的整体检查

关键张问叫和 Stayman 高花问叫被公认为桥牌叫牌中最为常用的约定叫。关键张的核查在满贯叫牌中起着举足轻重的作用，很多时候甚至是不可或缺的。本章要研讨的重点是在不同的局势下，如何定义并有效地使用各种关键张问叫。同时对可能产生混淆和误解的地方进行详细分析和说明。

7.1 概念与原则

7.1.1 基本定义

相比于"古老"的黑木 A 问叫，关键张问叫将关键花色（通常是将牌）中的 K 等同于 A 处理。这样联手要询问及回答的就从四个 A 变成了五个关键张。这一变化的理论依据是在决定是否要叫满贯时关键花色中的 K 起着非常重要的作用。在绝大多数情况下，我们都不愿叫到缺一个 A 及将牌 K 的小满贯或缺将牌 K 的大满贯——因为其成功率最多 50%，且很可能更低。

特别强调：关键张问叫是一种对快速输墩做整体检查的手段。其对所有的关键张一视同仁而不论具体位置。通过关键张问叫达成的满贯，可以保证不连失两个 A 或一个 A 及很可能的关键花色 K。但是其不能保证不在同一花色上连输 2 墩或没有后续的"慢"输墩，更不能保证能拿到完成满贯定约所需的 12 - 13 个赢墩。只有明确了关键张问叫的功能，才能在合适的时机正确地运用这一装置，同时也可以避免在不恰当的形势下滥用。

对于关键张问叫的答叫有两种常见的基本答叫方式：1430 或 3014。所谓 1430 即加 1 - 4 级分别为：1 或 4 个关键张、0 或 3 个关键张、2 个关键张但无将牌 Q、2 个关键张且有将牌 Q。3014 则是将前两级的含义对调。统计发现答叫人持 1 个关键张的频率要高于 0 个关键张，因此我们使用 1430 式——使得最便宜的一级答叫有更多的出现率。

例 7.1 2013 年世界桥牌团体赛威尼斯杯决赛

（美国二队——英格兰队）第 90 副　双方有局

北	南
♠ J	♠ KQ987
♥ KJ8	♥ AQ765
♦ AK943	♦ 65
♣ AK75	♣ 9

开室（美国二队）：		闭室（英格兰队）：	
Campanile	Meyers	Brock	Smith
	1♠		1♠
2♦	2♥	2♦	2♥
2NT	3♥	3♣	3♥
4♣	4♥	4♣	4♥
4NT[1]	5♦[2]	4NT[1]	5♦[2]
5♥	==	6♥	==

1. 关键张问叫。

2. 3014 答叫，显示 1 个关键张。

双方的叫牌进程极为相似，最后应叫人都在同伴的 5♦ 答叫后发现已无探查 ♥Q 的空间。区别在于 Campanile 赌同伴没有 ♥Q 叫了 5♥，Brock 则赌同伴有 ♥Q 而叫了 6♥，并在这副牌上取得了成功。

如果采用 1430 答叫，开叫人应答叫 5♣，之后应叫人就可以用 5♦ 来获知同伴有无 ♥Q 了。

7.1.2　将牌花色

既然将将牌 K 等同于 A 处理作为第五个关键张，那么接下来的问题就是如何来定义将牌花色。换言之，哪个花色的 K 可以算作关键张。这一看似非常简单的问题在一些局势下却并不那么直观。

例7.2 1998 年美国国家队选拔赛决赛

第 93 副　双方有局

♠ 1053　　　　　　　　　♠ K9
♥ K9765　　　西　东　　♥ AQ
♦ 5　　　　　　　　　　♦ AKQJ986
♣ Q942　　　　　　　　♣ K5

Soloway	Hamman	
（1♠）	加倍	（2♠）
3♥	4NT[1]	
5♦[2]	6NT	
==		

1. 问叫。

2. 1 个关键张。

很显然 Hamman 的 4NT 意图是简单的黑木 A 问叫，并希望在同伴有个 A 的情况下打 6NT。而 Soloway 则将 4NT 视作对红心的关键张问叫。

如果世界顶级牌手都会出现这样的误会（并非罕见），叫到缺两个 A 的满贯，那么对于大部分牌手而言就更加可能了。因此，制定一套规范的针对什么是"关键花色"的准则就显得十分必要了。较为公认的关键花色定义：

·配合的将牌花色；

这个最为简单，毫无疑问。

·我方连续建立两个 8 张以上配合，那么在双方之前均未实叫过其他花色的情况下，可直接做双套关键张问叫（详见 7.4 节），否则暂时假定第二套为将牌花色，尽管不排除最后以第一套为将牌；

·问叫人的 6 张以上好套，或者是持强牌问叫人的主套；

这类情况下，问叫人花色中的 K 基本是有效的。

·答叫人的 6 张以上好套；

如果问叫人未显示 6 张以上好套，那么答叫人的 6 张以上好套将是我方的主要赢墩来源，其中的 K 一般也是有效的。

值得讨论的关键花色定义：

·我方最后实叫的花色。

这一说法为不少牌手所采纳。不过我们认为这还需要具体问题具体分析，或者说要考虑附加一定的限制条件如下：

a. 答叫人最后的实叫花色为 5 张以上，或问叫人否认有 6 张以上好套；

b. 问叫人没有显示配合答叫人实叫花色且逼叫的手段。

如果这两点不能同时满足，那么 4NT 为简单的黑木 A 问叫。为了便于记忆，我们对黑木问叫的答叫采取与关键张问叫类似的加级答叫，1-4 级分别为 1 或 4 个 A、0 或 3 个 A、2 个 A 但无余力、2 个 A 且有余力。

现在回到我们上面的例子：如果采用我方最后实叫的花色为关键花色的定义，4NT 应是对红心的关键张问叫。那么在同伴的 5♦ 答叫后只能假设其持有的是 ♥K（可能性较大）而不叫。如果碰到同伴持的是 ♣A，只能叹息时运不济。如果采用我们推荐的约定，4NT 就是简单的黑木 A 问叫——因为 3♥ 并不保证 5 张，并且配合红心的牌可以先扣叫 3♠。同时可以进一步看到：持强牌的问叫人完全可能有一个自己的好套，仅仅关心 A。

如果我们把进程稍做调整：

西	北	东	南
	1♠	加倍	2♠
4♥	--	4NT?	

这里我们就支持作为对红心的关键张问叫了。虽然东家的实际持牌愿意使用黑木问叫，但是希望使用红心关键张问叫的牌应该更多。

作为上述讨论的延伸，我们特别强调：当问叫人和答叫人都有一个好的长套时，只有问叫人主套的 K 可以算作关键张。

例7.3 请分析在下列进程中，如果下一个叫品是关键张问叫，哪个花色是关键（将牌）花色？

a)	1♠	2♦	b)	1♠	2♦
	4♣			3♦	3♠
				4♣	

c)	1♥	1♠	d)	1♠	2♦
	2♥	3♣		2♠	3♣
	3♥	3♠		3♠	
	4♦				

a）4♣ 为支持方块的 Splinter 叫，那么配合的方块当然是关键花色。

b）3◆和3♠连续建立两套配合后：4♣为展型且先假定第二套黑桃为将牌花色，尽管不排除最后以第一套方块为将牌。因此后续的关键张问叫是对第二套黑桃的关键张问叫。

c）如果应叫人接下来以4NT做关键张问叫，黑桃——问叫人的6张以上好套应作为关键花色。

d）如果应叫人接下来以4NT做关键张问叫，黑桃——答叫人的6张以上好套应作为关键花色。

7.2　反冲式罗马关键张问叫

反冲式罗马关键张问叫是美国桥牌理论家杰夫·鲁本（Jeff Ruben）于1981年率先提出的一种对标准罗马关键张问叫的改良。其主要目的是改进4NT关键张问叫在除黑桃以外的花色，尤其是低花为将牌时占用空间过多的缺点。

例 7.4　2004 年世界桥牌奥林匹克团体赛半决赛

（俄罗斯队——荷兰队）第 22 副　东西有局

♠ 9		♠ J105
♥ Q7	西　东	♥ AJ1032
◆ AKJ43		◆ 5
♣ K7632		♣ A1054

Matushko	Khven
	1♥
2◆	2♥
3♣	4♣
4◆	4♥
4NT	5♥
6♣	==

俄罗斯组合在 Khven 连续叫红心，继而显示 4 张梅花及扣叫红心之后，Matushko 期望在同伴有 ♥AK（至少 ♥AJ）及 ♣AQ 的时候可以打 6♣，于是决定用 4NT 做关键张问叫。结果在得知同伴只有 2 个关键张时已无法停在 5♣ 上了。或许 Matushko 应该对这种情况有所预见而不使用关键张问叫。但无论如何，颇占空间的 4NT 关键张问叫确实给这手牌造成了极大的不便。

7.2.1 基本定义

在我方确定梅花、方块、红心、黑桃为将牌之后分别以 4♦、4♥、4♠、4NT——即四阶将牌加一级（简称 4T + 1）作为关键张问叫。

相对于传统的 4NT 关键张问叫，反冲式关键张问叫的优点是在较低的水平上进行关键张问叫。其保证同伴的基本答叫都不会超过五阶将牌。这对于低花而言是非常重要的，否则一个加二、三级的答叫很可能就过高了。简而言之，反冲式罗马关键张问叫可以避免因答叫空间不足而导致的冒叫，同时也留出了更多的空间便于后续检查其他的关键大牌。

如果使用反冲式关键张问叫，例 7.4 中的 Matushko 就可以用 4♦ 做关键张问叫，并在同伴 2 个关键张但无♣Q 的 4NT 答叫后止于 5♣。

问题 7.1   在红心将牌时，是否有必要使用反冲式罗马关键张问叫？

部分专家认为在红心将牌时，使用反冲式罗马关键张问叫的意义不大，毕竟从 4NT 到 5♥ 还有着相当的空间。该说法有一定道理，但是必须看到以 4NT 对红心做关键张问叫还是会有一些问题，尽管发生的频率不高。

·在同伴答叫 5♦ 后没有了询问♥Q 试探 6♥ 的手段；

·当弱牌一方做关键张问叫（有时没有更好的办法），同伴答叫 5♠ 后无法打 5♥。

出于系统的一致性，我们建议对四个花色均用反冲式罗马关键张问叫。

例 7.5   2018 年世界桥牌综合锦标赛罗森布鲁姆杯决赛

第 41 副   东西有局

♠ AQ	♠ K1052
♥ KQ52	♥ A98743
♦ KQ4	♦ J5
♣ 9632	♣ K

北 南

开室：		闭室：	
Helness	Helgemo	Bilde	Duboin
1♣	1♥	1NT	2♣
3♥	4♣	2♥	4♥
4♦	4NT	==	
5♠	6♥		
==			

开室南北组合在建立红心配合及一轮扣叫之后由 Helgemo 以 4NT 作为关键张问叫（Helness/Helgemo 是少有的世界级组合中将几乎所有的 4NT 都用作关键张问叫）。在 Helness 显示 2 个关键张及 ♥Q 的 5♠ 答叫之后，Helgemo 赫然发现已然过站了，只好叫到缺 2 个旁门 A 的 6♥。如果使用 4♠ 作为反冲式罗马关键张问叫，南家将可安全地对北家的 5♥ 答叫不叫。

7.2.2 特殊情况

必须强调：反冲式罗马关键张问叫增加了关键张问叫的复杂程度及出现错误的可能性，因此并不适合初级牌手。即使是中级牌手，我们也仅建议在建立了明确的将牌配合之后才使用反冲式罗马关键张问叫，以避免因不确定关键花色而导致的误会。当然，对于高级牌手，我们鼓励搭档间在充分讨论的前提下尽可能多地使用反冲式罗马关键张问叫。

虽然反冲式罗马关键张问叫的基本定义是在将牌配合后将 4T＋1 作为关键张问叫，但也存在例外：

·在确定方块/红心为将牌后，如果反冲花色红心/黑桃是某一方的主套，通常将 4♥/♠ 作为实叫而用 4♠/NT（即 4T＋2）进行关键张问叫。除非：

a）4♥/♠ 已不可能成为最后定约；

b）我方有 9 张以上红心配合；

c）4♥/♠ 为建立配合后的跳叫（需要实叫红心/黑桃的牌可叫 3♥/♠）。

注意：在梅花配合之后，总是以 4♦ 作为反冲式罗马关键张问叫，不论其是否为我方主套，因为我们不可能以 4♦ 作为最后定约。

例 7.6 请判断下列进程中最后一个叫品的含义。

a)			b)			c)		
1♥	2♣		1♦	1♥		1♠	1NT	
2♦	3♦		2♦	2♠		3♥	4♥	
3♥	4♣		2NT	3♦		4♠		
4♥			3♠	4♦				

d)			e)		
1♣	1♥		1♠	2♥	
2♦	2NT		4♣	4♦	
3♦	3♥		4♠		
3♠	4♥				

f)	1♠	加倍	--	2♠		g)	1♥	加倍	--	2♥
	--	3♦	--	3♠			--	2♠	--	3♣
	--	3NT	--	4♥			--	4♦		

a）低限牌。实叫好的 6 张红心作为成局选择。

b）实叫好的 6 张红心作为成局选择。

c）实叫，可能持：♠AQJ1042　♥K432　♦AQ　♣A。

d）对方块的关键张问叫。这里有两点值得注意：第一，之前 2NT 已否认 5 张红心，因此 3♥是配合同伴低花显示实力位置的叫品而非实叫；第二，此时有 4♣作为配合梅花的逼叫，于是 4♦以上的叫牌均为配合方块。

e）对红心的关键张问叫。之前的 Splinter 叫已表明红心极配。

f）对方块的关键张问叫。需要实叫红心且逼叫的牌可以之前叫 3♥。

g）对梅花的关键张问叫。需要实叫方块且逼叫的牌可以叫 3♦。

例 7.7　2016 年美国桥牌锦标赛及国家队选拔赛决赛第五节

第 12 副　南北有局

♠ 8		♠ 7543
♥ 2	西　东	♥ AK9543
♦ AKQ98532		♦ 64
♣ AQ3		♣ 2

Moss	Grue
1♣[1]	1♠[2]
2♦	2♥
3♦	4♦
4♥[3]	==[4]

1. 16 点以上。

2. 红心套，积极应叫。

3. 意欲作为对方块的反冲式罗马关键张问叫。

4. 认为 4♥是成局选择。

可以看出，在反冲式罗马关键张问叫上出现误会很可能会导致灾难性的结果。4♥定约失去 4 墩黑桃及 2 墩红心，宕三，－300——在另一桌东西方叫到并顺利完成 6♦后输掉 14IMP。

如果按照我们之前的讨论，由于红心是同伴的主套，Moss 应该以 4♠ 作为关键张问叫，而 4♥ 则是非逼叫的成局选择。

例 7.8 2017 年世界桥牌团体赛百慕大杯循环赛第一轮

（中国队——德国队）第 12 副　南北有局

```
              ♠ 7
              ♥ AQJ643
              ♦ AJ62
              ♣ A7
♠ K1083                        ♠ Q654
♥ K95          北              ♥ 72
♦ 83       西      东          ♦ 954
♣ K1082        南              ♣ J965
              ♠ AJ92
              ♥ 108
              ♦ KQ107
              ♣ Q43
```

开室：		闭室：	
北	南	北	南
1♣[1]	1♠[2]	1♥	1♠
2♥	2NT[3]	2♦	3♣
3♥	3NT	3♥	4♥
4♥	==	5♣	6♦
		6♥	==

1. 16 点以上。

2. 8～13 点或 16 点以上，均型。

3. 11～13 点，无 3 张红心。

开室使用精确体系的中国组合始终未能探明方块配合。或许北家在 2NT 之后可以考虑显示还不错的 4 张方块。

闭室的德国组合使用较为传统的自然体系。本例也部分体现出了应叫人持 4 张黑桃及逼局实力时先应叫 1♠、再（不得不）叫 3♣ 第四花色逼叫的缺点。应叫人在 3♥ 后只能于 4♦、4♥ 中择一配合，最终选择 4♥ 肯定是考虑到持牌为进局逼叫的绝对低限。南家虽然在 5♣ 后跳叫 6♦ 作为满贯选择，北家又顾虑同伴方块的强度而改为 6♥。

6♥就成功率而言是一个不合格的定约，基本上需要♥K飞中且3－2约34%的机会。不过这一天对德国队而言是幸运的。6♦将是一个好得多的定约，只有梅花首攻会有些麻烦。即便那样，6♦也只需要首攻人持有至少♣K或♥K中的一个即可成功。

我们推荐的合理进程为：

1♥	2♣
2♦	3♦
3♥	3♠[4]
4♠[5]	5♥[6]
6♦	==

4．作为低限牌4♦或许也是一个考虑。但我们一般不建议在持2.5个关键张时简单地加叫到局，3♠过渡一下更为合适。

5．此时4♥为低限牌的成局选择。在此之上再加一级才是关键张问叫。

6．2个关键张及♦Q。

实战22桌中只有5桌叫到了最佳的6♦，另有6桌定约6♥，其余11桌止于成局定约。

例7.9

♠ Q7		♠ K10643
♥ KQJ83	西　东	♥ A7
♦ AJ1093		♦ KQ4
♣ 2		♣ A83

1♥	1♠
2♦	3♣[1]
3♦	4♦
4♥[2]	4♠[3]
4NT[4]	6♦
==	

1．第四花色逼叫。

2．低限，非逼叫的实叫。

3．同伴能提供4♥作为定约选择说明其红心套不错，这手牌就差关键张了。此时的接力叫仍为关键张问叫——可将4♥视作非逼叫的扣叫。

4．1个关键张。

例 7.10

	西	东	
♠ AKQ32			♠ —
♥ Q6			♥ AK975
♦ Q653			♦ 98742
♣ 65			♣ AKQ

西	东
1♠	2♥
2♠	2NT[1]
3♦	4♦
4♥[2]	4NT
==	

1. 等待叫。鉴于 5 张方块太差，不妨当作 4 张处理。
2. 实叫，非逼叫。

注意： 在同伴叫出成局选择的四阶高花后的 4NT 同样为实叫。

例 7.11

	西	东	
♠ AQ732			♠ 4
♥ A6			♥ KQ1095
♦ K			♦ AQJ93
♣ Q10865			♣ A9

西	东
1♠	2♥
3♣	3♦
3♥	4NT
6♥	==

上述进程的关键是开叫人如何解读应叫人的 4NT。由于 3♥ 为 2 张红心而并不保证有 8 张以上的配合，应叫人的 3♠ 应是实叫。在已有实叫黑桃叫品的前提下，跳叫 4♠ 为对红心的关键张问叫，4NT 则是自然含义的满贯邀叫。之后，控制及关键大牌位置好的开叫人理应接受邀请。

·如果 4T +1 是对方的花色，那么我们采取首次扣叫对方花色（即之前我方未显示过对方花色控制）优先的原则。在这类情况下，同样以 4T +2 的方式进行关键张问叫。这一约定保证我方二人均可以使用关键张问叫。

例 7.12

西		东
♠ AK76		♠ J8
♥ 54		♥ AQ92
♦ 2		♦ A105
♣ KJ8732		♣ A1096

西	(2♦)	东	(3♦)
		2NT	
加倍[1]		3♥	
4♣[2]		4♦[3]	
4♠[4]		5♣[5]	
5♥[6]		6♣[7]	
==			

1. 加倍显示至少有两套可打，同时否认有可实叫且逼叫的 5 张高花。

2. 此时叫 3♠ 为实叫且承诺梅花，而直接 4♣ 则保证 4－6 黑花色。

3. 扣叫。

4. 此时 4♥ 为 3 张支持的成局选择，而再加一级的 4♠ 为关键张问叫。

5. 3 个关键张。

6. 加两级询问特定 K，大满贯试探。

7. 无 K。

目前的重点是明确各种关键张问叫的定义及应用，而关键张问叫的后续则将在下一章中做详尽的讨论。但本章及之前的牌例中均时有涉及后续进程，因此，如果暂时有不确定的地方，也可在阅读完下一章后再回过头来细读一遍。

例 7.13　2018 年世界桥牌综合锦标赛罗森布鲁姆杯决赛

第 2 副　南北有局

```
              ♠ 10
              ♥ QJ983
              ♦ 7
              ♣ A109742

♠ 982                         ♠ KQJ64
♥ 10            北            ♥ K52
♦ K96542    西      东        ♦ Q103
♣ J86          南             ♣ 53

              ♠ A753
              ♥ A764
              ♦ AJ8
              ♣ KQ
```

	西	北	东	南
开室：	Madala	Gawrys	Bianchedi	Klukowski
			1♠	加倍[1]
	2♠	4♥[2]	——	4♠[3]
	——	4NT[4]	——	5♦[5]
	——	6♥	==	

1. 虽然持有争叫 1NT 的点力，但是庄位显然不利且赢墩也不多，加倍是更好的选择。

2. 有实力的 5 张套（4 张套应加倍）。

3. 持有极佳的控制，在知道同伴黑桃单缺后足以进行满贯试探。4♠ 为优先于反冲式罗马关键张问叫的扣叫对方花色显示控制。

4. 关键张问叫。

5. 3 个关键张。

闭室：	Helgemo	Bocchi	Helness	Sementa
			1NT[6]	加倍
	3♦	4♥	——	==[7]

6. 10 ~ 13 点。

7. 因不确定同伴有这么好的牌型，未能采取积极的行动。

闭室南北方缺乏一个显示双套牌的手段。实际上在西家的3♦阻击之后，由于之前的1NT开叫及加倍均未承诺任何花色，完全可以考虑如西家阻击开叫3♦后一样处理：以4♥显示红心加梅花5－5以上的双套牌（详见《现代防守叫牌——机遇与挑战》第13章）。之后南家应该可以开启满贯试探：双套关键张问叫或扣叫5♦显示一手控制极佳的牌都是不错的选择。

·通常第一次显示配合的叫牌不能兼做关键张问叫。例如以下进程：

a) 2♣	2♦	b) 2♣	2♦
3♦	4♥?	2♠	2NT
		3♦	4♥?

应叫人的最后一叫都是配合开叫人所叫花色的 Splinter 叫。

例7.14 双方无局

♠ 63		♠ AK10875
♥ Q652	西　东	♥ AK
♦ —		♦ 972
♣ AKJ10942		♣ Q3

(2♦)	3♠[1]	
4♣	4♥[2]	
4NT[3]	5♠[3]	
5NT[5]	7♣	
==		

1. 6张以上好套的强牌邀叫。

2. 之前的3♠跳叫已否认有第二套，因此这是显示梅花配合的扣叫（第一次显示配合的叫牌不能兼做关键张问叫），且否认方块控制。

3. 在已知同伴无♦A的情况下，方块缺门也不影响做关键张问叫。

4. 2个关键张及♣Q。

5. 所有关键张均已到齐，试探大满贯的最后一班车。

问题7.2 使用反冲式罗马关键张问叫，如何扣叫反冲花色的控制？

·通常以4NT作为反冲花色的扣叫；

·3♣/♦建立配合之后，逼叫的4♣/♦为显示好将牌（相当于扣叫将牌）或扣叫反冲花色（方块/红心）。这一点同伴通常能依据手上的牌判断。

例7.15

西		东
♠ K3		♠ AQ986
♥ 75		♥ A86
♦ AK108752		♦ Q63
♣ K2		♣ J3

西	东
1♦	1♠
2♦	2♥[1]
3♣[2]	3♦
3♠	4♦[3]
4♥[4]	5♦[5]
6♦	==

1. 虚叫性逼叫。

2. 显示梅花止张，通常否认红心止张。

3. 4♦为显示好方块或反冲花色红心控制。

4. 不难判断同伴的4♦是显示红心控制，反冲式罗马关键张问叫。

5. 2个关键张及♦Q。

例7.16

西		东
♠ Q62		♠ —
♥ K63		♥ A754
♦ AQJ3		♦ K108752
♣ A83		♣ KJ4

西	东
1NT	2♣
2♦	3♦
3♥[1]	3♠
3NT	4♣[2]
4♦[3]	4NT[4]
5♣[5]	6♦[6]
==	

1. 显示配合及点力位置。

2. 扣叫，同时澄清之前的3♠亦为扣叫。

3. 显示好方块，等待叫。

4. 扣叫反冲花色——红心。

5. 进一步扣叫。

6. 在同伴黑桃浪费不多且控制好的情况下，6◆应有不错的机会。

7.2.3 相关约定

在使用反冲式罗马关键张问叫时还有一些额外的约定需要讨论。

· 当有一方且仅有一方在四阶显示了 6 张以上好套时，加一级接力为对该花色的反冲式罗马关键张问叫。

a) 1♠	2♣	b) 1♣	(1♠)	2♥
2♥	3♣	2♠		3NT
3NT	4◆	4♣		4◆

以上两例中的 4◆ 都是对我方四阶显示出的唯一 6 张以上套——梅花的反冲式罗马关键张问叫。

· 当显示配合的扣叫或 Splinter 叫已经越过了四阶低花将牌时，之后加一级的接力叫为关键张问叫。

a) 1♣	1♥	b) 2♣	2◆
2♠	3NT	3♣	4◆
4♣	4♥/♠	4♥	
4♠/NT			

a) 中的 4♠/NT 是在同伴配合梅花的 4♥/♠ 扣叫后的接力叫。b) 中的 4♥ 是在同伴配合梅花的 Splinter 叫 4◆ 后的接力叫。因此，它们都是对梅花的关键张问叫。

例 7.17

♠ AKJ83		♠ 2
♥ 865	西 东	♥ A
◆ 8		◆ A765
♣ KJ96		♣ AQ107532

	(1♥)	2♣
	2♥[1]	3◆
	4♣	4♥[2]
	4♠[3]	5♣[4]
	5◆[5]	5NT[6]
	7♣[7]	==

1. 黑桃转移应叫。

2. 扣叫。

3. 接力关键张问叫。

4. 3 个关键张。

5. 接力询问♣Q。

6. ♣Q 及余力，但无高花 K。

7. 既有好的长套又有将吃能力，大满贯不成问题。

例 7.18

	西 东	
♠ A109632		♠ K7
♥ KJ		♥ A6
♦ 3		♦ KQ875
♣ AK105		♣ 9642

1♠	2♦
3♣[1]	3♥[2]
3♠	4♣[3]
4♥[4]	4♠[5]
==[6]	

1. 实叫，且保证余力。

2. 低限，准备在同伴的 3NT 后不叫。

3. 配合梅花，但实力不如上一轮直接加叫。

4. 扣叫。

5. 接力问关键张？注意：反冲式罗马关键张问叫的原则，同样适用于此：叫同伴的主套为成局选择。再加一级的 4NT 才是关键张问叫。

6. 已无任何余力，欣然接受 4♠ 为最后定约。

例 7.19

	西 东	
♠ AJ104		♠ K
♥ —		♥ 542
♦ AK985		♦ Q7432
♣ AK97		♣ Q1084

1♦	(1♥)	3♦[1]	(3♥)
4♥[2]		4NT[3]	
5♣[4]		6♦[5]	
7♦[6]		==	

1. 7~9 点，4 张以上方块支持的混合加叫。
2. 扣叫。
3. 此时接力叫 4♠ 为关键张问叫，而 4NT 则是替代的黑桃扣叫。
4. 寻求帮助叫（详见第 10 章）。
5. 点力全部有效，接受满贯邀请。
6. 原本就是在寻求梅花帮助的大满贯试探。

7.3　低花关键张问叫

低花关键张问叫是指在我方建立低花配合之后以四阶低花将牌作为关键张问叫，其主旨依然是节省问关键张的空间。不过对于使用反冲式罗马关键张问叫的牌手而言，其节约的空间非常有限。为了避免可能产生的误会，我们建议仅在某些特定的情况下使用。

· 在逼叫的 3♣/♦ 或以下建立配合后直接跳/加叫 4♣/♦；
· 在进局逼叫的 2♣/♦ 之后跳加叫 4♣/♦。

a)	1♣	1♦	b)	1♦	2♦	c)	1♦	2♦
	2/3♦	4♣			4♦		2♠	4♦
d)	1♥	2♦	e)	1♠	2♦	f)	1♠	2♣
	3♦	4♦			4♦		2♦	4♣

以上进程中的最后一叫为低花关键张问叫，其答叫方式与反冲式罗马关键张问叫后的加级答叫一致。

例 7.20

西		东	
♠ —		♠ KQJ	
♥ J73		♥ AK6	
♦ KQ93		♦ AJ876	
♣ AJ8632		♣ K7	

西	东
1♣	1♦
2♦	4♦ [1]
5♣ [2]	5♥ [3]
5♠ [4]	5NT [5]
6♦ [6]	7♦ [7]
==	

1. 低花关键张问叫。

2. 偶数关键张及缺门。

3. 接力询问缺门位置。

4. 黑桃缺门。

5. 接力询问将牌 Q。

6. 有 ♦Q 但无余力。

7. 同伴保证 4－6 低花（低限 0－4－4－5 型应开叫 1♦），大满贯当可完成。

例 7.21 2019 年北美桥牌锦标赛（秋季）索罗威杯决赛第四节

第 26 副　双方有局

♠ A94	♠ 852
♥ K10	♥ AQ8763
♦ AKQ10874	♦ J
♣ J	♣ AK8

北　南

开室：

Nowosadzki	Kalita
	1♥
2♦	2♥
4♦[1]	4♥
4NT[2]	5♥[3]
7♦	==

闭室：

Levin	Weinstein
	1♥
2♦	2♥
4♦[1]	4NT[3]
7♦	==

1. 同样的再叫，但 Nowosadzki 只是指定方块为将牌，而 Levin 则兼做低花关键张问叫。对于使用反冲式罗马关键张问叫并严格定义低花关键张问叫应用范围的我们来说，与开室的用法一致。

2. 关键张问叫。

3. 2 个关键张，但无 ♦Q。

具体到这副牌，闭室直接 4♦ 低花关键张问叫有其优势，相比于开室需要下一轮用 4NT 问关键张而言节约了空间（不过 Levin 实际上并未利用到这个优势）。但是如果移 1－2 张黑桃到梅花，可能就是仍希望指定方块为将牌却不适合立刻关键张问叫的牌。

两边的实战进程都有一点瑕疵：如果开叫人的 ♦J 换成 ♥J，7♥ 或 7NT 都将是更好的定约。即使是实际持牌，也是 7NT 最佳。

我们建议的进程为：

	1♥
2♦	2♥
4♦	4♥
4NT	5♥
5♠ [4]	6♣ [5]
6♥ [6]	7NT [7]
==	

4. 接力询问特定 K。

5. ♣K，但否认有♥K（否则应叫 5NT）。

6. 花色问叫寻求第三轮控制，这里当然是指♥Q。越过 6♦ 的 6♥ 表明至少会打 7♦，试探 7NT。

7. 关键张到齐，同伴确定有♥K，7NT 当无问题。如果♦J 换成♥J，也可叫 7♥，显示红心坚固。

7.4　双套关键张问叫

在一些叫牌进程中，我方有两个近乎同等重要（有 4－4 或 5－3 配合）的长套。这时就希望将两个关键花色的 K 都等同于 A 看待，并且可能要同时核实这两个关键花色的 Q。双套关键张问叫也正是为这类需求所设。

注意： 双套关键张问叫是一个容易产生误会的问叫，因此必须对其做出严格的定义并且规定使用的范围。

我们建议在以下局势使用双套关键张问叫：

· 在连续配合两套且之前未显示过其他长套之后；

· 在均型持牌人（无将开叫或再叫）同时配合同伴的双套之后；

· 在均型持牌人（无将开叫或再叫）配合应叫人 5－5 以上双套中的一套之后，不过在此局势下，只有配合花色中的 Q 计为关键 Q；

· 在同伴显示双套后，无法用一个逼叫的叫品确定将牌配合。

注意： 在此局势下，后续可能需要区分关键 Q 的位置。

概括而言，就是在我方有同等重要的两套或暂时无法明确配合双套中某一套时使用双套关键张问叫。在上述四种情况下，除我方连续两套配合后使用四阶较高花色加一级（类似于反冲）作为双套关键张问叫，其他情况下一律使用 4NT 作为双套关键张问叫。

特别需要强调的是在我方连续配合两套时，只有在之前未实叫过其他长套时使用双套关键张问叫。其原因在于如果之前叫过长套，那么该花色或许能够提供足够的赢墩，从而加上一个好的配合花色就足以完成满贯。换句话说，另一配合花色中的 K 将不具备同等的重要性。

我们对双套关键张问叫的答叫依然使用与一般关键张问叫基本相同的答叫。特别注意：在持 2 个关键 Q 时计 1 个关键张。实战发现这比采用很高的答叫显示 2 个 Q 有优势，并不会造成混淆且能节约宝贵的满贯叫牌空间。如果持 1 个关键 Q，在已建立双套配合后不加区分——其作用均等；在未明确建立配合时区分——第四、五级答叫均为 2 个关键张及 1 个 Q，分别为较低、较高花色的 Q。

例 7.22

西	东
♠ 6	♠ Q73
♥ A7	♥ 105
♦ AQ9432	♦ K765
♣ K1052	♣ AQJ9

西	东
1♦	2♦ [1]
3♣ [2]	4♣ [3]
4♥ [4]	5♦ [5]
6♣ [6]	== [7]

1. 反常低花加叫。

2. 高限非均型，显示第二套。

3. 4 张以上的加叫，同时表明无意于 3NT 定约（高花较弱）。

4. 连续方块和梅花两套配合之后的反冲式双套关键张问叫。

5. 2 个关键张及 1 个关键 Q。

6. 满贯选择。

7. 同伴建议联手张数较少的花色作为将牌必然是因为高花较弱。以梅花作为将牌可以多出一个将吃赢墩。这手牌并无额外赢墩，理应接受同伴以梅花为将牌的建议。

第
二
部
分
确
定
有
限
的
输
墩

例 7.23

♠ 942		♠ AQ753
♥ AK642	西　东	♥ 3
♦ AK82		♦ QJ109
♣ 2		♣ AKQ

西	东
1♥	1♠
2♠	3♦¹
4♦²	4♥³
4NT⁴	5♥⁵
5NT⁶	7♦⁷
==	

1. 实叫，4 张以上。

2. 4 张方块支持。

3. 由于开叫人在双套配合前已叫过主套红心，因此暂时假定第二套为将牌。4♥ 显然不会是最后定约，而是对方块的反冲式罗马关键张问叫。

4. 3 个关键张。

5. 询问特定 K。

6. ♥K。

7. ♠A 和 ♣AKQ 可保同伴最多 4 张的黑花色无虞。外加 ♥AK 及很好的将牌足以通过交叉将吃拿到 13 墩。

例 7.24

♠ KJ2		♠ AQ9743
♥ Q6	西　东	♥ A92
♦ AKQ42		♦ 10983
♣ 1082		♣ —

西	东
1NT	2♥¹
2♠	3♣¹
4♦²	4♥³
4NT⁴	5NT⁵
6♣⁶	7♦⁷
==	

1. 转移叫显示 5 - 4 以上的黑桃及方块。

2. 显示 3 张黑桃及 5 张方块的双套配合。

3. 碎片叫显示第三套，且未叫花色梅花单缺。

4. 无将开叫人配合应叫人双套之后的双套关键张问叫。

5. 2 个关键张及梅花缺门。

6. 接力询问额外的关键 Q。

7. 同伴肯定有 ♠K 和 ♦AKQ，这样就有了包括 6 墩黑桃、5 墩红心、♥A 在内的 12 个顶张赢墩。7♦ 将通过将吃一次梅花取得第 13 墩。

例 7.25

♠ A53		♠ 2
♥ QJ2	西　东	♥ AK983
♦ A109542		♦ J
♣ Q		♣ AKJ1053

(2♠)	4♣[1]
4♦[2]	4NT[3]
5♦[4]	7♣[5]
7♥	7NT[6]
==	

1. Michaels 跳叫，5 - 5 以上梅花加红心。

2. 有配合的好牌，有满贯兴趣，但尚不明确配合的是哪套。

3. 在同伴未表明具体配合时，4NT 是双套关键张问叫。

4. 3 个关键张（两个关键 Q 计 1 个）。

5. 对套，同伴配合梅花时可能需要将吃一次红心。

6. 同伴配合红心时，7NT 不会比 7♥ 差。

7.5　排除性关键张问叫

排除性关键张问叫是为持缺门者准备的一种关键张问叫，其要求同伴在答叫关键张时不计缺门花色中的 A。

排除性关键张的答叫与其他关键张答叫有所不同，大部分牌手采用 3014 的答叫方式。其主要原因在于做除性关键张问叫的一方通常持好牌，如果同伴在缺门花色以外有一个关键张可能就足以打满贯了。而在同伴无关键张的时候，最低答叫将有效地保证定约的安全性。

相对于前面几种关键张问叫，排除性关键张问叫的使用一定要非常谨慎——只在极为明显的局势下方能使用。至于何谓"明显"，同伴之间应仔细讨论并达成一致。毕竟有太多的排除性关键张问叫被同伴放过的例子，即使是世界级的高手也不例外。

类似于双套关键张问叫，排除性关键张问叫也应有严格的使用原则：

·我方建立将牌配合后，在成局水平之上的跳叫。

例7.26

♠ —		♠ J42
♥ AQJ7642	西　东	♥ K83
♦ Q2		♦ AKJ87
♣ AK102		♣ 53

西	东
1♥	2♦
2♥	3♥
4NT[1]	5♥[2]
5♠[3]	6♦[4]
7♥	==

1. 使用反冲式罗马关键张问叫时，超过4T+1的跳叫为排除性关键张问叫。这里的4NT是替代黑桃的排除性关键张问叫。

2. 2个关键张，但无♥Q。

3. 接力询问特定K。

4. ♦K。

139

例 7.27 2015 年北美桥牌大赛（春季）公开组双人赛

第 9 副　东西有局

	西	东	
♠ K873			♠ AQJ54
♥ KJ9874			♥ —
♦ 43			♦ AK7
♣ K			♣ AQ1065

敖海龙	王建坚
	1♠
3♥[1]	5♥[2]
5NT[3]	6♦[4]
6♥[5]	7♠
==	

1. 4 张以上黑桃，邀叫。
2. 排除性关键张问叫。
3. 1 个关键张。
4. 加两级问特定 K。
5. 有一个无法在 6♠ 以下显示的低花 K。

例 7.28

	西	东	
♠ KQ10942			♠ AJ63
♥ AK984			♥ 6
♦ —			♦ QJ963
♣ K4			♣ A53

1♠	3NT[1]
4♣[2]	4♥[3]
6♦[4]	7♠[5]
==	

1. 10～12 点，4 张以上黑桃含单缺。
2. 询问单缺位置。
3. 红心单缺。
4. 罕见的在六阶做出的排除性关键张问叫。
5. 因加三级显示 2 个关键张的答叫已超越 6♠，这应该足以打 7♠。

· 我方建立将牌配合后，将同伴的四阶扣叫或虚叫加叫到五阶——即将这类占用较多空间的加叫等同于跳叫处理。

例 7.29 2009 年美国桥牌锦标赛暨国家队选拔赛决赛

第 51 副　东西有局

```
                    ♠ 94
                    ♥ 109853
                    ♦ 64
                    ♣ KJ84
♠ Q87532        北        ♠ AK10
♥ AQJ       西      东     ♥ K762
♦ AQ87          南        ♦ KJ93
♣ —                       ♣ 73
                    ♠ J6
                    ♥ 4
                    ♦ 1052
                    ♣ AQ109652
```

	西	北	东	南
开室：	Boyd	Granovette	Robinson	Rubin
				2♣[1]
	2♠	3♣	4♠	——
	4NT[2]	5♣	5♦[3]	6♣
	6♠	7♣	加倍	==
闭室：	Ekeblad	Stewart	Weichsel	Woolsey
				3NT[4]
	加倍	4♣	加倍	==

1. 精确法，战术性开叫。

2. 反冲式罗马关键张问叫。

3. 2 个关键张。

4. 某个低花套的阻击叫。

实战中的两对牌手均未能叫到可轻松完成的 7♠ 定约。

开室 Robinson 以 13 点 5 个控制直接跳叫 4♠ 有些保守。之后 Boyd 常规关键张问叫问到 2 个关键张之后想不到同伴竟是如此纯净的牌。

141

第二部分　确定有限的输墩

一个可能的改进进程为：

西	北	东	南
			2♣
2♠	3♣	4♣[5]	——
5♣[6]	6♣	加倍[7]	——
6♥[8]	——	7♠[9]	==

5. 扣叫显示黑桃配合且实力强于直接加叫4♠。作为成局线下唯一显示配合及逼叫的叫品，其并不保证梅花控制（详见第9章）。

6. 排除性关键张问叫。

7. 对方六阶干扰后的DEPO式答叫（详见第8章），偶数个关键张。

8. 此时接力6♦为询问♠Q。6♥作为6♠前的最后一个叫品则是告知同伴关键张到齐，试探大满贯的最后一班车。

9. 两个红花色K足以接受同伴的邀请。

闭室东西方的问题更为严重，付出的代价也更大。系统应对这类3NT开叫的方法可参照《现代防守叫牌——机遇与挑战》一书。实际进程中最大的错误是Ekeblad将Weichsel的技术性加倍视作惩罚性。当然，在阻击性更强的3NT开叫之后，试图叫到大满贯定约殊为不易。

例7.30

♠ AKJ75		♠ Q32
♥ —	西　东	♥ A9
♦ KJ10862		♦ 73
♣ A5		♣ KQJ432

1♦	2♣
2♠	3♣
3♠[1]	4♥[2]
5♥[3]	5♠[4]
6♠	==

1. 5-6双套，逆叫实力。

2. 唯一配合黑桃且逼叫的叫品。

3. 排除性关键张问叫。

4. 无有效关键张。

· 我方于四阶建立配合后，以跳叫五阶将牌加一级作为对方花色或自己已知短门花色的排除性关键张问叫。

例 7.31

♠ 5			♠ AK984
♥ K963	西	东	♥ A85
♦ AK95			♦ QJ1082
♣ QJ108			♣ —

（1♣）	1♠
2NT	3♦
4♦	5♥[1]
6♣[2]	7♦
==	

1. 在有 4♥ 作为反冲式罗马关键张问叫时，5♥ 是对对方花色梅花的排除性关键张问叫。

2. 2 个关键张。

下面的这个实战牌例涉及多种局势下如何使用排除性关键张问叫：

例 7.32　2017 年世界桥牌团体赛百慕大杯循环赛第十六轮

（意大利队——瑞典队；新西兰队——美国二队；

澳大利亚队——荷兰队；印度队——法国队）

第 21 副　南北有局

		♠ QJ108	
		♥ K1086	
		♦ AJ85	
		♣ J	
♠ 64	北		♠ 973
♥ AQ754	西　东		♥ J932
♦ K104	南		♦ 9732
♣ 1043			♣ 52
		♠ AK52	
		♥ —	
		♦ Q6	
		♣ AKQ9876	

北	南		北	南
第1桌（意大利队）：			第2桌（瑞典队）：	
Di Franco	Manno		O. Rimstedt	M. Rimstedt
1♦	2♣		1♦	1NT
2♦	2♠		2♦	2♠
2NT	3♥		4♠	5♥
3♠	4♣		5NT	6♣
4♦	5♥		6♦	7♠
5NT	7♣		==	
==				

北	南		北	南
第3桌（新西兰队）：			第4桌（美国二队）：	
Tislevoll	Ware		Moss	Grue
1♦	2♣		1♦	2♣（2♥）
2NT	4♣		加倍（3♥）	3♠
4♦	4♥		4♠	4NT
5♣	6♣		5♣	6♣
==			6♠	==

北	南		北	南
第5桌（澳大利亚队）：			第6桌（荷兰队）：	
Gill	Peake		De Wijs	Muller
1♦	2♣		1♦	2♣
2NT	3♠		2NT	4♣
4♠	4NT		4♦	4♥（加倍）
5♣	5♦		--	再加倍
5♥	6♠		5♣	5♥
==	5♠		7♣	
			==	

北	南		北	南
第7桌（印度队）：			第8桌（法国队）：	
Majumdar	Mukherjee		Bessis	Volcker
1♦	2♣		1♦	2♣（2♥）
2♥	4♣		--（4♥）	5♥
4♦	4NT		6♣	==
5♣	6♣			
==				

144

实战 22 桌中，仅有瑞典 Rimstedt 兄弟一对叫到了最佳的 7♠ 定约。M. Rimstedt的 1NT 是低花长套或均型牌的进局逼叫，之后 2♠ 显示梅花主套及 4 张黑桃。O. Rimstedt 的 4♠ 显示低限且红花色点力均衡，这使得 M. Rimstedt可以使用 5♥ 这一非跳叫作为排除性关键张问叫（其他各队的进程往往无此优势），并在得知同伴 1.5 个关键张之后直达 7♠，非常漂亮！

意大利和荷兰组合是四对叫到 7♣ 中的两对，在将吃三次红心建立 ♥K 未果后飞 ♦K 成功，运气不错。

第 8 桌法国队南家在对方 4♥ 阻击后只好扣叫 5♥ 进行大满贯邀叫，持绝对低限、梅花单张、红心有浪费的北家当然是叫回 6♣，没有什么问题。同时强调：我们坚决反对印度队的 2♥ 争叫。在对方有明显实力优势时以如此均型牌及不算很好的 5 张套争叫绝对是弊大于利，一旦失配而被对方加倍必将是个悲惨的结局。

至于其他各桌的南北组合则多少有些值得讨论和改进的地方。第 1 桌意大利队南家在建立黑桃配合后以标准的 5♥ 跳叫作为排除性关键张问叫已非常接近最佳定约。或许持绝对低限、黑桃不错的北家在同伴提供 7♣ 作为大满贯选择时应考虑到打黑桃会有额外的将吃赢墩而改为 7♠。

第 3 桌新西兰组合和第 6 桌荷兰组合的前三轮叫牌一样，南家都以 4♣ 确立将牌，从而错过了黑桃配合。在同伴的 4♦ 扣叫后内位南家考虑到黑桃和方块中漏洞颇多而没有立刻使用 5♥ 排除性关键张问叫，而是采用了较为节约空间的 4♥ 扣叫——非常合理的选择。应该说新西兰组合最后止于 6♣ 比 7♣ 合理。荷兰队北家在 4♥ 遭到加倍后因确知同伴的红心扣叫基于短门而先不叫，并在同伴再加倍显示第一轮控制（缺门）之后示弱 5♣——结合之前的不叫表示不是最差的牌。仍不甘心的南家继续 5♥，之后可能对同伴的 5♠（不太会有 ♠Q 外加 ♦AK）有更高的期望而冲到 7♣。第 5 桌澳大利亚队南家则在 2NT 后叫出了 3♠——为达成最佳定约提供了机会。随后之前已叫过 2NT 显示低限的北家在持一手配合和控制都不错的牌时不该只是简单加叫到 4♠，而应扣叫 4♦。这就足以鼓励南家以 5♥ 跳叫作为排除性关键张问叫了。如此叫到的 7♠ 也将是我们推荐的进程。

第 4 桌美国二队南家在 4♠ 后可以考虑使用上述五阶将牌加一级，即 5NT 作为排除性关键张问叫的装置，毕竟小满贯总是会叫的，而且对同伴 ♦A 加 ♠Q 的要求实在不高。第 7 桌印度队南家在缺门时采用常规关键张问叫，从技术层面上说存在着明显的缺陷。

· 在四阶可能将牌之上的跳叫，且其不可能是自然叫。

例 7.33 2015 年美国桥牌锦标赛暨国家队选拔赛半决赛第三节

第 4 副　双方有局

<pre>
              ♠ J84
              ♥ AKQ1085
              ♦ —
              ♣ KQJ8
  ♠ 92   ♠ 107
  ♥ 432   北   ♥ 97
  ♦ J1065   西   东   ♦ AKQ832
  ♣ A1093   南   ♣ 765
              ♠ AKQ653
              ♥ J6
              ♦ 974
              ♣ 43
</pre>

西	北	东	南
开室：Zia	Wolpert	Kamil	Fireman
--	1♥	3♦	3♠
4♣	5♦[1]	--	5♠[2]
==			

1. 配合黑桃，排除方块的关键张问叫。

2. 未能理解同伴的意图。

闭室：Hurd	Grue	Wooldridge	Cheek
--	1♣[3]	2♦	2♠
--	3♠	--	3NT[4]
--	4♣	--	4♠[5]
	==		

3. 16 点以上。

4. 非严肃性满贯试探。

5. 因担心方块而较为保守。

开室 Wolpert 的 5♦ 属于四阶可能将牌之上的跳叫，理当看作排除性关键张问叫。至于将牌则应该是黑桃，作为 1♥ 的开叫人没有黑桃配合是不可能进行满贯试探的。如果 Fireman 正确理解的话，就应该答叫 6♣ 显示 2 个关键张及 ♠Q 并最终打 6♠。

闭室 Grue 或许也可以考虑在 3NT 后跳叫 5♦ 作为排除性关键张问叫。同时我们建议在相邻两个花色中均有控制时优先扣叫对方花色（详见第 9 章），因为这一信息对同伴而言可能更为重要。如果能优先扣叫 4♦（不否认梅花控制），持有极好将牌的 Cheek 至少会叫 4♥ 作为最后一班车。

问题 7.3　是否可以排除同伴的主套做关键张问叫？如果可以，对使用范围有何规定？

这是排除性关键张问叫中比较敏感的问题。一方面，如果有缺门，其出现在同伴长套中的机会最大，排除同伴主套的关键张问叫是探查同伴长套中是否有 A 浪费的有效手段，这一信息对于决定是否要叫满贯定约可能极为必要；另一方面，排除同伴主套的关键张问叫又存在着出现误会（后果很严重）的风险。因此我们建议：在慎之又慎的前提下，于特定局势下小心使用。

· 符合排除性关键张问叫的条件，且跳叫同伴花色不可能是要打。

例 7.34

	西	东	
♠ QJ873			♠ —
♥ A984			♥ KQ10
♦ AJ3			♦ KQ10762
♣ K			♣ A1062

西	东
1♠	2♦
2♥	2NT
3♦	4♠[1]
5♦[2]	5♥[3]
6♣[4]	7♦
==	

1. 之前已否认黑桃配合，越过四阶将牌的跳叫为排除性关键张问叫。

2. 2 个关键张，但无 ♦Q。

3. 接力询问特定 K。

4. ♣K。

注意：在所有的旁门 K 均可在六阶将牌（6♦）以下显示时，答叫人如果叫问叫人的缺门花色（5♠）是显示该花色 A。

例 7.35 2020 年纪念贾斯汀·拉尔（Justin Lall）邀请赛决赛

第 14 副　双方无局

♠ AQ10　　　　　　　　　　　　　♠ —
♥ KQ76432　西　东　　　♥ AJ10
♦ —　　　　　　　　　　　　　　　♦ KQ652
♣ AQ8　　　　　　　　　　　　　♣ KJ976

开室：		闭室：	
Rodwell	Meckstroth	Merblum	Lee
	1♦[1]		1♦
1♥	2♠[2]	1♥	2♣
2NT[3]	3♣[4]	2♠	3♥
3♥	3♠	5♦[5]	==[6]
5♦[5]	6♦[6]		
7♥	==		

1. 精确法。10～15 点，2 张以上方块。

2. 3 张红心的强加叫。

3. 接力，进局逼叫。

4. 实叫，黑桃短门。

5. 意图作为排除性关键张问叫。

6. 未理解同伴之意图。

闭室在 Lee 的 3♥ 显示出 14 + ～17 点的三套牌之后，虽然不确定是 8 张以上红心配合，但 Merblum 的 5♦ 跳叫还是应理解为排除性关键张问叫。如果是有方块配合，很难想象其会一口 5♦ 而不做任何满贯试探，毕竟之前的 2♠ 已表明即便对着同伴的低限开叫也足以成局。5♦ 惨然宕三，－150。

开室 Rodwell 的 3♥ 从逻辑上说当是确立红心将牌，之后跳叫 5♦ 理应视为排除性关键张问叫。但 Meckstroth 未能完全领会，好在其凭着绝对的高限牌而加叫了 6♦。Rodwell 随后的 7♥ 为该队取得了 ＋1510 及 17IMP。

这个例子也充分说明使用排除性关键张问叫的危险性。两桌都出现了误会，包括世界冠军级、有着四十余年搭档经历的"麦罗组合"。

例 7.36　2022 年世界桥牌综合锦标赛罗森布鲁姆杯 16 强赛

第 12 副　南北有局

	北	南	
♠ 8		♠ AK10732	
♥ Q10953		♥ —	
♦ A103		♦ KQ9642	
♣ AKQ2		♣ 8	

Nawrocki	Greco
Donati	Percario
Nystrom	Helgemo
1♥	1♠
2♣	2♦ [1]
2NT	3♦ [2]
4♣ [3]	5♥ [4]
6♣/♦ [5]	7♦
==	

1. 第四花色进局逼叫。
2. 表明方块为第二套。
3. 因之前叫过 2NT，这是配合方块的扣叫。
4. 排除关键张问叫。
5. 2 个关键张。

　　上述进程中的三位南家在确定方块配合后均以跳叫同伴主套（不可能是实叫）作为排除关键张问叫——为最终叫到大满贯奠定了基础。

　　实战中的 16 对南北组合，仅有 7 对叫到了大满贯。不少南家在类似上述进程建立方块配合之后，采取了立刻跳叫 6♦ 的简单处理（担心以同伴主套做排除关键张问叫可能引起误会应是主因）。

　　·在进局逼叫的进程中，双跳叫同伴的套至五阶。

例 7.37

	西	东	
♠ 32		♠ AKQ654	
♥ AKQ2		♥ J10932	
♦ KJ432		♦ —	
♣ J2		♣ AK	

149

1♦	1♠
1NT	2♦ [1]
2♥ [2]	5♦ [3]
6♣ [4]	7♥
==	

1. 虚叫，进局逼叫。不要以弱的 5 张套跳叫 3♥。

2. 显示 4 张红心。

3. 排除性关键张问叫，就缺红心大牌了。

从逻辑上来说应叫人的 2♦ 已是进局逼叫，之后至少有 3♦、4♦ 两种配合性逼叫可用。完全没有必要用双跳叫 5♦ 来显示方块配合，况且无论应叫人持什么牌都不可能确定 5♦ 是最佳定约。

4. 2 个有效关键张及 ♥Q。

问题 7.4 上述进程中的 5♦ 双跳叫可以确定为排除性关键张问叫，那么哪个花色是将牌？同伴的花色红心还是自己的花色黑桃？

不易显示的那个花色是将牌。由于确定黑桃将牌可以叫 2♠ 而确定红心将牌则要叫 3♥，因此红心是将牌。如此界定将牌的原因在于先叫 2♠，通常不妨碍后面跳叫 5♦ 作为排除性关键张问叫；但是如果先叫 3♥，在同伴简单的 4♥ 之后就无法以 5♦（不再是跳叫）做排除性关键张问叫。

例 7.38 2017 年世界桥牌团体赛百慕大杯决赛

（法国队——美国二队）第 73 副　东西有局

♠ J1092			♠ AKQ874
♥ K984	北	南	♥ A3
♦ AJ1075			♦ —
♣ —			♣ KQ1032

Rombaut	Combescure
Moss	Grue
1♦	1♠
2♠	5♦ [1]
5♥ [2]	6♠
==	

1. 双跳叫出的 5♦ 为排除方块的关键张问叫。

2. 无有效关键张。

例 7.39

♠ 32	♠ AQ
♥ AQ432	♥ K3
♦ KJ432	♦ —
♣ A	♣ KQJ987642

西	东
1♥	2♣
2♦	5♦[1]
5NT[2]	6♠[3]
7♣	==

1. 这个双跳叫出的 5♦ 同样应为排除方块的关键张问叫，将牌是梅花。但因为是在 2♦ 后的立刻双跳叫，同伴间需要事先确认过方可使用。

如果没有排除方块问关键张的手段就只能叫 3♣，那么在同伴继续 3♦ 之后就很难搞清楚同伴是否有 ♦A 了。

2. 2 个有效关键张。

3. 同伴有 ♠K、♥Q、♦A 中的一张就有大满贯，最差还可以飞 ♠K，因此大满贯总是要叫的。超过 6♣ 的 6♠ 为不可能是最后定约的大满贯选择——希望同伴有 ♦A 时叫 7NT。

· 开叫人出第二套后，应叫人双跳叫 4NT。

例 7.40 2021 年美国桥牌锦标赛及国家队选拔赛美国二队决赛

第 66 副　东西有局

♠ Q5	♠ AKJ974
♥ K5	♥ QJ10943
♦ AJ102	♦ —
♣ AKQ98	♣ 5

北	南

Becker	Kamil
	1♠
2♣	2♥
4NT	6♦
==	

4-0 配合的 6♦ 定约最终宕四无疑是个悲剧。

个中缘由是 Becker 意欲以 4NT 显示 18~19 点的邀叫，并将 Kamil 的 6♦ 视作接受满贯邀请的 5-4-4-0 型，而 Kamil 则认为 4NT 是对红心的关键张问叫，于是以 6♦ 显示奇数关键张及方块缺门。

我们从这一灾难中至少可以吸取三个教训：首先最重要的是要对限制性高阶跳叫有充分的讨论并达成一致。其次是轻易不要使用未经商量过的高阶跳叫（Becker/Kamil 组合并非长期固定搭档）。如果南北方能做到这两条中的任何一条，就不至于遭此重创。再次是要优化高阶跳叫的定义。

从理论层面上说，我们既不理解 Kamil 把 4NT 当成红心关键张问叫，也不赞成 Becker 将 4NT 用作自然邀叫。前者总是可以先叫 3♥ 确定将牌，而后者作为极强牌完全不必要一下占用这么多的空间，先叫 2NT 听听同伴进一步的描述总是有好处的。

不少专家牌手（我们也同样）约定：在开叫人再叫新花色后，应叫人双跳叫 4NT 是配合开叫人的第二套，并对开叫人的第一套做排除性关键张问叫。假设本例应叫人持：♠ — ♥AJ75 ♦A102 ♣AKQJ98，如果先配合 3♥，后续有可能会失去使用排除黑桃关键张问叫的机会。

例 7.41

西	东
♠ 973	♠ A8
♥ AQ1063	♥ —
♦ QJ74	♦ AK982
♣ A	♣ KQJ1063

西	东
1♥	2♣
2♦	4NT[1]
5♦[2]	5♥[3]
6♥[4]	7NT
==	

1. 确立方块将牌，对红心的排除性关键张问叫。

2. 1 个有效关键张。

3. 接力问♦Q。

4. 显示♦Q 的同时，顺便告知♥A，看是否可以打 7NT。

· 建立配合后，在五阶叫已不可能要打的同伴主套。

例 7.42 2021 年 BBO 训练赛

第 4 副　双方有局

西	东
♠ Q	♠ A
♥ —	♥ KQ10864
♦ AKJ10963	♦ 742
♣ AQ973	♣ K65

西	东	
1♦	1♥	（1♠）
3♣ （3♠）	4♠[1]	
5♥[2]	6♦[3]	
7♦	==	

1. 配合同伴某个低花的扣叫及满贯兴趣。

2. 排除红心的双套关键张问叫（尚未定将牌）。之前 3♣ 仅为邀叫而非逼叫，不可能有红心配合。现在同伴配合低花后自然更不可能要打红心。

3. 2 个关键张，但无关键 Q。

在这类局势下，以五阶叫同伴主套作为排除性关键张问叫的意义要大于简单扣叫显示大牌。更关键的一点在于排除性关键张问叫无其他替代手段，而扣叫大牌则可能还有其他手段可以间接地反映出可能的持牌。

对于排除性关键张问叫，最后还有非常重要的一点需要提醒大家。不是有满贯兴趣的牌在持缺门时就适合使用排除性关键张问叫。除了需要满足一般关键张问叫的要求外，还要特别考虑两点：其一是排除性关键张问叫占用了大量的空间，很可能会妨碍后续对关键张以外的大牌、牌型的核查；其二是有时缺门花色中的 A 并不全是浪费，或可提供有用的垫牌。

例 7.43

西	东
♠ Q32	♠ A8
♥ K32	♥ AQJ754
♦ A872	♦ —
♣ K87	♣ A10942

西	东
1♦	1♥
1NT	2♦[1]
2♥	5♦[2]
5♠[3]	6♣[4]
7♥[5]	==

1. 虚叫，进局逼叫。

2. 排除性关键张问叫。

3. 1 个有效关键张。

4. 加两级问特定 K。

5. ♣K 和 ♦A 应该足够了？

实战中的进程显然存在重大缺陷，实际上应叫人在得到 5♠ 的答叫之后已觉不妥——没有探索梅花情况的空间了。

注意：当有一个弱的旁门长套时应避免仓促使用排除性关键张问叫。正确的进程应该是：

1♦	1♥
1NT	2♦
2♥	3♣ [6]
3♦ [7]	3♥
4♣ [7]	4♠ [8]
5♦ [9]	6♣ [10]
6♥ [11]	==

6. 强牌展示牌型，寻求帮助。

7. 扣叫。

8. 反冲式罗马关键张问叫。同伴的 4♣ 否认了黑桃控制，即使同伴有 ♦A 也可用来垫掉黑桃。

9. 2 个关键张，但无 ♥Q。

10. 花色问叫，寻求梅花第三轮控制。

11. 如果 ♠Q 变成 ♣Q 当然叫 7♥，现在只能叫 6♥。

例 7.44 2017 年北美桥牌锦标赛（秋季）雷辛加杯半决赛第一节

第 25 副　东西有局

```
                    ♠ 5
                    ♥ KQ
                    ♦ 9875432
                    ♣ Q95
  ♠ AQJ74            北          ♠ K10982
  ♥ A9765        西      东       ♥ —
  ♦ —                南          ♦ AK106
  ♣ AK7                          ♣ J863
                    ♠ 63
                    ♥ J108432
                    ♦ QJ
                    ♣ 1042
```

西	北	东	南
	2♦	2♠	3♦
5♦[1]	--	5♠[2]	--
6♣[3]	--	6♠[4]	==

1. 排除性关键张问叫。

2. 1 个有效关键张。

3. 加两级询问特定 K。准备在同伴显示 ♥K 后叫 7♠。

4. 示弱。

实战中的西家同样犯了持有弱边花长套时使用排除性关键张问叫的错误。这手牌的关键是争叫人是否有红心第二轮控制，而这是占用大量空间的排除性关键张问叫后无法获取的信息。合理的进程是：

西	北	东	南
	2♦	2♠	3♦
4♦	--	4♠	--
5♥[5]	--	5♠	--
6♣[6]	--	6♦[6]	--
6♥[7]	--	7♠[8]	==

5. 持有如此黑桃同伴几乎肯定有 ♠K，万一没有也很可能飞中，因此不

155

必做关键张问叫。以五阶新花色作为寻求帮助更有意义。

6. 扣叫。

7. 再度强调需要红心中的帮助。

8. 同伴既没有问关键张，也没有借由关键张问叫后再询问 ♥K 或红心第三轮控制，说明那些都不是决定因素。反复询求红心帮助应该就是希望你在其中持单缺。

7.6　包含性关键张问叫

包含性关键张问叫是在同伴明确显示单缺花色之后，用比常规关键张问叫高一级的叫品作为关键张问叫——要求同伴将缺门包含算作关键张。

这种关键张问叫的好处是：在同伴单缺花色中，问叫人持 A 时可使用常规的反冲式罗马关键张问叫，答叫人有缺门也不必使用极占空间的五级以上答叫来显示——只要使用节省空间的正常答叫即可；而问叫人在同伴单缺花色中没有 A 时则可直接使用包含性关键张问叫。

与持单缺者同伴所使用的包含性关键张问叫相对应的是持单缺者可使用的排除性关键张问叫：即在常规关键张问叫的基础上再加一级（再叫短门花色除外，那仅仅是显示缺门而不兼具关键张问叫的含义）为排除性关键张问叫——要求同伴只回答其他花色中的关键张。

例 7.45

♠ AK10973		♠ 42
♥ A102	西　东	♥ KQ97653
♦ —		♦ Q102
♣ A653		♣ 8

1♠	1NT
2♣	2♥
4♦[1]	4NT[2]
5♣[3]	5♠[4]
5NT[5]	7♥
==	

1. 3 张以上红心，Splinter 叫单缺。

2．4♠为常规关键张问叫，再加一级的 4NT 则是包含性关键张问叫。

3．4 个关键张（方块缺门算 1 个）。

4．询问特定 K，大满贯兴趣。

5．♠K。

注意：如果没有包含性关键张问叫的手段，开叫人为了显示奇数关键张且含缺门，将在传统或反冲的 4NT、4♠关键张问叫后分别叫 6♣、5NT，这些更占叫牌空间的答叫都将为后续的大满贯试探增加一定的难度。

例 7.46 1997 年世界桥牌团体赛百慕大杯决赛

（法国队——美国二队）第 38 副　东西有局

```
            ♠ Q
            ♥ J2
            ♦ AK1094
            ♣ J10873

♠ A1084              北        ♠ KJ6
♥ 1096543       西       东    ♥ AKQ7
♦ —                 南        ♦ 7652
♣ AQ2                         ♣ K4

            ♠ 97532
            ♥ 8
            ♦ QJ83
            ♣ 965
```

	西	北	东	南
开室：	Hamman	Perron	Wolff	Chemla
			1NT	——
	2♦	加倍	2♥	4♦
	5♦	6♣	6♥	7♦
	加倍	==		
闭室：	Levy	Nickell	Mari	Freeman
			1NT	——
	2♣	——	2♥	——
	3♣	——	3♠	——
	6♥	==		

开室 Wolff 的 2♥ 和 6♥ 都显得有些叫牌不足。尤其是在 Perron 的 6♣ 之后，至少应考虑以 6♦ 作为最后一班车邀叫大满贯。

闭室则是 Levy 过于仓促的 6♥ 彻底断送了大满贯的可能性。

对于我们而言，一个无干扰时仔细的满贯进程应该是：

西	北	东	南
		1NT	——
2♣	——	2♥	——
3♠[1]	——	3NT[2]	——
4♦[3]	——	4NT[4]	——
5♦[5]	——	6♦[6]	——
7♥[7]	==		

1. 红心配合，含单缺的满贯试探。

2. 接力问单缺。

3. 方块单缺。

4. 4♠为常规关键张问叫，4NT 是包含性关键张问叫。

5. 包含方块缺门在内的 3 个关键张。

6. 六阶叫同伴缺门花色为一般性邀请。可数到 ♠AK、♥AKQ7、♣AK 及至少三次方块将吃，一个额外的 Q 都将有不错的机会打成 7♥。

7. 额外的红心长度及 ♣Q 足以接受邀请。

例 7.47　2018 年北美大赛（秋季）老年组淘汰赛四分之一决赛

第 5 副　南北有局

♠ KJ10974
♥ A6
♦ AJ7
♣ K10

♠ 6		♠ Q5
♥ 9		♥ QJ83
♦ 6432		♦ Q98
♣ AQ87432		♣ J765

♠ A832
♥ K107542
♦ K105
♣ —

西	北	东	南
	Robinson		Boyd
	1♠	--	4♣[1]
--	5♣[2]	--	5♠[3]
--	5NT[4]	--	7♠[5]
==			

1. 4 张以上黑桃，Splinter 叫单缺。

2. 包含性关键张问叫。

3. 2 个关键张（梅花缺门算 1 个），但无♠Q。

4. 接力询问特定 K，大满贯兴趣。

5. 2 个红花色 K 及红心长套足以接受同伴的大满贯邀请。

Boyd/Robinson 组合凭借着这副成功的 7♠ 叫牌获得了该年度世界桥牌最佳叫牌奖。

7.7   超级 Gerber 问叫

我们不认为 1NT、2NT 开叫后以 4♣ 应叫作为问 A 的 Gerber 问叫是个很有用的约定叫，但是推荐由美国著名牌手鲍比·戈德曼（Bobby Goldman）倡议的超级 Gerber 问叫。其基本定义为：在我方自然叫 3NT 作为可打定约，后续的 4NT 为定量满贯邀叫时，用最便宜的非自然叫作为关键张问叫。在所有四阶花色叫牌都有实际意义时则以 5♣ 作为关键张问叫。

例 7.48

♠ AQ2		♠ K876
♥ AKQ10753	西　东	♥ 8
♦ —		♦ J98742
♣ AQ2		♣ K8

2♣	2♥[1]
3♣[2]	3NT
5♣[3]	5♦[4]
5♠[5]	5NT[6]
6♣[7]	7♥[8]
==	

159

1. 2 个控制。

2. 显示红心长套的对换叫。

3. 超级 Gerber 问叫。

4. 2 个控制时的弱牌关键张答叫（详见第 8 章），加一级为无关键张。

5. 接力（不包括 5♥）询问特定 K。

6. ♠K。

7. 是否有♣K？

8. 如你所愿。

例 7.49 2018 年北美桥牌锦标赛（秋季）雷辛加杯半决赛第二节

第 27 副　双方无局

```
                    ♠ Q2
                    ♥ 3
                    ♦ J108732
                    ♣ J732
    ♠ J983          北          ♠ AK764
    ♥ AJ7       西      东      ♥ Q9
    ♦ A5            南          ♦ KQ9
    ♣ A1095                     ♣ KQ4
                    ♠ 105
                    ♥ K1086542
                    ♦ 64
                    ♣ 86
```

西	北	东	南
Koneru	Bilde	Rajadhyaksha	Duboin
			3♥
3NT[1]	--	5♣[2]	--
5♥[3]	--	7NT	==

1. 虽然是 14 点，但因红心大牌位置有利而有所升值。

2. 超级 Gerber 问叫。这里因没有确定的将牌而仅仅是问 A。

3. 3 个 A。

主打 7NT 时在黑桃上有个选择：拔♠AK 打对方 2 - 2 分布，或起♠J 打北家有♠Q 的 3 张以上。庄家谨慎地先兑现低花赢墩，在发现南家 7 张红心及低花各 2 张之后打♠2 - 2，顺利完成 7NT。

7.8 五阶将牌以上的关键张问叫

在有些进程中，由于叫牌空间所限（最为常见的是被对方强力干扰时）使得我们错过了使用常规关键张问叫的机会。如果是试探小满贯，我们只能凭判断来决定。但如果是试探大满贯（确保不缺关键张是必须的），我们还是可以想些办法的。具体来说，就是在建立将牌配合的情况下，使用五阶将牌加一级（5T＋1）作为关键张问叫。

例 7.50

♠ A		♠ KQ109652
♥ AKJ542	西 东	♥ —
♦ AK32		♦ Q64
♣ 105		♣ A43

1♥	1♠
3♦	3♠
4♠[1]	5♣
5NT[2]	6♠[3]
7♠	==

1. 在同伴显示出 6 张套之后，出自强牌的加叫通常为单张大牌。如果有 2 张应该扣叫 4♣（不保证控制）。

2. 大满贯试探，以 5T＋1 作为关键张问叫。

3. 2 个关键张及 ♠Q。

5T＋1 关键张问叫会更多地出现在对方积极的干扰及高阶竞叫之后。

例 7.51 2010 年世界桥牌综合锦标赛公开组双人赛决赛第二轮

第 18 副　南北有局

	♠ AK653		
	♥ AKQ54		
	♦ 3		
	♣ K5		

♠ 87		♠ 92
♥ J9732	北	♥ 6
♦ 42	西　东	♦ QJ865
♣ 9832	南	♣ AQ1064

♠ QJ104
♥ 108
♦ AK1097
♣ J7

西	北	东	南
	敖海龙		王建坚
		--	1♦
--	1♠	2♣	2♠¹
5♣	5NT²	--	6♣³
--	6♠⁴	==	

1. 低限，4 张黑桃。

2. 5T +1 关键张问叫，希望同伴有♠Q、♦A 及梅花第一轮控制。

3. 1 个关键张。

4. 只得如此了。

6♠为我们赢得了 83% 的比赛分（比想象的高）。如果南家再能有第一轮梅花控制并叫到 7♠的话势必有更大的收获。

有时由于对方的干扰，我们到了五阶依然没有建立起配合，那么就可能需要使用在五阶以上扣叫对方花色的方式来进行关键张问叫及大满贯试探。

例 7.52 　2019 年北美大赛（夏季）斯平果尔德杯决赛下半场

第 8 副　双方无局

```
                        ♠ KJ9642
                        ♥ J84
                        ♦ 74
                        ♣ 54
      ♠ Q7                              ♠ A53
      ♥ K7            北                 ♥ A5
      ♦ QJ96532    西    东              ♦ A8
      ♣ 32            南                 ♣ AKQ1096
                        ♠ 108
                        ♥ Q109632
                        ♦ K10
                        ♣ J87
```

	西	北	东	南
开室:	Brink	Helness	Drijver	Martens
				2♥
	——	2♠	3NT	==

东家持有准坚固的 6 张梅花及 3 个旁门 A，叫 3NT 确实委屈了些，但也情有可原。庄家先是忍让首攻的♠10，随后♥A 赢得换攻的♥2，建立起方块套超二完成定约，+460。东西方或许会为错过了可以由西家主打的 6♦而感到惋惜。但是，实际的情况是他们赢得了 11IMP，因为……

闭室:	Klikowski	Nowosadzki	Gawrys	Kalita
				2♦
	——	3♥	加倍	——
	5♦	——	7♦	==

在南家慢热的多用 2♦开叫之后，东西方顺利地找到了最佳的方块配合。但最后定约不是可以赢得 10IMP 的 6♦，而是输掉 11IMP 的 7♦。应该说 Gawrys 的 7♦过于凶猛了。如果有 5♥作为关键张问叫的手段，其应该会在发现缺♦K 之后止于 6♦。

7.9 1NT、(Kokish)2NT 开、再叫后的特殊处理

由于持强均型牌时通常不知哪些 K、Q 是有用的，因此在持高限牌不缺 2 个关键张就可以打满贯时答叫关键张往往比询问关键张更为实用。我们建议持强均型牌的一方在可用 4T +1 作为关键张问叫的同时，将 4T +2 到 4T +5 的叫品作为关键张答叫（类似同伴以 4T +1 作为关键张问叫后的答叫）。

例 7.53

♠ AJ	♠ 2
♥ A42	♥ Q83
◆ 762	◆ AKQJ3
♣ KQ652	♣ A874

西 东

1♣	1◆
1NT	2◆
3♥[1]	4♣[2]
4♠[3]	4NT[4]
6♣[5]	7♣
==	

1. 2 - 3 - 3 - 5 型。

2. 确立将牌。

3. 此时 4◆为反冲式罗马关键张问叫。1NT 再叫人更高的叫品则是相当于同伴 4◆关键张问叫后的答叫，4♠为显示 3 个关键张。

4. 接力询问♣Q。

5. ♣Q。

例 7.54　2014 年女子俱乐部联赛淘汰赛第一轮第二节

第 8 副　双方无局

♠ QJ10	♠ AK97632
♥ A63	♥ 542
◆ AK72	◆ Q9
♣ AK6	♣ 9

西 东

2NT	3♥
3NT¹	4♣
5♦²	5♥³
6♣⁴	6♦⁵
7♠⁶	7NT
==	

1. 3 张黑桃，高限。
2. 类似于同伴 4NT 关键张问叫后的答叫，显示 3 个关键张。
3. 接力询问♠Q。
4. ♠Q 和♣K。
5. 寻求♦K。
6. 自当令你满意。

7.10　关键张问叫的禁忌

作为一种整体检查输墩的手段，关键张问叫在满贯叫牌中有着最为广泛的应用。但是任何武器都不是万能的，都有其适用的范围及禁忌。一般而言，以下几类牌不适合使用关键张问叫：

·某门花色无控制，即在缺一个关键张时可能在该花色上连失两墩；

·有个缺门，那么可能因为不确定同伴的关键张是否在缺门上而不知该如何决定最后定约（适合使用排除性关键张问叫时除外）；

·关键张的数目并非整手牌有无（大）满贯的关键。

前两点属于比较普遍的认知，而最后一点则需要具体分析，或许并不是那么明显。

例7.55	1♠	3♥*
	?	

* 4 张黑桃支持，邀叫。

a）♠AQ8752　　♥4　　♦K3　　♣AKQJ
b）♠AK8752　　♥4　　♦Q3　　♣AKQJ
c）♠AQ8752　　♥4　　♦AKJ3　　♣A3

a）4NT，反冲式罗马关键张问叫。这手牌赢墩充足，只要同伴有两个关

165

键张，就不会有两个输墩。

b）4♣，扣叫。在一门花色中有两个快速输墩时尽量不用关键张问叫。这手牌如果叫 4NT，在同伴答 1 个关键张之后将无法决定有无满贯，因为同伴可能的持牌是：

♠QJ63　　　　♥A53　　　　◆K942　　　　♣87（6♠可轻松完成）

♠QJ63　　　　♥AQ3　　　　◆J942　　　　♣87（6♠要失 2 墩方块）

所以在需要特定的控制时应使用扣叫，并希望同伴能扣叫方块。

c）6♠。这手高限牌有足够的控制和赢墩来源，面对同伴的 3♠ 有限加叫，小满贯是最可能的定约。同伴通常至少会有一个关键张，而即使同伴♠K 和♥A 都有，也仍需要一些难以查询的特定条件才有合格的大满贯。所以，使用关键张问叫或扣叫都意义不大，反而可能给对方的首攻提供帮助。实战中不少牌手选择了 4NT 做关键张问叫，同伴的持牌是：

♠K943　　　　♥KQ3　　　　◆87　　　　♣Q964

在其显示一个关键张的 5♣ 答叫后，遭到对方的首攻指示性加倍。此时开叫人面临痛苦的抉择。在梅花首攻下，5♠ 是这副牌的极限。而那些直接叫 6♠ 的牌手却都在红花色首攻下顺利成约。

例 7.56　2018 年世界桥牌综合锦标赛团体赛决赛

第 34 副　南北有局

♠ J9764		♠ 53
♥ AQ6532	北　南	♥ KJ97
◆ QJ		◆ AK3
♣ —		♣ AQ53

罗森布鲁姆杯

开室：		闭室：	
Sementa	Bocchi	Klukowski	Gawrys
	1NT		1NT
2◆	3♣	2♣（加倍）	2♥
3♠	4♣	4♣[1]	4◆
4♥	5♣	4♥	4NT[2]
5♥	==	5♣[3]	5◆[4]
		5♠[5]	6♥
		==	

麦考尼尔杯

开室:		闭室:	
Sanborn	Levitina	Smith	Wiseman
	1NT		1NT
2♣（加倍）	2♥	3♦ [6]	4♣
3♠ [1]	3NT	4♦	4♥ [7]
4♣ [1]	4♠ [2]	==	
5♣ [3]	5♦ [4]		
6♥ [5]	==		

1. Klukowski 直接 Splinter 叫4♣，Sanborn 先3♠（承诺有单缺）再4♣，都明确显示出了梅花单缺。

2. 关键张问叫。

3. 1个关键张。

4. 接力询问♥Q。

5. 有♥Q但无旁门K。

6. 5－5以上双高花，进局逼叫。

7. 因在同伴的短门中集中了太多的点力而示弱。

进入世界锦标赛公开组和女子组决赛的牌手无疑都是顶尖高手。然而有趣的是，两对最终冠军获得者的组合都是通过关键张问叫叫到了一门花色无控制要连输两墩且在任何首攻下均无处可垫的满贯。

毫无疑问 Gawrys 和 Levitina 都知道在某门花色中没有前两轮控制时不宜使用关键张问叫这一忌讳。但是如我们后面将要讨论到的，这一原则并非完全不能打破。这副牌可以算是事出有因，不过确实值得改进。

之所以说是事出有因，是因为东家确实持有一手1NT开叫中的绝对高限牌，并且看到有满贯兴趣的同伴在低花中无甚点力，因此判断其不太会在黑桃上 AK 皆无。然而，两位东家稍欠考虑的是同伴有可能是凭借着特别的牌型而非实力做出的满贯试探——毕竟对于西家而言，只要同伴在梅花上的浪费不多，满贯还是很有希望的。

实际上两位西家均显示出了梅花单缺——这或许应引起东家足够的警觉，在四阶和五阶各做一次低花扣叫应该是更为合适的满贯试探。在这一点上 Bocchi 的表现可圈可点。相对两位关键张问叫者，他从 Sementa 的2♦转换叫中更是知道己方的红心至少是9张配合，但仍然在同伴显示出黑桃第二套后通过连续的扣叫向同伴表明其高限实力及点力位置。由于5♣否认了黑桃控

167

制，Sementa 毫无困难地止叫 5♥ 并收获 11 IMP。

例 7.57 2013 年世界桥牌团体赛威尼斯杯半决赛

（荷兰队——美国二队）第 9 副　东西有局

```
            ♠ 4
            ♥ 76
            ♦ J9765
            ♣ A10872
♠ 82                        ♠ AJ65
♥ K8542      北             ♥ AQJ103
♦ A843    西    东          ♦ KQ2
♣ K5         南             ♣ Q
            ♠ KQ10973
            ♥ 9
            ♦ 10
            ♣ J9643
```

开室（美国二队）:		闭室（荷兰队）:	
Levin	Wolpert	Michielsen	Wortel
	1♥ （3♠）		1♥ （3♠）
4♥	4NT	4♥	4♠
5♠	6♥	4NT	5♠
==		6♥	==

两对组合都在对方积极的 3♠ 阻击叫后冒叫到了毫无希望的 6♥ 定约。在 4♥ 之后，Wolpert 直接做关键张问叫，而 Wortel 则选择扣叫 4♠。鉴于东家所持黑桃的长度，关键张问叫并不能解决其能否处理黑桃潜在输墩的问题，因此使用扣叫更为恰当。

不幸的是，同样持有黑桃潜在输墩的 Michielsen 随后也使用了 4NT 关键张问叫且随后也叫到了 6♥。从西家的角度可以看出己方要输 1 个关键张，而手上的第二张黑桃是否能解决却无法从同伴的关键张答叫中获得答案。因此这手牌同样不适合使用关键张问叫。正确的后续应该是：

	1♥　　（3♠）
4♥	4♠[1]
5♣[1]	5♦[2]
5♥[3]	==

1. 扣叫，同时表明一手不适合使用关键张问叫的牌。

2. 看来同伴没有短黑桃，这样就需要其有 3 个关键张且有足够的将牌强度/长度将吃两次黑桃才能打成 6♥。再做一次努力已是极限了。

3. 并无更多足以叫到 6♥ 的余力。

是否正确地使用了关键张问叫还有一个简单的判据：如果关键张问叫后发现联手有 4.5 个以上关键张，却依然不确定要叫满贯，那么这个关键张问叫就是错误的——因为缺少的不仅是关键张，应该使用关键张问叫以外的手段来做满贯试探。

例7.58 2017 年世界桥牌团体赛百慕大杯循环赛第二十轮

（新西兰队——意大利队）第 27 副　双方无局

```
                    ♠ Q9732
                    ♥ J
                    ♦ A82
                    ♣ 8742

♠ AK5                                  ♠ J
♥ K1052                                ♥ AQ763
♦ J10953      北    西  东              ♦ KQ6
♣ Q                  南                ♣ AJ105

                    ♠ 10864
                    ♥ 984
                    ♦ 74
                    ♣ K963
```

	西	北	东	南
开室：	Garozzo	Tislevoll	Masocro	Ware
				--
	1♦	1♠	2♦[1]	3♠
	4♥	--	4NT[2]	--
	5♥[3]	==		

1. 红心转移应叫。

2. 关键张问叫。

3. 2 个关键张，但无 ♥Q。

虽然我们时常会看到一些中级甚至高级牌手在关键张问叫发现仅缺 0.5 - 1 个关键张时仍止于五阶定约，但在世界级的比赛中出现这类错误是非常罕见的（以至于现场解说怀疑 4NT 是否有其他的含义），值得大家引以为鉴。本例中 Masoero 最后对梅花控制的顾虑有些多余，如果真的担心梅花就应该扣叫 4♠ 而不是做关键张问叫，这样本来就对叫 4♥ 心有不甘的 Garozzo 必然会扣叫梅花并最终叫到小满贯。

闭室的新西兰组合在没有干扰的情况下没费什么劲就叫到并完成了 6♥，取得 11 IMP。

7.11　打破关键张问叫的禁忌

西方有句谚语：规则有时就是为了被打破而建立的。那么上述关键张问叫的禁忌在什么时候可以被打破呢？

由于叫牌空间有限，关键张和控制的检查有时不能一起完成，会有一定的冲突。这时需要根据已有的信息，优先选择检查更可能缺少的东西——可能是控制，也可能是关键张。实在难以取舍的情况下，建议关键张优先，因为关键张的检查相对简单，而控制的检查技巧性更强，常常需要同伴间的默契。另外，一旦缺 2 个关键张，满贯很可能毫无机会。而若某门花色中有 2 个快速输墩，对方首攻不准的话，还有浑水摸鱼的可能。

例 7.59　2022 年世界桥牌综合锦标赛罗森布鲁姆杯预赛第六轮

第 25 副　东西有局

♠ AK	♠ QJ98753
♥ QJ85	♥ —
◆ K2	◆ A965
♣ AKJ109	♣ Q6

（北　南）

开室：		闭室：	
Hurd	Bathurst	Gartaganis	Lorber
2♣	2◆	2♣	2◆
2NT	4♥[1]	2NT	3♥
4♠	5♥[2]	3♠	4◆
5♠[3]	6♣[4]	4♠	6♠
7♠[5]	==	==	

1.　四阶转移叫——止叫或将继续某种关键张问叫。

170

2. 排除关键张问叫。

3. 3 个关键张。

4. 问特定 K（5NT 将是问♠Q），并展示大满贯兴趣。

5. 有极好 5 张梅花套，足以挺进大满贯。

开室进程清晰有效，显得十分轻松。这其中关键的一叫就是 Bathurst 既不在意手上不少的输张也不担心梅花没有控制，而采取了更具实战性的排除关键张问叫，毕竟同伴是 22~24 点的均型强牌。反观闭室 Lorber，先是畏首畏尾地选择了 4♦ 扣叫，随后又在同伴示弱的 4♠ 后跳叫 6♠。既然此时不再担心梅花控制，为何之前不采用简洁的排除关键张问叫呢？注意：由于 4♦ 后的 4♥ 为最后一班车，4♠ 并不否认红心控制。

实战的七十八桌中只有不到四分之一的十八桌叫到了 7♠，而连小满贯都未叫到的倒有十一桌，还有一桌的南北组合因叫牌失误而得到负分。

在某些局势下，即使有缺门也不一定就不能使用常规关键张问叫。比如自己持有 4 个关键张，抑或通过扣叫等方式获知了 4 个关键张的位置。

例 7.60

	西	东	
♠ QJ10962			♠ —
♥ K			♥ A108764
♦ K3			♦ A8
♣ J963			♣ AK874

1♠[1]	2♥
2♠	3♣[2]
4♣	4♦[3]
4♠[4]	4NT[5]
5♣[6]	6♣
==	

1. 依照我们的观点，当持有一个好的 6 张高花时几乎总要开叫。这手牌有 2 个旁门 K，倾向于开叫 1♠。

2. 5 张以上套（4 张时应以 2NT 作为等待叫）。

3. 持有 4 个关键张，同伴答 0 或 1 个关键张都不会产生混淆。因此不必顾忌缺门而可以使用常规关键张问叫。这一道理虽然显而易见，笔者却数次发现沉浸于激烈比赛中的牌手没能注意到这一点。

4. 无关键张。

5. 接力询问♣Q。

6. 无♣Q。

例 7.61

♠ AQ982			♠ K6
♥ K	西	东	♥ AQ964
♦ J10			♦ AKQ653
♣ A8765			♣ —

1♠	2♦
2♠	3♥
3NT	4♦
4♠[1]	4NT[2]
5♥[3]	5♠[4]
6♥[5]	7NT
==	

1. 之前的 3NT 已否认黑桃的额外长度，这是显示配合的扣叫。

2. 接力关键张问叫。已知同伴♠A 后就已有了 4 个关键张，即使有缺门也无所谓。

3. 2 个关键张，但无♦Q。

4. 接力问特定 K。

5. ♥K，但无♠K（未叫 5NT）或♣K。由于这一答叫已越过了 6♦，其保证至少叫到 7♦。如果没有♠Q 就只能叫 5NT，表示有一个高花 K。

7.12 关键张问叫的局限与改进

关键张问叫早已取代了传统的黑木 A 问叫成为应用最广的约定叫。然而，凡事有利则亦会有弊。如果说关键张问叫有什么局限性的话，其恰恰来源于对黑木 A 问叫的改进：将关键 K 算作第 5 个关键张。这一处理在绝大多数情况下都是更好的用法，但并非在所有的情况下都绝对是最佳的用法。

最关键的问题：在某些特定的情况下将牌 K 并不等于 A。例如：

·联手有 11、12 张将牌时：有 52%、100% 的机会击落所缺的将牌 K，却无法避免缺 A 时的输墩；

172

·某个对手在叫牌中显示了实力之后（阻击叫除外）：某个方向飞中将牌 K 的机会远远大于 50%，但是同样不能避免缺 A 时的输墩；

·因比赛形势或战术考量，希望打需要飞中将牌 K（50% 的成功率）的满贯，但不想承担缺 A 的风险。

在上述这些情形下，我们非常有必要确定我方缺的是 A 还是将牌 K，以便决定是否要叫（大）满贯。

例 7.62 2014 年世界桥牌综合锦标赛混合团体赛 32 强赛

第 3 副　东西有局

```
                    ♠ A
                    ♥ 862
                    ♦ J983
                    ♣ J8753

    ♠ J10842                        ♠ Q76
    ♥ AKQ3          北              ♥ J5
    ♦ 102        西    东           ♦ AK765
    ♣ Q10           南              ♣ AK9

                    ♠ K953
                    ♥ 10974
                    ♦ Q4
                    ♣ 642
```

西	北	东	南
王建坚		同伴	
			——
1♠	——	2♦	——
2♥	——	2♠	——
2NT¹	——	3♣²	——
3♥²	——	4♦²	——
4♠	——	4NT³	——
5♣⁴	——	6♠⁵	==

1. 12～14 点，5-4-2-2 型。

2. 扣叫。

3. 关键张问叫。

4. 1 个关键张。

5. 赛后坦言："希望缺的是 ♥A 和 ♠K，而万能的同伴肯定能飞中 ♠K。"

年轻而有冲劲的东家（中国女子橙队队员）所期望的牌张分布实现了一半：同伴确实缺 ♠K 且是南家持有，但同伴同时缺少的是 ♠A 而非 ♥A。

不过这副牌的结果倒还算好：接到梅花首攻的庄家在一贯礼貌性地称赞了同伴的叫牌与持牌之后，迅速而极有信心地连打明手 ♣K 及 ♠Q。南家立刻盖上 ♠K（之后其并不正确地辩解道：因为我还有 ♠9 啊），这使得笔者侥幸成为唯一完成满贯定约的庄家（并不值得骄傲）。

例 7.63　2015 年 BBO 练习赛

第 6 副　东西有局

```
                    ♠ AJ63
                    ♥ QJ109863
                    ♦ K
                    ♣ Q
  ♠ 109875                        ♠ KQ2
  ♥ 7              北             ♥ K
  ♦ J432        西    东          ♦ A98765
  ♣ 983            南             ♣ 742
                    ♠ 4
                    ♥ A542
                    ♦ Q10
                    ♣ AKJ1065
```

西	北	东	南
		1 ♦	2 ♣
--	2 ♥	--	4 ♣[1]
--	4 ♠[2]	--	5 ♦[3]
--	5 ♥[4]	==	

1. 4 张红心支持及 6 张以上梅花。

2. 反冲式罗马关键张问叫。

3. 2 个关键张，但无 ♥Q。

4. 因担心缺 2 个 A 而止叫。

如果北家知道南家的两个关键张是 ♥A 和 ♣A，将会非常乐意打几乎肯定可以飞中♥K的6♥。但如果南家持有的是♥K和♣A，6♥就是死路一条。

那么有什么办法可以区分将牌A、旁门A和将牌K吗？

我们的答案是：在使用正常反冲式罗马关键张问叫的同时，将四阶将牌加两级（4T+2）的叫品作为特殊关键张问叫使用。这一用法通常在对方一人显示出实力（阻击叫除外）或我方可能有11张以上配合时使用。

使用特殊关键张问叫者：如果处于持强牌对手的前手或不知哪个对手持强牌时，其应是同时缺将牌AK（希望同伴的将牌A能擒住左边对手的将牌K）；如果处于持强牌对手的后手，其肯定持有将牌A而没有将牌K（希望自己的将牌A能捉到右边对手的将牌K），且很可能还有将牌Q或J。

答叫人之后的答叫相对简单。

· 处于持强牌对手的前手（问叫人持有将牌A）：采用简单的黑木A答叫——即不将将牌K视作关键张（同伴期望在需要的时候飞中将牌K）。

· 处于持强牌对手的后手或不知哪个对手持强牌（问叫人同时缺将牌AK）：采用加一至四级为0-0.5或2.5、1或3、1.5或3.5、2或4个关键张的答叫方式。

其中将牌A为1.5个关键张、旁门A为1个关键张、将牌K为0.5个关键张。即强调将牌A的特别作用，而降低将牌K的价值。

这一特殊的关键张定义和加级答叫保证我们可以打缺将牌A或将牌K及一个旁门A（都是1.5个关键张）的小满贯，但不会打缺将牌AK或2个旁门A（均为2个关键张）的小满贯。

之后，如果问叫人原本期望在同伴有将牌A时叫依靠飞中对手将牌K的大满贯，那么在得到同伴的一级答叫（0~0.5个关键张）后可加一级邀请——要求答叫人有将牌K时叫小满贯。

特殊关键张问叫的其他后续包括将牌Q问叫（或将牌K，如果问叫人在持强牌对手的后手时）、特定K问叫等都和常规关键张问叫之后续类似。

这样，例7.62中缺♠AK的东家可以在4♠后叫5♣做特殊关键张问叫，并在同伴有1.5个关键张以上时叫满贯。但在同伴答叫5♥显示仅有一个旁门A后就会因缺将牌AK而止于5♠。例7.63中的东家则可以在4♣后叫4NT做特殊关键张问叫，并在同伴答叫5♣显示含♥A的2.5个关键张后叫6♥。

例 7.64 2020 年北美国家队式团体赛选拔赛第四节

第 1 副　双方无局

♠ K84	♠ A
♥ Q5	♥ AJ109743
♦ J104	♦ AKQ6
♣ AJ873	♣ 10

敖海龙	王建坚
（1♠）	加倍
2NT	3♥
3♠	4♦
4♥	5♣¹
5♥²	5♠³
6♠⁴	7♥⁵
==	

1. 此处 4♠ 为扣叫对方花色，4NT 是常规关键张问叫，而 5♣ 则是特殊关键张问叫。在对方有实力者的后手，必然持有 ♥A。

2. 1 个 A（但未提供有无 ♥K 的信息）。

3. 接力询问 ♥Q 或 ♥K。高于 5♥ 的 5♠ 问叫同时表明大满贯兴趣。

4. 有 ♥Q 或 ♥K，外加 ♠K。越过 6♥ 的答叫显示至少可以完成 6NT。

5. 非常理想，谢谢。

庄家在飞中北家标明的 ♥K 之后即摊牌记下 +1510。本队也因为另一桌的对手仅叫到 5♥ 而收获 14IMP。

这副只有凭借特殊关键张问叫才可能达成的 7♥ 叫牌获得了 2021 年度世界桥牌最佳叫牌奖。

例 7.65　2023 年 BBO 网络队式赛

第 6 副　东西有局

西		东
♠ A102		♠ KJ3
♥ Q4		♥ A6
♦ AJ542		♦ Q1087643
♣ KQ7		♣ A

西	东
	1♦
2♦	2♠
3♣	3♦
3♠	4♠[1]
5♣[2]	5♦[3]
6NT[4]	7NT[5]
==	

1. 特殊关键张问叫。联手至少有 11 张方块，只要同伴有个 A 就愿意打小满贯。

2. 同伴能使用特殊关键张问叫肯定是缺 ♦AK 的 7 张方块。那么第 5 张方块就相当于 ♦K 了，所以应该回答 3 个关键张（♦AK 及旁门 A）。

3. 接力问特定 K。

4. 巳叼数到包括 7 墩方块、3 个 A 及 ♣KQ 在内的 12 墩牌。跳叫 6NT 是显示 2 个额外赢墩（如果没有 KQ 连张将会叫有 K 的花色）。

5. ♠K 将是第 13 个赢墩。

第 **8** 章　关键张问叫的后续

相信大部分牌手尤其是"科学二盖一"系列丛书的读者对于关键张问叫的基本后续都已有相当的了解。本章的主要目的是对这一部分的内容进行系统而完整的梳理，同时将重点置于值得做进一步讨论的复杂局势下。

8.1　基本答叫

包括显示缺门在内的对关键张问叫的基本答叫：

加 1－4 级：分别显示 1 或 4 个关键张、0 或 3 个关键张、2 个关键张但无将牌 Q、2 个关键张且有将牌 Q；

注意：答叫人在将牌上有额外的长度足以保证联手有 10 张将牌时，按照有将牌 Q 答叫。

加 5 级：偶数关键张含缺门。在缺门不确定时，问叫人可继续接力询问，答叫人继续加 1－3 级分别显示由低到高可能的缺门；

加 6－8 级：奇数关键张，分别显示由低到高可能的缺门。

关于加 5 级以上的缺门答叫，我们特别提醒：

·只有在认为可以打成小满贯，且存在大满贯可能性的时候（越过五阶将牌）才答叫缺门；

·只答叫认为很可能有效的缺门（对方花色中的缺门属于此类），而忽略很可能无效的缺门（同伴主套中的缺门往往属于此类）。

例 8.1

♠ AJ653			♠ 107
♥ —	西	东	♥ A9865
♦ Q1065			♦ AKJ94
♣ KQ93			♣ A

1♠	2♥
2♠	3♦ [1]
4♣ [2]	4NT [3]
5♣ [4]	5♥ [5]
7♦ [6]	==

1. 保证 5 张（4 张时将使用 2NT 等待叫）。

2. 配合方块，扣叫。

3. 在红心、黑桃均为我方主套时以 4NT 作为关键张问叫。

4. 1 个关键张。

5. 询问♦Q，越过五阶将牌的问叫同时表明大满贯兴趣。

6. 做大满贯试探的同伴必然持有 4 个关键张。那么应该可以数到 2 个高花 A、3 墩梅花及含 3 个红心将吃在内的 8 墩将牌。

注意： 开叫人在开始答叫关键张时并没有显示缺门。其主要原因是缺门为同伴的主套，而这手低限牌并不能保证全部解决同伴无 A 的 5 张套（同伴如果有♥A 则不需要这个缺门）。

例 8.2

♠ A96			♠ KJ4
♥ J9642	西	东	♥ —
♦ K			♦ AQJ93
♣ A976			♣ KQ1084

1♥	2♦
2♥	3♣
4♣	4♠ [1]
4NT [2]	5NT [3]
7♣ [4]	==

1. 扣叫。

2. 关键张问叫。

3. 2 个关键张及缺门，同时表明大满贯兴趣。

4. 之前再叫 2♥ 再配合 4♣ 而非直接在 2♦ 后叫 3♣ 已表示低限。♦K 应该足以响应同伴的大满贯兴趣。

与上一副不同，这里的应叫人在答叫关键张时同时显示了同伴主套中的缺门。其区别在于持有极强牌的应叫人确信只要不缺关键张，就不必担心同伴可能的红心输张。

例 8.3 2017 年世界桥牌团体赛威尼斯杯四分之一决赛

（中国队——荷兰队）第 26 副　双方有局

```
                    ♠ 763
                    ♥ A9
                    ♦ AK743
                    ♣ AK8
   ♠ Q52              北          ♠ 10984
   ♥ K54        西        东      ♥ J32
   ♦ 5              南          ♦ 98
   ♣ QJ10964                    ♣ 7532
                    ♠ AKJ
                    ♥ Q10876
                    ♦ QJ1062
                    ♣ —
```

开室（中国队）：		闭室（荷兰队）：	
北	南	北	南
	1♥		1♥
2♦	4♣	2♦	3♦
4NT	6♣	4♣	4♦
7♦	==	4♥	4♠
		4NT	6♣
		7♦	==

两队均冒叫到了必输一墩红心的 7♦ 定约，并以宕一告终。

实战中进程的主要问题是：在 4NT 关键张问叫，6♣ 答叫显示 1 个关键张后已没有了问特定 K 寻求 ♥K 的空间。结果两位应叫人均赌同伴在红心主套中有 K 而冲上大满贯。这副牌有数个值得讨论、可以改进的环节。

第一个是改进 Splinter 叫 4♣ 的定义。由于其是在低花配合的情况下越过了 3NT，我们建议将其定义为缺门。单张的牌不妨如荷兰队先加叫 3♦——或许 3NT 是最佳定约。

第二个是拥有我们之前介绍过的包含性关键张问叫的手段。在 Splinter 叫 4♣ 只保证单张时，持有 ♣A 的应叫人可以使用正常的关键张问叫要求同伴不要答叫可能的缺门，从而为后续的大满贯试探节省空间。

不论采用上述哪一种方式，改进后的进程都是：

	1♥
2♦	4♣
4♠ [1]	4NT [2]
5♣ [3]	5♠ [4]
6♦	==

1. 反冲式罗马关键张问叫。

2. 1 个关键张。不论是之前使用 4♣ 作为缺门 Splinter，还是同伴未使用包含性关键张问叫，这里都不需要答叫缺门。

3. 问 ♦Q。

4. ♦Q 及 ♠K，同时因越过 5♥ 而否认有 ♥K。

第三个是改进最后显示梅花缺门的答叫。在实战中已明确梅花单缺的进程中，4NT 后的 6♣、6♦ 都应该是显示梅花缺门，那么 6♣ 应该是显示余力，而直接的 6♦ 则是没有余力。具体到这副牌，升叫人应该叫没有余力的 6♦，之后应叫人可以考虑不叫。

延伸定义：在答叫奇数关键张及可能缺门花色中的最高花色时，可采用直接跳叫六阶将牌花色无余力、其他答叫有余力的方式。

在有足够空间时还可进一步细化为：

在六阶将牌之下仅一级时（如本例）：正常答叫表示有余力；

在六阶将牌之下至少有二级时（如红心/黑桃将牌，6♣/♦ 为正常最高可能的缺门答叫时）：正常答叫表示有余力但无将牌 Q，高一级为有将牌 Q。

8.2 极弱牌答叫

美国专家艾迪·坎特（Eddie Kantar）在《罗马关键张问叫》（Roman Keycard Blackwood）一书中，曾建议对关键张答叫做强牌与弱牌的区分。即强牌采用3014答叫，而弱牌则采用1430答叫，其目的都是增加第一级答叫的机会。至于如何界定强弱牌则有一套不算简单的原则。然而这一建议并未获得大部分顶级牌手的接纳，其主要原因大致是做此区分的投入（记忆与精力）产出（实战的收获）比不够高。

我们总体而言不建议做此区分，但如果有读者愿意采用两种答叫方式，不妨将之前显示过18点以上的答叫人作为强牌采用3014答叫。不过我们更建议对极弱牌的答叫进行调整，比如精确法1♣开叫后的1♦应叫人，自然法2♣开叫后的0－2控制或二度示弱的应叫人。如果面对这么弱的应叫人，开叫人仍有满贯兴趣，那必然是持一手很强的牌，那么有效利用答叫空间将使其能够了解到某个关键Q或J的情况。因此我们在持上述极弱牌时采用加一至四级显示0、0.5、1、1.5个关键张的答叫方式（精确1♦应叫人可能使用第五级表示2个关键张），即一次同时答叫有无将牌Q。

例8.4 2000年世界桥牌团体赛百慕大杯半决赛

（巴西队——挪威队；美国二队——美国一队）

第71副 双方有局

```
                    ♠ 5
                    ♥ KQ98732
                    ♦ K103
                    ♣ J3
    ♠ AK10986              ♠ QJ73
    ♥ A4          北       ♥ —
    ♦ A5       西    东    ♦ J964
    ♣ AK7         南       ♣ Q10982
                    ♠ 42
                    ♥ J1065
                    ♦ Q872
                    ♣ 654
```

	西	北	东	南
第 1 桌:	Furunes	Chagas	Helness	Branco
				——
	2♣	2♥	3♣	4♥
	7♣	7♥	加倍	==
第 2 桌:	Janz	Austberg	Mello	Helgemo
				——
	2♣	2♥	2NT	——
	4♠	——	5♥	——
	5NT	——	6♣	——
	6♥	——	6♠	==
第 3 桌:	Soloway	Rosenberg	Hamman	Zia
				——
	1♣	3♥	加倍	4♥
	6♠	==		
第 4 桌:	Martel	Meckstroth	Stansby	Rodwell
				——
	2♣	2♥	3♥	——
	3♠	——	4♠	——
	4NT	——	5♣	——
	5♦	——	6♥	——
	6♠	==		

　　4 桌中仅第 3 桌是精确 1♣强开叫。Rosenberg 显然熟知三阶高花阻击是对强 1♣开叫最有效干扰的说法，并成功地运用在了这副牌上。Soloway 的 6♠虽看起来略显仓促，但在此进程下要叫到 7♠确实困难重重。

　　另外 3 桌都是从 2♣强开叫、2♥争叫拉开序幕。第 1 桌 Helness 以 4－0－4－5型且如此薄弱的 5 张梅花直接 3♣肯定不是大多数人的选择。而实战的效果可谓双刃剑，一方面某种程度上简化了后续进程使己方叫到了大满贯——7♣，另一方面完全没有发现黑桃上的配合。Furunes 的 7♣不能说是一个成功的战术，其直接导致了 Chagas 毫不犹豫的牺牲叫。当然，在 Branco 的

4♥之后其也确实没有太多既能逼叫又能起到伪装效果的选择——先5♥再7♣并无实际意义，唯一可以也应该考虑的是先逼叫性不叫。那么 Helness 很可能会叫出4♠，于是后面就简单了。

第2桌 Mello 的2NT 和第4桌 Stansby 的3♥都是显示短红心的三套牌。Janz 的4♠显然不符合我们进局进程中跳叫极度限制性的原则，对最后错失大满贯负有主要责任。应该说 Martel/Stansby 组合的前两轮叫牌为叫到大满贯打下了不错的基础，可惜的是在 Stansby 否认任何低花 K 的简单4♠加叫后，该组合没有更为有效的关键张后续系列。在 Stansby 显示♠Q 及无旁门 K（重复的信息）时已达到6♥，也就不可能发现梅花上的赢墩而叫到大满贯了。

依照我们2♣开叫后竞争叫牌的规定，整个叫牌过程将是：

西	北	东	南
			--
2♣	2♥	--[1]	--/3♥
2/3♠	--	4♥	--
4NT[2]	--	5♦[3]	--
5♥[4]	--	5♠[5]	--
5NT[6]	--	6♣[7]	--
6♥[8]	--	7♠[9]	==

1. 0-1控制，逼叫进局。

2. 反冲式罗马关键张问叫。

3. 弱牌答叫，加二级显示♠Q。

4. 接力问特定 K。

5. 无 K。

6. 接力问特定 Q。

7. ♣Q。

8. 六阶扣叫对方花色，一般性大满贯邀叫。

9. 同伴未叫6♦寻求♦Q，那么其显然是将大满贯的希望寄托在额外的梅花赢墩上。基于其肯定有♣AK，此时持♣J 或5张梅花都应接受邀请。

不难发现，由于极弱牌非常有限的实力，在关键张答叫之后完全可以凭借着基本的逻辑进行而无须进一步的约定。

8.3　关键张问叫遭对方干扰之后

8.3.1　对方加倍

在对方加倍我方的关键张问叫之后，传统的应对方式即所谓的 ROPI 约定叫：再加倍（Redouble）为 0 或 3 个、不叫（Pass）为 1 或 4 个，加 1－2 级为无干扰时的加 3－4 级。但是，我们在这里要介绍一套比较现代且更合理的后续：

- 不叫：在被加倍花色中无前两轮控制；
- 再加倍：反问同伴，请其回答关键张；
- 其他：正常答叫，保证被加倍花色中至少有第二轮控制。

这一为不少专家牌手采用的方式有两大优势：最主要的是强调被加倍花色中的控制，毕竟问叫人可能在该花色中仅有 K 甚至在某些特定情况下并无控制；再有就是有些更适合问关键张的牌被同伴抢先做了问叫，正好借由对方的加倍实现反转。

在答叫人的不叫之后，问叫人：

- 再加倍：继续关键张问叫，保证被加倍花色中至少有第二轮控制；
- 加一级（不包括4NT）：仅有 K，要求同伴在有 Q 时做正常答叫，没有 Q 时叫回将牌；
- 4NT、叫回将牌：止叫。

例 8.5　2015 年 BBO 练习赛

第 8 副　双方无局

西	东
♠ Q1032	♠ J54
♥ 2	♥ AKQJ5
♦ K52	♦ A3
♣ AQ752	♣ KJ4

西	东
1♣	1♥
1♠	2♦
3♣	4♦[1]
4♥[2]	4♠[3]　（加倍）
——[4]	5♣[5]
==	

1. 对梅花的反冲式罗马关键张问叫。

2. 1 个关键张。

3. 接力询问♣Q。

4. 黑桃无控制。

5. 止叫。

问叫人虽然在黑桃中无控制，但鉴于黑桃为同伴长套依然决定使用关键张问叫——希望同伴在黑桃中有控制或对方没能首攻黑桃。但在4♠被加倍且同伴不叫之后即知满贯无望，于是止叫5♣。

但不幸的是首攻人黑桃双张，防守方连取♠K、♠A 再将吃第三轮黑桃将5♣击宕。实际上应叫人最后正确的处理是止叫4NT，并将超一完成。

8.3.2 对方争叫

在对方五阶将牌以下的争叫之后，采用 DOPI 式答叫：即加倍显示 0 或 3 个关键张；不叫显示 1 或 4 个关键张；加 1、2……级则相当于无干扰时加 3、4……级。

对方五阶将牌以上的争叫之后，采用 DEPO 式答叫：即加倍为偶数个关键张；不叫是奇数个关键张；加 1、2……级：相当于无干扰时加 3、4……级，并且确认至少可以完成小满贯。注意：在持有 2 个以上关键张且确定至少可以打小满贯时，应直接叫或在同伴加倍示弱后继续叫牌。

8.4 缺两个关键张的后续

如果问叫后发现缺两个关键张，那么就应满足于成局定约了。在低花配合时叫 4NT 和五阶将牌均为止叫；在高花配合时只有叫五阶将牌为止叫。

例外：在队式赛且梅花为将牌时，4♠答叫显示 14 或 03 个关键张之后的 4NT 接力叫为询问♣Q。

例 8.6 2022 年北美公开组双人赛第六区决赛第二节

x

第 1 副　双方无局

```
                    ♠ AQ43
                    ♥ AK10
                    ♦ Q10643
                    ♣ K

♠ 9865          北          ♠ 1072
♥ 9762      西      东      ♥ Q8543
♦ 2             南          ♦ KJ9
♣ A1062                     ♣ 93

                    ♠ KJ
                    ♥ J
                    ♦ A875
                    ♣ QJ8754
```

西	北	东	南
	1♦	--	2♣
--	2♦	--	3♦
--	4♦[1]	--	4♥[2]
--	4NT[3]	--	

1. 低花关键张问叫。

2. 1 个关键张。

3. 缺 2 个关键张。在旁门赢墩充足的情况下，4NT 显然优于 5♦。

如果答叫人持有 3 或 4 个关键张，并且相信问叫人的止叫是基于其 0 或 1 个关键张做出的，那么应该继续：

- 加 1 级：3/4 个关键张，无将牌 Q 但有额外实力；
- 加 2 级：3/4 个关键张，有将牌 Q 但无额外实力；
- 六阶将牌：3/4 个关键张，既无将牌 Q 也无额外实力；
- 其他：3/4 个关键张，有将牌 Q，显示额外实力。

例 8.7

```
♠ KQ63          西      东      ♠ A74
♥ K107                          ♥ A3
♦ KJ1098                        ♦ A7532
♣ 2                             ♣ A109
```

1♦	2♦
3♦ [1]	3♠ [2]
3NT	4♣ [3]
4♥ [4]	4♠ [5]
4NT [6]	5NT [7]
7♦ [8]	==

1. 低限非均型，不逼叫。

2. 显示点力位置。开叫人首先理解为在持短红心（应叫人越过的花色）时不能打3NT。

3. 继续扣叫，同时澄清之前的3♠并不是为了试探3NT。

4. 反冲式罗马关键张问叫。

5. 1或4个关键张。

6. 如果同伴是1个关键张（可能性不大），就只能打4NT了。

7. 基于同伴之前的3♦及积极的4♥关键张问叫可知其有5张方块，因此手持5张方块可保将牌不失。5NT澄清有4个关键张及将牌Q（或保证联手10张将牌），且有非旁门K（未能叫某个花色）的余力。

8. 从同伴之前的3♠而不是3♥来看，其要么有♠J要么最多2张红心，大满贯应该有着不错的机会。

8.5 询问将牌Q及后续

8.5.1 询问将牌Q（额外长度）及答叫

在对关键张问叫做1-2级答叫或明确了缺门位置的答叫之后，问叫人可接力继续询问将牌Q。之后的答叫为：

如果这个接力是在4NT以下做出：

·4NT：没有将牌Q（有可能成为最后定约）；

·五阶将牌：有将牌Q，无旁门K；

·其他：同接力是在4NT或以上之后。

如果这个接力叫是在4NT及五阶将牌之间做出（最常见的情况）：

·五阶将牌：没有将牌Q；

· 5NT：将牌 Q 及额外实力，但是没有旁门 K；

注意：如有不能在六阶将牌之下显示出来的旁门 K，那么 5NT 将是显示该花色的 K。

· 新花色：将牌 Q 和所叫花色的 K；

· 六阶将牌：将牌 Q，没有旁门 K 或余力。

如果这个接力是在五阶将牌以上（大满贯试探）做出：

· 加一级：无将牌 Q；

· 六阶将牌：有将牌 Q，但无额外实力，即不论同伴的将牌 Q 问叫是在什么水平做出，答叫六阶将牌的含义都是一样的；

· 其他（包括直接叫大满贯）：将牌 Q 及额外实力。

问题 8.1　五阶将牌之上问将牌 Q 之后的答叫与传统方式颇为不同，是何道理？

是的，传统答叫是有将牌 Q 叫七阶将牌，无将牌 Q 叫六阶将牌，其他叫品为试探 7NT。然而这一方式有两个明显的问题：

· 在五阶将牌之上问将牌 Q 空间有限，有时将牌 Q 只是打大满贯的必要条件而非充分条件。因此，有将牌 Q 就叫大满贯并不合适；

· 即使没有将牌 Q 也不一定就要打六阶预设将牌。这其中又分两种情况：

一是在没 Q 的情况下希望打另一门花色（例如我方之前显示过的 5 张以上套）——即将在同伴回答无 Q 后叫该长套成为最后定约。

二是问叫人自己有 Q，需要某种简单的问特定 K 无法探查的大牌组合打大满贯——即准备在同伴无 Q 回答后继续试探。这一点与五阶将牌以下问将牌 Q 未果后继续试探大满贯是一样的原理（详见 8.5.2 节）。

例 8.8 2010 年美国桥牌锦标赛暨美国国家队选拔赛决赛

第 41 副　东西有局

♠ KJ753	♠ AQ82
♥ 4	♥ A82
♦ K83	♦ AQJ4
♣ AK83	♣ J10

开室：　　　　　　　　　　　　闭室：

Moss	Gitelman	Fleisher	Kamil
	1♦ （1♥）		1♦ （1♥）
1♠	3♠	1♠ （2♣）	4♠
4NT	5♦	4NT	5♣
5♥	5NT	5♦	6♠
7♠	==	==	

双方均采用 4NT 反冲式关键张问叫，并在同伴答叫 3 个关键张后接力问将牌 Q。开叫人也都答出了有♠Q 但无旁门 K。唯一的区别在于 Gitelman 的 5NT 显示余力，而 Kamil 的 6♠无此信息。从西家的角度来看，只要同伴在红心中无浪费，任何低花中的余力均很可能使 7♠成为一个合格的定约。

例 8.9 2015 年《桥牌世界》挑战冠军栏目

♠ A742	♠ K
♥ A2	♥ K643
♦ A6	♦ K72
♣ K9765	♣ AJ1043

Kranyak	Wolpert
1NT	2♣
2♠	3♣
4♣[1]	4♦[2]
4♠[3]	4NT[4]
5♦[5]	5♥[6]
7♣[7]	==

1. 4 张以上支持，高限实力。

2. 反冲式罗马关键张问叫。

3. 该组合采用 3014 式答叫，显示 4 个关键张。

4. 询问 ♣Q。

5. 通常是 ♣Q 及 ♦K。但由于在显示了 4 个关键张之后已不可能再有 ♦K，因此这是表明方块第三轮控制。

6. 花色问叫，寻求红心第三轮控制。

7. 完美配合。

例 8.10

西	东
♠ AKQ4	♠ 105
♥ KJ82	♥ Q6
♦ KJ4	♦ AQ7
♣ 93	♣ AK8652

1NT	2♠¹
3♣²	4♦³
4♥⁴	4♠⁵
4NT⁶	==⁷

1. 询问高低限邀叫 3NT，或持梅花长套。

2. 高限。

3. 对梅花的反冲式罗马关键张问叫。

4. 1 个关键张。

5. 问 ♣Q。

6. 无 ♣Q。

7. 正好将不必担心梅花不利分布的 4NT 作为最后定约。

注意： 当联手有约 31 点及至少 6-2 的配合时，只要不缺 1.5 个关键张基本会有合格满贯。这里应叫人在 3♣ 后并没有很好的核实高花控制的手段，且势必浪费大量的空间并妨碍关键张问叫。因此在大概率同伴不会有一门高花无控制的情况下，应该选择最具实战性的叫品，尽管理论上并不那么完美。

例 8.11 2020 年 BBO 网络对抗赛

第 9 副　东西有局

　　　　　　♠ K64
　　　　　　♥ KQJ1073
　　　　　　♦ QJ9
　　　　　　♣ 5

♠ A9853　　　　　　　　　♠ Q2
♥ A65　　　　　　　　　　♥ 8
♦ A　　　　　　　　　　　♦ K765
♣ KJ96　　　　　　　　　♣ AQ10732

　　　　　　♠ J107
　　　　　　♥ 942
　　　　　　♦ 108432
　　　　　　♣ 84

西	北	东	南
	1♥	2♣	——
2♥[1]	加倍	——	——
4♣	——	4♥[2]	——
4♠[3]	——	4NT[4]	——
5♦[5]	——	5NT[6]	——
6♣[7]	——	==	

1. 黑桃转移叫。

2. 扣叫。

3. 接力关键张问叫。

4. 1 个关键张。

5. 五阶将牌之上接力询问♣Q，大满贯兴趣。

6. 有♣Q 及♦K。

7. 看来黑桃上会有 1 个输张。

　　关于将牌 Q 的答叫还有一点需要特别注意：如果问叫人的将牌 Q 问叫是在比五阶低二级或以下做出的，那么答叫人可以用加一级的方式显示比之前承诺的将牌多 1 张。

　　这一用法主要适用于高花关键张问叫之后。低花关键张问叫之后则有所变化。在梅花/方块为将牌时：4♦/♥问关键张，假设4♥/♠答叫1或4个关键张。接下来，梅花将牌时4♠接力问♣Q，4NT答叫为无♣Q，5♣答叫为无♣Q但多1张将牌；方块将牌时4NT为止叫，5♣是接力问♦Q，那么距离5♦之间已无空间。也就是说，方块将牌之后无法寻求多1张将牌的小满贯。当然，如果是试探大满贯还是有办法的（详见8.5.2节）。

我们之所以设计在某些情况下有显示多1张将牌的装置，当然是因为8张与9张将牌、9张与10张将牌有着很大的区别。

假设你持：AJ432或AJ1032，

如果面对同伴的K65，将牌一墩不失的机会是34%和46%；

如果面对同伴的K765，将牌一墩不失的机会是53%和58%。

也就是说，在旁门缺个A的情况下，8张配合时小满贯是不合格定约；9张配合时小满贯就是合格定约了。

至于9张与10张将牌的区别在于10张将牌即使没有Q也可假设将牌不失，同时10张将牌还能提高将吃能力。我们不妨比较下面两个例子。

例8.12

♠ AK754		♠ Q9832
♥ 82	西 东	♥ AJ5
♦ A		♦ Q63
♣ AK853		♣ Q2

1♠	3♥[1]
4♣[2]	4♥[3]
4NT[4]	5♣[5]
5♦[6]	5♥[7]
6♣[8]	6♥[9]
7♠	==

1. 4张以上黑桃，邀叫。

2. 寻求帮助。

3. 扣叫。

4. 反冲式罗马关键张问叫。

5. 1个关键张。

6. 问♠Q。

7. 加一级显示比之前承诺的4张将牌多1张。

注意：显示额外长度优先。若同时持有将牌 Q，将在同伴（因顾虑联手仅 9 张将牌）止叫五阶后继续叫牌。

8. 花色问叫。

9. 加一级为双张，加二级为有♣Q。

例 8.13

♠ AK754		♠ Q832
♥ 82	西　东	♥ AJ95
♦ A		♦ Q63
♣ AK853		♣ Q2

1♠	3♥
4♣	4♥
4NT	5♣
5♦	6♠ [1]
==	

1. 有♠Q，但无旁门 K 或余力。

上一例开叫人知道己方至少有 5 墩将牌、4 墩梅花及 2 个红花色 A 共 11 个赢墩。如果手上能将吃 2 次方块就有了 13 墩，加上还可能有 5 个梅花赢墩，综合来看足以叫 7♠。而这一例，同伴只有 4 张将牌，获得 13 墩牌的机会大大降低，应满足于 6♠。

下面两个例子是有关双套关键张问叫后问关键 Q 时要特别注意的地方。

例 8.14

♠ AJ9		♠ 7
♥ KQJ6	西　东	♥ 3
♦ AQJ2		♦ K10986
♣ Q2		♣ A109864

2NT	4♣ [1]
4♦ [2]	4♥ [3]
5♦ [4]	== [5]

1. 5 - 5 以上低花。

2. 显示方块配合，且有余力。

3. 双套关键张问叫。

4. 2个关键张及♦Q。在同伴显示5-5以上套之后，2NT均型开叫人两门花色中的K均算关键张，但只有配合花色方块中的Q为关键Q。

5. 由于缺2个A或1个A及♣K，应满足于5♦定约。

例8.15

西	东
♠ 63	♠ AK10875
♥ Q652	♥ AK
♦ —	♦ 972
♣ AKJ10942	♣ Q3

西	东
(2♦)	3♠¹
4♣²	4♥³
4NT⁴	5♦⁵
5♥⁶	5NT⁷
7♣	==

1. 16点，好的6张套理应做三阶邀叫。

2. 至少要叫到4♠，但不妨先叫出自己的好套，反正4♣是逼叫。

3. 在同伴四阶出套之后，含Q的双张属于很好的支持。之前的3♠跳叫已显示出有限的单套牌，现在的4♥当然是显示余力（或配合梅花，或进一步强调黑桃）的扣叫，同时否认有方块控制。

4. 同伴无♦A，在二人均显示出好的6张以上套后的双套关键张问叫。

5. 3个关键张。

6. 接力询问额外的关键Q。

7. 叫回5♠、6♣为无关键Q。在将牌未定的双套关键张问叫之后将区分关键Q的位置。5NT、6♦分别是♣Q、♠Q。

问题8.2　如果问叫将牌Q时被对方加倍，应该如何应对？

这类情况比较少见，我们建议较为"自然"的应对，以减少记忆负担。

·不叫：有将牌Q，但在对方花色中既无Q也无第二轮以上控制；

·再加倍：有将牌Q，且在对方花色中有Q；

·其他：无将牌Q的答叫与无加倍时一致，有将牌Q的答叫含义照旧而且同时保证在对方花色中有第二轮以上控制。

195

例 8.16 2016 年全国桥牌 A 类俱乐部联赛（第一站）第九轮

第 2 副　南北有局

        ♠ AQJ9754
        ♥ 7
        ♦ 96
        ♣ QJ4

♠ 863　　　　　　　　　　　　　♠ 102
♥ K9642　　　　　北　　　　　　♥ 1053
♦ QJ3　　　西　　　东　　　　　♦ K542
♣ 63　　　　　　南　　　　　　♣ 10972

        ♠ K
        ♥ AQJ8
        ♦ A1087
        ♣ AK85

西	北	东	南
		——	1♣ [1]
——	1♠	——	1NT
——	4♠	——	4NT [2]
——	5♣ [3]	——	5♦ [4]
加倍	——	——	6♠
==			

1. 精确法，16 点以上。

2. 关键张问叫。

3. 1 个关键张。

4. 问♠Q。

开叫人在对方的加倍，同伴不叫之后匆忙地叫出了 6♠，错过了大满贯定约。如果开叫人明确知道同伴不叫的含义，应做再加倍继续询问，并在同伴无旁门 K 但有余力的 5NT 答叫后继续叫 6♣ 寻求梅花中的配合，再在同伴显示 QJ 的 6NT 后叫到 7NT。

例8.17　2023 年世界桥牌团体赛百慕大杯循环赛第四轮

（以色列队——挪威队）第 14 副　双方无局

　　　　　　♠ A109
　　　　　　♥ K106
　　　　　　♦ 743
　　　　　　♣ J1082

♠ KJ75　　　　　　　　　　　♠ 86432
♥ A　　　　　　北　　　　　　♥ QJ973
♦ AJ109　　西　　东　　　　♦ K6
♣ KQ74　　　　南　　　　　　♣ A

　　　　　　♠ Q
　　　　　　♥ 8542
　　　　　　♦ Q852
　　　　　　♣ 9653

	西	北	东	南
开室：	Brogeland	Birman	Bakke	Padon
			——	——
	1♦	——	1♠	——
	3♥[1]	——	3♠	——
	3NT[2]	——	4♣	——
	4NT[3]	——	5♦[4]	——
	5♥[5]	加倍	——	——
	6♠	==		

1．配合黑桃，Splinter 叫单缺。

2．18～19 点。

3．关键张问叫。

4．1 个关键张。

5．询问♠Q。

　　挪威队的著名组合在这副牌上冒叫到了有 2 个将牌输墩的 6♠，其问题就出在了 Bakke 于 5♥ 被加倍后的答叫。依常理。在没有♠Q 时应立刻示弱5♠。而其错误地不叫则使得 Brogeland 认为不缺♠Q，故而叫上了 6♠。

8.5.2　无将牌 Q 答叫之后

问题 8.3　如果答叫人无将牌 Q，问叫人基本就是决定最后定约了。那么如果问叫人继续满贯试探，会是什么情况呢？

其并不需要将牌 Q，或至少将牌 Q 非决定因素。可能是以下两种情况：

·自己持将牌 Q，之前问叫是为后续相对复杂的查询做铺垫，最可能是需要无法通过寻求特定 K 或花色问叫了解到的某种次级大牌（组合）；

·自己没有将牌 Q，但是希望同伴有比之前承诺的将牌多 1 张。

基于这两种可能，我们将无将牌 Q 答叫之后的叫牌含义定义如下：

（1）加一级接力：比直接问特定 K 更具弹性的大满贯邀叫，通常是需要可能由次级大牌（或将吃）产生的 2 个额外赢墩。例如：问叫人长套中的 Q；答叫人除 A 外的大牌组合（KQ、KJ、QJ）；抑或是 K 加额外实力。

之后答叫人在有问叫人长套中 Q 或两个有利因素时可做积极响应，而在仅有一个有利因素时应示弱。

（2）比六阶将牌低一级：请同伴在有额外将牌长度时叫大满贯。

（3）其他：如果可能的话为想打（非接力的 5NT 为满贯选择），否则是大满贯邀叫——寻求该花色中的特定结构。

之后同伴在有 KQ 或 KJ、QJ 及额外长度时接受邀请。

例 8.18

♠ A104		♠ K32
♥ A63	西　东	♥ KQ97542
♦ KJ2		♦ A9
♣ A76		♣ 8

1NT	2♦
2♥	4♣ [1]
4♦	4♠ [2]
5♣ [3]	5♦ [2]
5♥ [3]	5♠ [4]
6♥ [5]	==

1.　Splinter 叫单缺。

2.　关键张问叫系列。

3. 3 个关键张、无♠Q。

4. ♠Q 不是问题，但需要一些常规问叫无法探查的有利因素。

5. 止叫。在自己和同伴均无 4 张方块时，仅♦K 这一个有利因素。

如果将♦J 换成♦Q，就是最高限及两个额外赢墩了，自然要叫大满贯。那么如果将♦J 换成♠Q 或♣Q 呢？在六阶叫有 Q 的花色（以 5NT 替代黑桃）！即反过来寻求同伴在该花色中的 K。具体到这副牌，应叫人将在同伴的 5NT 后叫大满贯、6♣后止于小满贯。那么答叫人为什么不是叫有 K 的花色寻求同伴在该花色中的 Q 呢？因为有 Q 的问叫人往往会使用特定 K 问叫寻求该花色中的 K（除非需要在该花色中取得 4 墩牌）。

例 8.19

♠ A10		♠ K32
♥ A63	西　东	♥ KQ97542
♦ K842		♦ A9
♣ A762		♣ 8

1NT	2♦
2♥	4♣
4♦	4♠
5♣	5♦
5♥	5♠
5NT[1]	6♣[2]
6♦[3]	7♥[4]
==	

1. 除♦K 外比上例多个双张，叫 5NT 表示黑桃第三轮控制。

2. 接力询问何种第三轮控制。

3. 加一级表示双张。

4. 如果同伴叫 6NT 显示♠Q，就叫 7NT。

例 8.20

♠ AK872		♠ QJ6
♥ 742	西　东	♥ A3
♦ AKJ2		♦ Q74
♣ 2		♣ AKJ76

199

1♠	2♣
2♦	2♠
4♣[1]	4NT[2]
5♦[3]	5♥[2]
5♠[3]	5NT[4]
6♦[4]	7♠
==	

1. 15~17 点，Splinter 叫单缺。

2. 反冲式罗马关键张问叫系列。

3. 3 个关键张、无♠Q。

4. 接力寻求特别的帮助。

这手牌在同伴有♣Q、♦KJ 或 2 个红花色 K 的情况下都能完成 7♠。

5. 由于方块是我方的 4 张以上套，6♦既可能是♦KJ/QJ，也可能是♦Q 加 1 个 K（同伴通常可以依手上的牌判断），且否认同伴主套梅花中的 Q。

例 8.21 2018 年世界桥牌综合锦标赛罗森布鲁姆杯半决赛

第 16 副　东西有局

♠ 107643		♠ A
♥ 763		♥ AKQ54
♦ QJ		♦ AK542
♣ K42		♣ AQ

开室：

Multon	Zimmermann	Spector	Wolpert
--	2♣	--	2♣
2♦	2♥	2♦	2♥
2♠	3♦	2♠	3♦
3♥	4♦	3♥	4NT
4♥	==	5♣	5♦
		5♥	5NT
		7♥	==

闭室：

两桌前三轮的叫牌完全一样：在开叫人显示出双红套强牌之后，应叫人均示选 3♥。然而此时 3♥的含义有值得讨论之处。开室认为是等待叫，而闭室则视之为实叫配合。我们认为作为等待叫更为合理，类似于：

1♥	1♠/NT
3♦	3♥（等待叫）

这将给予后续进程以最大的发挥空间，毕竟应叫人有 3 张以上红心配合时总会坚持打红心定约的。

一般来说，如开室这般将一手有 13 个以上顶张的大满贯牌停在了成局定约上，二人均有不妥之处，这副牌也不例外。Multon 的 4♥ 坐实了红心配合，却无法让同伴想到其有如此多的额外实力，而持超强牌的 Zimmermann 就此放过 4♥ 也着实令人讶异。

闭室的 Wolpert 则直接启动关键张问叫。随后 5♦ 问♥Q，并在同伴回答无♥Q 后继续 5NT（我们则是叫 5♠）寻求两个有利因素的大满贯试探——整个进程的亮点。持有三个关键大牌却始终没有展示的 Spector 心领神会，直奔 7♥ 并拿下 17IMP。

值得强调的是：关键张问叫后的大满贯试探并不总能做到 100% 精准，有时需要一些合理的逻辑推理或依据成功率的评估做出决定。

例 8.22

♠ AK4		♠ QJ9862
♥ AQ42	西　东	♥ K3
♦ K		♦ A42
♣ Q8632		♣ A7

1♣	(2♦)	2♠
4♦		4NT
5♦		5♥
5♠		5NT[1]
6♣[2]		6♥[3]
7♠[4]		==

1. 接力寻求特别的帮助。

2. ♣KJ/QJ 或是 ♣Q 加 1 个 K。

3. 一般性邀叫。

4. 还有♥Q，应该够叫大满贯。

201

例 8.23 2016 年世界桥牌运动会团体赛女子组四分之一决赛

（中国队——英格兰队）第 14 副　双方无局

```
                    ♠ Q10
                    ♥ 965
                    ♦ QJ532
                    ♣ 652

    ♠ 9642          北            ♠ AKJ853
    ♥ K         西      东        ♥ A84
    ♦ A94           南            ♦ K6
    ♣ AKJ74                       ♣ 109

                    ♠ 7
                    ♥ QJ10732
                    ♦ 1087
                    ♣ Q83
```

开室（英格兰队）：		闭室（中国队）：	
西	东	西	东
	1♠		1♣　（2♥）
2NT	3♠	3♣	3♠
4♣	4♦	4♥	4♠
4♥	4NT	4NT	5♦
5♥	5NT	5♥	5♠
6♦	7♠	6♠	==
==			

开室的进程总体合情合理。西家以 2NT 应叫显示 4 张以上黑桃的好牌。没有单缺但颇多余力的东家先叫 3♠，再在三个扣叫之后发动关键张问叫，并于同伴显示 2 个关键张及 2 个圆花色 K 后冲上 7♠。不过东家其实只是数到了 12 墩，还需要同伴解决第三张红心。或许持有余力、额外牌型及控制的西家可以承担更多的责任，在 4♦ 后直接做关键张问叫。

闭室东家开叫精确 1♣。在南家的 2♥ 阻击后，西家和东家先后叫出自己的主套。随后西家先是扣叫 4♥ 配合同伴，接着通过关键张问叫系列了解到同伴的 3 个关键张。但因缺♠Q 且又不知道同伴有 6 张黑桃而止于 6♠。如果有六阶将牌减一级——6♥ 寻求将牌额外长度的手段，东家自会叫 7♠。

打牌很简单，两位庄家均全取 13 墩，英格兰队赢得 11IMP。

8.5.3　有将牌 Q 答叫之后

如果答叫人显示有将牌 Q，但既无旁门 K 也无余力，那么问叫人通常就根据自己的持牌决定打小满贯还是大满贯。

如果答叫人显示有将牌 Q，无旁门 K 但有余力时，那么问叫人之后叫新花色为花色问叫。

我们接下来讨论答叫人显示有将牌 Q 及旁门 K 之后，问叫人继续：

（1）加一级接力叫：继续询问，显示大满贯兴趣。

（2）其他花色（5NT 替代接力叫花色）：花色问叫。

注意：两次答叫之后的叫牌空间可能已非常有限，在六阶将牌前的中间叫品有可能只是一般性邀请（需要结合具体进程分析）。

例 8.24

♠ J		♠ AQ4	
♥ Q10753	西　东	♥ A4	
♦ AK93		♦ 84	
♣ Q73		♣ AK10854	

1♥	(1♠)	2♣	(2♠)
3♣		4♦[1]	
4♥[2]		4♠[1]	
5♦[2]		5♥[3]	
5♠[4]		5NT[5]	
6♣[6]		==	

1. 反冲式罗马关键张问叫系列。

2. 1 个关键张、♣Q 及 ♦K。

3. 接力继续询问（希望同伴有♥K 或 ♦Q）。

4. 看看黑桃单张是否对同伴有帮助。

5. 最后一班车。

6. 没有余力了（同伴不会有♥AK）。

例 8.25 2018 年北美桥牌锦标赛（夏季）斯平果尔德杯决赛下半场

第 22 副　东西有局

<pre>
                    ♠ K73
                    ♥ KQ832
                    ♦ 1076
                    ♣ 72
     ♠ J   北   ♠ A1095
     ♥ 1054   西   东   ♥ AJ6
     ♦ AKJ   南   ♦ Q
     ♣ QJ10954   ♣ AK863
                    ♠ Q8642
                    ♥ 97
                    ♦ 985432
                    ♣ —
</pre>

	西	北	东	南
	Willenken	Gawrys	Ginossar	Klukouski
开室：			1♣	——
	2♣[1]	2♥	4♦[2]	——
	4♥[3]	加倍	4♠[2]	——
	5♦[3]	——	5♥[4]	——
	7♣[5]	==		

1. 低花反加叫，至少邀叫实力。

2. 反冲式罗马关键张问叫系列。

3. 1 个关键张、♣Q 及 ♦K。

4. 接力继续询问，表明大满贯兴趣。

5. 单张黑桃及梅花上的额外长度足以叫大满贯。

	西	北	东	南
闭室：	Helgemo	Campanile	Helness	Berkowitz
		——	1♣	3♣[6]
	3♠[7]	加倍	4♦[8]	——
	5♣	——	6♣	==

6. 黑桃加方块双套。

7. 寻求止张。

8．单缺。

开室对关键张问叫后续的把握非常到位，最后叫到 7♣ 并取得 13IMP 是其应有的回报。闭室在 Berkowitz 局况有利时的三阶干扰之后，东西方叫牌的难度确实增加了许多。不过持有如此强牌的 Helness 是否可以如 Ginossar 一样直接关键张问叫？

例8.26 2014 年世界桥牌综合锦标赛公开组双人赛决赛第五节

第 12 副　南北有局

♠ 109	♠ AK7
♥ AQ4	♥ K107
♦ AJ106	♦ KQ83
♣ KQ64	♣ A52

西　东

Hoftaniska	Bilde
1NT	2♣
2♦	3♣ [1]
3♥ [2]	4♦
4♥	4♠
4NT [3]	5♦ [4]
5♥ [3]	5♠ [4]
6♣ [5]	6♥ [6]
7♣ [7]	7♦ [8]
==	

丹麦组合 Hoftaniska/Bilde 在这副牌上为我们展现了关键张问叫系列的细腻后续。

1．问叫。

2．2－3－4－4 型。

3．对方块的关键张问叫系列。

4．3 个关键张、♦Q 和 ♠K。

5．询问梅花。

6．显示 ♥K。

7．问 ♣J，试探 7NT。

8．无 ♣J。

205

科学二盖一体系合理的进程是：

1NT	2♣
2♦	4♣ [9]
4♦ [10]	4♠ [11]
4NT [12]	5♦ [12]
5♥ [12]	5♠ [12]
5NT [13]	6♥ [14]
6♠ [15]	7♦
	==

9. 低花 Stayman。

10. 4 – 4 低花。

11. 加二级确定方块将牌。

12. 同实战中的关键张问叫系列及答叫。

13. 继续询问。

14. ♥K。

15. 花色问叫，希望同伴有♠Q 时打 7NT。

从关键张问叫后的第三轮问叫开始，不同的组合或许会有不尽相同的约定，不过主旨都是希望覆盖更多的情形。

8.6　询问特定 K

关键张答叫后，除叫回将牌和问将牌 Q 外最便宜的叫品为询问特定 K。

注意：在关键张到齐且同伴是一手非限制性牌时，问特定 K 是必须的。这样才能让同伴知道不缺关键张，其在有足够的余力、赢墩（如含 KQJ 的旁门长套）时可以叫到大满贯。

结合下面两个反冲式罗马关键张问叫后的进程，我们列出答叫的方式：

a) 1♥	2NT	b) 1♥	2NT
4♥	4♠!	4♥	4♠!
4NT	5♦!	5♣	5♠!
?		?	

（1）5NT：所有旁门 K 都能在六阶将牌以下直接叫出时表明无旁门 K 但有余力；在有旁门 K 无法在六阶将牌以下直接显示时则是表明该花色 K。

在 a）中，5♠、6♣、6♦可分别显示各花色 K，5NT 为无旁门 K 但有余力。在 b）中，♠K 无法在 6♥以下直接显示，于是用 5NT 表明♠K。

（2）叫旁门花色：显示该花色 K，否认越过的花色中有 K。

注意：在答叫人已不可能有 3 点余力时，可以此显示第三轮以上控制。

（3）超过六阶将牌：至少可打成 6NT，或有限实力牌中最好的牌。

例 8.27 2018 年世界桥牌综合锦标赛罗森布鲁姆杯四分之一决赛

下半场 第 21 副 南北有局

<pre>
                    ♠ 7
                    ♥ AJ86
                    ♦ AQ104
                    ♣ K764
  ♠ 1093   ┌─────────┐   ♠ 52
  ♥ 742   │   北   │   ♥ KQ1093
  ♦ J53   │ 西   东 │   ♦ 9872
  ♣ Q1032   │   南   │   ♣ J9
                 └─────────┘
                    ♠ AKQJ864
                    ♥ 5
                    ♦ K6
                    ♣ A85
</pre>

西	北	东	南
Wooldridge	Kamil	Hurd	Coren
	1♦	1♥	1♠
--	1NT	--	2♥
--	3♣	--	3♠
--	3NT	--	4♥
--	4♠	--	4NT[1]
--	5♥[2]	--	5NT[1]
--	6♣[2]	--	6♦[3]
--	7♦[4]	--	7♠
--	7NT	==	

虽有 13 个顶张赢墩，要叫到大满贯却不容易。实战八桌中仅有三桌实现了这一目标（另两桌打 7♠），而上述进程则是其中最为清晰有效的。

1. 对黑桃的关键张问叫系列。

2. 2 个关键张、♣K。

3. 花色问叫。

4. 有额外 Q 的 4 张。

例 8.28　2019 年北美大赛（夏季）斯平果尔德杯四分之一决赛

第 28 副　南北有局

```
              ♠ AQ
              ♥ J5
              ♦ K109532
              ♣ QJ6
♠ K1087643              ♠ 52
♥ Q86         北        ♥ K10942
♦ J7     西        东   ♦ 64
♣ 10          南        ♣ 9842
              ♠ J9
              ♥ A73
              ♦ AQ8
              ♣ AK753
```

西	北	东	南
Zia	Moss	Gold	Grue
2♠	3♦	--	3♠
--	3NT	--	4♥ [1]
--	5♣ [2]	--	5♥ [1]
--	5♠ [2]	--	6♣ [3]
--	6♠ [4]	--	7♦ [5]
--	7NT	==	

1. 反冲式罗马关键张问叫系列。

2. 2 个关键张、♠K（在西家 2♠ 开叫后，将♠Q 升值）。

3. 花色问叫。

4. 除叫回将牌外加二级显示有 Q。

5. 或许需要将吃一次建立第五张梅花。

7NT 轻松完成后收获了 17IMP（另一桌上的西家开叫 3♠，北家在南家平衡加倍后叫出的 3NT 成为最后定约）。

例8.29 2022 年北美大赛（夏季）斯平果尔德杯三十二强赛

第 7 副　双方有局

♠ AJ
♥ 976
♦ 10942
♣ KQ103

♠ KQ653
♥ AJ
♦ A
♣ AJ865

Levin	Weinstein
	1♠
1NT[1]	3♣[2]
3♦[3]	3NT[4]
4♣[5]	4♦[6]
5♣[7]	5♦[8]
5♠[9]	7♣
==	

1. 最多 12 点，不逼叫。
2. 半实叫，逼叫到局。
3. 等待叫。
4. 梅花实套，但可以打 3NT。
5. 确定将牌。
6. 反冲式罗马关键张问叫。
7. 2.5 个关键张。
8. 接力问叫，大满贯试探。
9. 1NT 为有限实力，而之前已叫出 9 点（♠A 和 ♣KQ），如果再有同伴主套黑桃中 K 或 Q，当可直接叫大满贯。因此这个 5♠ 就应该是 J 了。

关键的♠J 使得 7♣ 成为合格的大满贯定约。这一进程也成功入围当年的世界桥牌最佳叫牌奖候选牌例。

问题8.4　问特定 K 是否保证关键张到齐，还是可以缺一个？

关于这一点同伴间必须达成一致，否则很可能要承担灾难性的后果。传统的观念认为问特定 K 应保证所有关键张到齐的大满贯试探。但是也有一些牌手认为问特定 K 也可以是缺 1 个关键张的 6NT 试探。

应该说后一种观点有相当的道理。可以打成的 6NT 自然是要优于花色小满贯，且不说 6NT 在双人赛时的巨大优势，即便是在队式赛中也可赢低花小满贯 2IMP。更重要的是一些时候 6NT 更安全——既能避免被对手将吃的风险，还有将牌偏分时靠开拓其他赢墩完成定约的额外机会。

我们的建议是当 6NT 为可能定约时允许在缺 1 个关键张时继续问特定 K，答叫人除非能确定不可能打 6NT，通常在有足够的余力可以接受大满贯邀请时不妨在六阶将牌之上至 6NT 的空间里叫牌。

例 8.30

♠ KQ54		♠ A762
♥ AQJ1043	西 东	♥ K
◆ K		◆ 852
♣ AK		♣ Q8642

1♥	(3◆)	加倍
3♠		4♠
4NT		5♣
5NT		6♥
==		

开叫人在发现缺 1 个关键张之后依然继续用 5NT 问特定 K。其目的倒不是想打 6NT，而是希望在同伴有♥K 时打更安全的 6♥。实际上即便是持传统观念的牌手在这副牌上也可以这么做——其在三个旁门花色中均有 K 或 Q，同伴是不可能直接叫到 6♠之上的。实战中 6♥有 12 个顶张赢墩，而 6♠将因♠4-1 分布而宕一（3◆阻击人持短黑桃并非太大的意外）。

特别强调：现代竞叫中应叫人加倍对方三阶阻击后，开叫人再叫另一高花（本例中的 3♠）为逼叫。如此处理的好处有两个：首先是留出了一阶满贯试探的空间，其次是为我们尽可能地保留了打 3NT 的机会（加倍人可能并无 4 张另一高花，只是希望在同伴有对方花色止张时打 3NT）。

在答叫人对询问特定 K 做了非示弱答叫（显示 K 或余力）之后的继续与之前讨论过的答叫人显示将牌 Q 及旁门 K 之后一样。

例8.31

♠ AJ743		♠ KQ
♥ K1063	西 东	♥ 95
♦ J		♦ AKQ9852
♣ AK3		♣ Q5

1♠	2♦
2♥	3♦
3NT	4♠[1]
5♣[2]	5NT[3]
6♣[4]	6NT[5]
==	

1. 与4NT类似的定量邀叫，不过同时显示出了2张好黑桃。

2. 此时4NT为示弱实叫。5♣在4NT是自然叫时为关键张问叫，类似于超级 Gerber 问叫的延伸。

3. 2个关键张及♠Q。

4. 接力问特定K。至少要叫6♠，顺便看看是否可以打更安全的6NT。

5. 确定此时不会去叫7♦或7♠。

8.7 花色问叫

如果问叫人在关键张问叫或将牌Q问叫后越过问特定K的叫品、或在特定K问叫后叫旁门花色为对该花色的问叫，通常是寻求第三轮控制。

答叫人在之前未承诺该花色中长度时的答叫：

（1）六阶将牌：无第三轮控制；

（2）六阶将牌外加一级：双张；

（3）六阶将牌外加二级：有Q；

（4）六阶将牌外加三级：含QJ的2-3张，即在同伴持含AK的4张以上时可以全部吃通；

（5）六阶将牌外加四级：含QJ的4张，即在同伴持AK时有4墩牌；

（6）七阶将牌：同时有第二、第三轮控制。

注意：在持单张但将吃能力明显不足时可考虑不要直接跳叫大满贯。

答叫人在之前承诺过该花色中长度时的答叫：

（1）六阶将牌：最多有 J；

（2）六阶将牌外加一级：有 Q；

（3）六阶将牌外加二级：有 QJ；

（4）七阶将牌：有 KQ。

即去掉了不可能的双张及含 QJ 的 2 - 3 张。

注意：如果问叫人所叫的特定花色是我方之前叫过的长套（主套），那么其应定义为满贯选择而非问叫。

花色问叫对方花色时的答叫：

（1）该问叫仅比我方六阶将牌低一级时：叫回将牌为无第二轮控制；六阶将牌加一、二级分别是单张、有 K。

（2）该问叫比我方六阶将牌低二级时：叫回将牌为无第三轮控制；加一级为第三轮控制；六阶将牌加一、二级与上面含义一致。

（3）该问叫比我方六阶将牌低三级以上：叫回将牌为无第三轮控制；除此之外加一、二、三级分别为第三轮控制、单张、有 K。

与一般花色问叫相比不显示 Q，且六阶将牌以上答叫保证第二轮控制。

以上答叫方式保证了理论上的完整性。但在一些情况下，答叫人已能根据持牌及之前的叫牌确知己方的最佳定约，那么直接叫就是。

例 8.32　2017 年全国青年锦标赛 U25 决赛及三、四名赛第二节

第 10 副　双方有局

♠ 1064		♠ A
♥ AQ43		♥ KJ9
♦ QJ		♦ AK10986
♣ AK84		♣ 1092

实战八桌中，无一对东西组合叫到这一有 13 个顶张赢墩的大满贯。其中还有三对仅叫到成局定约。

我们建议的进程如下：

	1♦
1♥	2♦
2♠¹	3♥²
4♦	4♠³
5♥⁴	5♠³
6♣⁴	6♥⁵
7♣⁶	7NT⁷
==	

1. 虚叫，逼叫。

2. 3 张红心，且方块好套（否则上一轮可加叫红心）。

3. 对方块的反冲式罗马关键张问叫系列。

基于同伴直接越过 3NT，相信其没有梅花控制的可能性极小。最关键的是这手牌并没有比关键张问叫更好的选择，或者说其他叫品缺陷更多。

4. 2.5 个关键张、♣K。

5. 花色问叫，至少可以打 6NT。

6. 已越过六阶将牌，因此 6NT 为示弱。除此之外的加两级为显示♥Q。

7. 可数到 1 墩黑桃、4 墩红心、6 墩方块、2 墩梅花。

在试探大满贯的过程中，主叫的一方往往需要在众多试探手段中选出最适合实际持牌与进程的一种。

例8.33

西	东
♠ K54	♠ A2
♥ KJ62	♥ AQ5
♦ AJ854	♦ 63
♣ K	♣ AQJ1093

1♦	2♣
2♦¹	3♣²
3♥³	3♠
4♦⁴	4♠⁵
5♥⁶	5NT⁷
7NT	==

1. 5 张以上，不否认 4 张高花。

213

2. 6 张以上，半坚固以上套。

3. 显示余力及大牌位置。

4. 对梅花的反冲式罗马关键张问叫。

5. 3 个关键张。

6. 花色问叫。

7. 加二级显示♥Q。

这手牌的关键是开叫人在 4♠后的处理。有♣K 支持的将牌已无问题，因此不必寻求♣Q。同时在只需要同伴有◆K 和♥Q 中的一张就可以打大满贯时如果以 5◆问特定 K，一旦同伴答叫 6♣没有◆K，将无法继续寻求♥Q。

那么现在叫 5♥寻求♥Q，如果应叫人没有♥Q 而有◆K 时又该怎么办呢？叫 7♣！开叫人之前已显示过 5 张以上方块，应叫人在持有◆K 时肯定会意识到它的价值——至少不逊于♥K。

例 8.34　2017 年世界桥牌团体赛循环赛第十七轮

第 10 副　双方有局

```
                ♠ 54
                ♥ 10854
                ◆ J84
                ♣ 10874

♠ Q986          北            ♠ AKJ102
♥ A2       西        东        ♥ KQ
◆ A62           南            ◆ KQ105
♣ A962                        ♣ Q3

                ♠ 73
                ♥ J9763
                ◆ 973
                ♣ KJ5
```

实战中的绝大部分桌上都是在开叫人发现同伴均型有 4 张黑桃及 3.5 个关键张之后对最后定约进行了猜断。大部分人选择了乐观的 7♠——期望同伴有 3 张红心，结果宕一；少部分人则谨慎地止于 6♠，并正好完成。

我们的进程应该是：

西	北	东	南
		1♠	--
2NT[1]	--	3♠[2]	--
4♣[3]	--	4NT[4]	--
5♦[5]	--	5♥[4]	--
5NT[5]	--	6♥[6]	--
6NT[7]	==		

1. 4 张以上黑桃，进局逼叫。

2. 无单缺，但较多余力，请同伴描述牌情。

3. 扣叫。

4. 反冲式罗马关键张问叫系列。

5. 3 个关键张、♠Q 及余力但无旁门 K。作为 2NT 应叫的牌在显示了 3.5 个关键张后还有个第三轮控制可算作余力。

6. 花色问叫。

7. 双张。

实际上这手牌开叫人是希望同伴没有红心第三轮控制，这样就可以通过用 ♥A 垫 ♣3 来完成 7♠，毕竟和同伴 ♥2-2 对死的机会不大。但在略感意外地发现同伴的红心也是双张后已知 7♠ 无望，只好打 6NT——希望能飞中 ♣K 或取到 4 墩方块或有低花上的挤牌（略高于 80% 的机会）。

例 8.35　2020 年北美国家队式团体赛选拔赛

第 34 副　南北有局

♠ AKQJ63		♠ 542
♥ 2	北　南	♥ A43
♦ AK1096		♦ Q75
♣ 3		♣ A1064

敖海龙	王建坚
	--
2♣	2NT[1]
3♠	4♠[2]
4NT[3]	5♥[4]
6♦[5]	6NT[6]
7♠	==

1. 至少 4 个控制。

215

2. 黑桃配合，余力不超过 1 个 Q。

3. 反冲式罗马关键张问叫。

4. 2 个关键张。

5. 特定花色问叫。

6. 加二级表示 ♦Q。

另一桌西家也叫出 6♦询问。但是该组合使用部分专家采用的加一级显示第三轮控制的方式。于是，西家因担心同伴只是有个双张方块而止于 6♠。

例 8.36

♠ K3		♠ AQ985
♥ A86	西 东	♥ 93
♦ AQ63		♦ K9874
♣ AK64		♣ 2

西	东
2NT	3♥
3♠	4♦
5♣[1]	5♠[2]
6♣[3]	7♦[4]
==	

1. 此时 4♥为无配合但适合有将定约的高限实力；4♠、4NT、5♦均为实叫；5♣则是配合方块的关键张问叫（详见《科学二盖一进局逼叫——逻辑与思维》第 5 章）。

2. 2 个关键张。

3. 注意：这副牌的关键张问叫被迫在较高的水平上开始，因此使得在 5♠答叫之后距 6♦之间仅剩 5NT、6♣两级。在这种局势下，5NT 为寻求旁门 K；6♣则是不需要旁门 K 的一般性大满贯邀叫。

4. 显然关键张已到齐，且同伴持有♠K（否则应接力 5NT 询问特定 K），因此额外的♠Q 应该足以叫大满贯了。

这个例子也再次说明：在试探大满贯的空间有限时，需要牌手有很强的逻辑推理和应变能力。

第 **9** 章　扣叫——输墩的特定检查

关键张问叫与扣叫同为满贯叫牌中最为重要的手段。而后者的应用局势可能更加广泛，其具体表达的含义也有着更多的变化。

扣叫的作用主要体现在两个方面：

· 在尚未确定满贯有充足的量（赢墩）时，显示控制及额外的实力。

· 在确定满贯有充足的量（赢墩）之后，显示控制。

其最常用的功能就是保证我方在所叫花色中不会因连失两墩而导致满贯定约的失败。

9.1　扣叫与控制

9.1.1　基本局势

我们首先就最基本的将牌配合后的扣叫做如下约定：

· 扣叫只保证第二轮控制，即 A、K、缺门或单张都可以。

· 优先扣叫较为便宜的花色。

· 在第一机会扣叫自己的长套花色，保证是 A 或 KQ，而不会仅有 K。

· 在第一机会扣叫同伴的长套花色，通常是 A 或 K，有时甚至是 Q（等同于其他花色的 K），但不能是单缺。如果先越过同伴花色扣叫其他花色，随后再扣叫同伴花色则是显示单缺。

如此约定是因为混淆同伴长套中的大牌与单缺将会使同伴很难判断其长套的赢墩价值。

· 在相邻两套中优先扣叫对方花色。

·显示单缺之后，下一轮立刻扣叫该花色通常是缺门。持单张 A 时则尽量先扣叫其他花色，再扣叫该花色。

我们在统计和实战中发现，使用上述原则最大限度地兼顾了充分利用空间及准确传达信息。同时值得强调以下与扣叫相关的原则：

·在建立低花配合后三阶上的叫牌通常以显示牌型、点力位置为主，而非简单显示控制，毕竟试探 3NT 往往有着更高的优先权。

·在叫牌早期，显示牌型可能优先于控制。尤其是已经显示了两套或我方仅凭大牌实力不足以产生足够的赢墩时。

上述原则在我们之前的章节、牌例中已被反复地使用着，下面我们再通过一些牌例对值得强调的地方做进一步的说明。

例9.1 2013 年世界桥牌团体赛决赛

第 91 副　双方无局

♠ AQ109542　　　　　　♠ K
♥ J962　　　北　南　　♥ A104
♦ —　　　　　　　　　♦ AKQ5
♣ K5　　　　　　　　　♣ A9432

百慕大杯

开室（意大利队）：

Bocchi	Madala
	1♣
1♥[1]	2♦
2♥（加倍）	2NT
3♠	4♣
4♦	4♥
5♣	5♦
6♦	7♠
==	

闭室（摩纳哥队）：

Multon	Zimmermann
	1♣
1♥[1]	2♦
3♠[2]	3NT
4♠	4NT
5♦	5NT
6♣	6♠
==	

威尼斯杯

开室（美国二队）：		闭室（英格兰队）：	
Campanile	Meyers	Brock	Smith
	1♣		1♣
1♠	2♦	1♥¹	1NT³
3♠²	4NT	2♦	3♦
6♠	==	3♠	3NT
		4♠	4NT
		5♦	5NT
		6♣	6♠
		==	

1. 三位应叫人以 1♥ 转移应叫显示黑桃套。

2. 两位应叫人在同伴逆叫之后跳叫 3♠ 强调黑桃套。

我们并不支持 3♠ 这一处理。其一是其未达到进局逼叫进程中跳叫所要求的半坚固以上套的要求；其二是该叫品在没有明确定义时白白浪费了叫牌空间，使得之后未能充分展现出黑桃额外长度等特点。这一选择对后续进程仅进行了一两轮就止于 6♠ 负有相当的责任。

3. Smith 是唯一没有逆叫，却以 1NT 显示 18～19 点均型的开叫人。

这使得其在关键张问叫后因担心手上少一张黑桃而未能叫到大满贯。

我们重点看意大利队 Bocchi/Madala 组合通过有效运用扣叫手段（唯一）叫到合格 7♠ 定约（约 73% 成功率）的进程。Bocchi 先以第四花色 2♥ 逼叫再 3♠ 显示出至少 6 张非半坚固以上的长套——既清楚描述牌情又节约叫牌空间。之后两人进行了连续六次有效的扣叫。Madala 从 Bocchi 的两次方块扣叫、一次梅花扣叫可看出其方块缺门及 ♣K。而且越过五阶将牌的 6♦ 扣叫同时表明了大满贯兴趣，即通常是有很好的将牌。于是结合自己手上的 ♠K、3 个旁门 A 及额外赢墩一举跃上了大满贯。

例9.2

♠	654	♠	AK2
♥	AQ43	♥	K2
♦	J976	♦	—
♣	AK	♣	Q10876542

1♦	2♣
2♥[1]	3♣
3♠[2]	4♦[3]
4♠[4]	5♥[5]
5♠[6]	7♣
==	

1. 除非5-6红花色，通常4张方块有余力，4张红心或3-3-4-3型。

2. 此时扣叫3♦应保证♦A或♦KQ，3♠则是3NT前的最后一班车。

3. 已知同伴没有♦A，缺门时依然使用反冲式罗马关键张问叫。

4. 3个关键张。

5. 对红心的花色问叫。

6. 之前已表明红心有长度，加一级显示♥Q。

9.1.2 复杂局势

接下来我们要讨论的是一些非常规扣叫的原则及特殊含义。

·当无法叫某个花色（配合同伴或强调自己的套）且逼叫时，四阶将牌以下的扣叫只表示满贯兴趣，但不保证控制。而四阶将牌以上的扣叫则确保控制。

例9.3

♠	AK107	♠	QJ84
♥	AKJ64	♥	105
♦	KQ6	♦	73
♣	A	♣	K9872

2♣	2♦[1]
2♥[2]	2♠[3]
3♠[2]	4♦[4]
4NT[5]	5♦[6]
6♠	==

1. 0－1 控制。

2. Kokish 约定叫系列，显示红心加黑桃套。

3. 无特殊牌的等待叫。

4. 此为我们要重点讨论的叫品。

之前的 2◆、2♠ 已否认有好的 6 张套，现在 4♣、4◆ 均为配合同伴花色的扣叫而不可能是实叫。同时在同伴显示双套，且有两个可以显示配合的扣叫时：低、高扣叫分别显示配合低、高套。这也被称为标识性扣叫。

4◆ 显示黑桃配合，且有不愿仅叫 4♠ 的余力，但并不保证方块控制。

5. 反冲式罗马关键张问叫。

6. 在显示过 0－1 控制后，加二级表明♠Q。

例 9.4 2020 年 Columbus－Alt 网络赛第二轮

第 5 副　南北有局

```
              ♠ Q9
              ♥ AK52
              ◆ AQ6
              ♣ J852

♠ —                        ♠ J7642
♥ QJ83          北         ♥ 10764
◆ K1098753   西    东      ◆ 2
♣ Q10           南         ♣ 943

              ♠ AK10853
              ♥ 9
              ◆ J4
              ♣ AK76
```

西	北	东	南
Nystrom	Hanlon	Upmark	McGann
	1NT	--	2♥
3◆	--	--	4◆[1]
--	4♥[2]	--	5♣[3]
--	5♥[4]	--	6♠
--	7♠[5]	==	

1. 由于此时叫 3♠、4♠ 均不逼叫，因此只能通过扣叫 4◆ 来显示黑桃套

的满贯兴趣——但不保证方块控制。

2．16 点且点力基本都有效，最后一班车显示余力。

3．扣叫，同时有寻求方块控制（否则相邻两套应优先扣叫对方花色）及余力的意思。

4．扣叫，同时承诺方块控制。

5．这一决定相当冒失，毕竟同伴之前既未在 4♥ 后跳叫 5♠ 又未在 5♥ 后做大满贯试探。不叫应属合理。

不过这副冒叫的 7♠（大概率输 1 墩梅花）在幸运女神的眷顾下惊险地获得了成功。庄家在 ♦J 赢得首攻之后，取 ♠Q9（发现 ♠5－0）、♣AK（幸运地击落 ♣Q）、♥AK（手上垫 ♣7）、将吃红心，♣J 进入明手。在接下来从明手打第四轮梅花时对东家形成擒将局势：其如果将吃将被盖吃并清将；其如果垫红心，庄家将垫方块并最终捉住 ♠J。

·强牌直接扣叫最远的花色时，保证所有的旁门花色均有控制。

这一原则的理论基础是：作为一手强牌，其不可能在越过的两个旁门花色中均无控制。

例 9.5

♠ J874		♠ KQ65
♥ K6	西 东	♥ A3
♦ AQ8		♦ K97432
♣ A743		♣ K

1♣	1♦[1]
1NT[2]	2♦[3]
2♠	3♠
4♥[4]	5NT[5]
6♦	6NT[6]
==	

1．Walsh 式应叫，如果还有 4 张以上高花，至少有邀局实力。

2．均型牌，可能含 4 张高花。

3．虚叫，进局逼叫。

4．作为开叫的牌，扣叫最远的红心显示所有的旁门均有控制。

5．已知同伴持有 ♥K、♦A、♣A，那么其黑桃上肯定没有 A。以 5NT

作为满贯选择是比较合理的叫品。

6．在同伴表明方块上的实力后，6NT 应是最佳定约。

6♠不仅要求♠3－2 分布，还要对方不能将吃方块。6♦要好一些，但是也存在被对方将吃黑桃的可能。

例9.6　2017 年 BBO 训练赛

♠ 6		♠ 9742
♥ KQ10872	西　东	♥ A3
♦ AQ103		♦ KJ942
♣ A2		♣ 84

1♥	（2♣）	加倍
3♦[1]		4♦[2]
5♣[3]		6♦[4]
==		

1．15 点及很好的 6－4 套，邀叫。

2．将同伴的三阶低花跳邀叫加至四阶为实叫且逼叫。

3．强牌直接扣叫最近的花色保证所有旁门花色控制。

4．同伴的牌不会逊于实际持牌，但也不会人好（之前仅叫 3♦邀叫）。

·试探大满贯的扣叫保证第一轮控制。

例9.7　2019 年世界桥牌团体赛百慕大杯循环赛第九轮

（意大利队——中国队）第 4 副　双方有局

	♠ 10732	
	♥ 864	
	♦ 104	
	♣ J742	

♠ AKQJ865	北	♠ 4
♥ —	西　东	♥ Q5
♦ Q762	南	♦ AKJ85
♣ 105		♣ AK983

	♠ 9	
	♥ AKJ109732	
	♦ 93	
	♣ Q6	

开室（中国队）：		闭室（意大利队）：	
西	东	西	东
陈岗	庄则军	Sementa	Bocchi
1♠	2♦ (4♥)	3NT	4♦ (4♥)
5♥	7♦	5♥	6♠
==		==	

总共两轮叫牌，还是在对方阻击叫干扰的情况下，就达到需要将吃的大满贯定约恐怕很少见吧？而开室的中国组合就是这么简洁而准确。其关键就在于5♥扣叫。作为正常开叫1♠的西家，如果没有方块配合是不可能一下叫那么高的。而这一高于五阶配合将牌的扣叫当然是在试探大满贯，那么其显示的一定是第一轮控制。之后，持有低花 AK 的东家实在很难找到拒绝接受大满贯邀请的理由。

闭室西家开叫 3NT 显示一个 7 张以上的（准）坚固高花套，有限实力。之后持强牌的东家以 4♦ 表示温和的满贯兴趣（4♣为强烈的满贯兴趣）。西家的 5♥ 扣叫同样是保证第一轮红心控制，因为在逼叫性不叫的局势下第二轮控制可以通过不叫和加倍中较强的叫牌（依同伴间约定）来表示。东家在一番停顿后做出的 6♠ 跳叫给人以考虑不周的感觉。此时更好的处理是扣叫 6♥——作为一般性大满贯邀请，其标明越过的两个花色均很好，否则将扣叫其中的某个花色。诚如是，西家最后叫到 7♠ 应该没有什么困难。

意大利组合错失了大满贯，而中国队收入 13IMP。

·以成局线以下的叫品作为对方花色的替代扣叫。

在对方阻击叫后，我们可以将成局线以下有限的叫品用来显示对方花色中的控制。例如：

a) 1♠　　--　　2NT *　4♦　　b) 1♠　　2NT　3♦ *　4♣

4♥　　　　　　　　　　　　　4♥

*4 张以上黑桃，进局逼叫。　　* 配合黑桃，至少邀局实力。

在 a）中 4♥ 表示有一定的余力，且在方块中有控制。在 b）中 4♦ 为对方花色方块扣叫，4♥ 则是显示对方花色梅花中有控制。在对方争叫之后，表明对方花色中的控制情况显然应优先于显示未叫花色中的控制。这类显示对方花色中控制的替代叫品可以与逼叫性不叫系列（不叫：无控制；加倍：单缺）结合使用，使得对持牌有更清晰的描述。

例 9.8　2018 年 BBO 网络赛

第 16 副　东西有局

```
                    ♠ 10
                    ♥ 87
                    ♦ KQ987
                    ♣ KJ1065

  ♠ AK865          北          ♠ QJ72
  ♥ QJ42        西    东        ♥ AK9
  ♦ 54             南          ♦ A1032
  ♣ A7                         ♣ 92

                    ♠ 943
                    ♥ 10653
                    ♦ J6
                    ♣ Q843
```

西	北	东	南
1♠	2NT	3♦ [1]	4♣
4♥ [2]	——	5♥ [3]	——
6♠	==		

1. 配合黑桃，至少邀局实力。

2. 替代扣叫显示梅花控制，但否认方块控制。

3. 扣叫，表明好红心及方块控制，满贯邀请。

· 扣叫寻求额外实力、赢墩。

例 9.9 2016 年美国桥牌锦标赛暨美国国家队选拔赛决赛

第 30 副　双方无局


```
                 ♠ AK6
                 ♥ 10943
                 ♦ Q74
                 ♣ A106
♠ Q74        北              ♠ J1098532
♥ Q765    西     东          ♥ KJ
♦ J965       南              ♦ 1032
♣ J5                         ♣ 2
                 ♠ —
                 ♥ A82
                 ♦ AK8
                 ♣ KQ98743
```

开室：		闭室：	
北	南	北	南
Fleisher	Martel	Lall	Bathurst
（3♠）加倍		（2♠）加倍（3♠）	
3NT	4♣	3NT	4♣
4♥	6♣	4♠	6♣
==		==	

两队都错过了这个可以摊牌打成的大满贯。

开室 Fleisher 的 3NT 并不承诺足够的实力，因此在同伴示强的 4♣ 之后更有理由扣叫 4♠ 显示配合，而不必叫如此弱的红心。

闭室 Lall 主动叫出的 3NT 已保证足够的进局实力，之后又扣叫 4♠ 显示梅花配合及♠A，Bathurst 立刻叫 6♣ 而未做任何大满贯试探过于保守。更好的进程可以是：

西	北	东	南
		2♠	加倍
3♠	3NT	--	4♣
--	4♠	--	5♦ [1]
--	5♠ [2]	--	6♦ [3]
--	7NT [4]	==	

1.　此时 4NT 为接力关键张问叫。而这手牌并不缺关键张（同伴的 4♠ 应该保证 2 个黑花色 A），因此扣叫 5♦ 更为合适。

2.　显示 ♠K，否认 ♥A。

3.　已能数到 12 个赢墩。现在叫 5NT 是需要某个 K，而 6♦ 则是花色问叫寻求第三轮控制。鉴于其越过了 6♣，这也表明至少可以打成 6NT。

4.　无第三轮控制时示弱 6NT；双张时叫 7♣；有 Q 时直接 7NT。

例 9.10　2014 年美国桥牌锦标赛暨国家队选拔赛四分之一决赛

第 49 副　双方无局

```
              ♠ AQ106543
              ♥ —
              ♦ AQ98
              ♣ A3
♠ J9                           ♠ —
♥ Q98         北                ♥ K7652
♦ 107      西      东           ♦ KJ654
♣ KJ9862      南                ♣ 105
              ♠ K872
              ♥ AJ1043
              ♦ 3
              ♣ Q74
```

第 1 桌：

北	南
Wooldridge	Hurd
1♠　(2♠¹)	3♥²
5♥	5NT
6♥	6♠
==	

第 2 桌：

北	南
Weinstein	Grabel
1♠　(2♠¹)	3♥²
4♣	4♦
7♠	==

第 3 桌:		第 4 桌:	
北	南	北	南
Gu	Lair	Rosenberg	Willenken
1♠ (2♠¹) 3♥²		1♠ (2♠¹) 3♥²	
4NT	5♠	4♣	4♦
5NT	6♠	5♥	5NT
7♠	==	6♦	7♠
		==	

1. 5-5 以上红心加低花。

2. 配合黑桃，邀叫以上实力。

在上述两场比赛中，第一轮的进程完全一样。在此之后从开叫人的角度来看小满贯基本上总是要叫的，关键是如何试探大满贯。必须看到如果能打成大满贯，应叫人必须在方块中有足够的帮助，同时要有♥A 或♣K 以解决梅花输张。四位开叫人中两位扣叫4♣，一位5♥排除关键张问叫，一位常规关键张问叫。由于持有红心缺门，我们首先会弃用常规关键张问叫。直接排除关键张问叫也不合适，因为北家持牌漏洞太多，问出同伴的关键张（♠K）后两门低花都需要进一步核实，但空间恐已不足。

当然具体到这副牌，第 3 桌常规关键张问叫碰到同伴同时有♠K 和♥A 也算不错，之后只要核实同伴的方块即可。不过 5NT 问特定 K，听到同伴示弱的 6♠后继续挺进 7♠岂非前后矛盾了？第 1 桌 Wooldridge 排除关键张问叫之后再叫缺门花色的6♥属一般性大满贯邀叫，Hurd 因红心点力过多而拒绝。

我们认为开叫人最好的选择应该是扣叫4♣并希望同伴能扣出 4♦。在第 2、第 4 桌北家的4♣扣叫之后都得到了同伴扣叫 4♦的积极响应。这无疑使北家受到了极大的鼓励。Weinstein 更是一跃冲入 7♠。Rosenberg 则是在此时启动排除关键张问叫并在得知同伴的♠K 之后接着用6♦询问特定 K（6♣为问♠Q）。Willenken 考虑到如果同伴需要♦K，自己的 4 张将牌可以提供足够的将吃；如果同伴需要♣K，那么其在没有♣Q 的情况下就是在寻求 1 个额外赢墩，未显示的♥A 正合适。于是直接叫 7♠。Rosenberg/Willenken 的进程充分展现了对扣叫、关键张问叫及其后续的准确把握，令人称道。

7♠属合格定约，但在♠2-0 且庄家不知道东家哪门低花长套时很难完成。实战中第 2-4 桌的 7♠均在庄家试图将吃第三轮方块的路线下宕一。

9.2　扣叫与止张

西方式扣叫：扣叫对方花色寻求止张。

应用范围：通常在对方叫过一门花色之后使用。

东方式扣叫：扣叫对方花色显示止张。

应用范围：通常在对方叫过两门花色之后使用。

这里的对方花色是指对方的主套、5 张以上套（5-5 以上的争叫为两套，即使仅一套被叫过或配合）以及配合过的套。

例 9.11　2020 年 BBO 训练赛

第 5 副　南北有局

		♠ A432		
		♥ K97		
		♦ Q105		
		♣ A42		

♠ 9875		♠ Q10
♥ AJ1052	北	♥ 843
♦ AJ	西　东	♦ 842
♣ J7	南	♣ Q10865

	♠ KJ6
	♥ Q6
	♦ K9763
	♣ K93

西	北	东	南
开室：	顾江		Perlin
	1♣	——	2NT[1]
——	3NT	==	
闭室：	王建坚		史骏
	1♣	——	1♦
1♥	1♠	——	2♥
——	2NT	==	

1. 13 点以上均型，进局逼叫。

开室南家主打 3NT，在 ♥J 首攻后仅失 2 个红花色 A，超二 +660。

闭室北家主打 2NT，在 ♥3 首攻后要多输 3 墩红心，正好打成 +120。

庄位的正确与否造成了 3 墩牌的出入。我们建议闭室的改进进程为：

西	北	东	南
	1♣	——	1♦
1♥	1♠	——	2♥
——	3♥	——	3NT
==			

这手牌成功的关键在于东家叫出的 3♥，并赋予其正确的定义。

我们建议以下约定：无将不利位置的三阶扣叫在以下情形下是显示止张而非寻求止张：

· 加叫同伴寻求止张的二阶扣叫至三阶。

· 之前放弃过三阶扣叫寻求止张的机会（如果只是为了寻求止张，之前或许就可以扣叫）。

以上面的实战牌为例，北家在同伴的 2♥ 扣叫之后不难看出自己处于不利的庄位。如果同伴持有 ♥Q 或 ♥J，由其主打无将将至少会多出 1 个止张（赢墩）。与其叫鸡肋型、庄位错误的 2NT，不如试图由同伴打庄位正确的 3NT。依照我们上述对不利庄位三阶加叫扣叫花色的定义——3♥ 显示止张（但不是很好）将导致如开室一样地由南家主打 3NT。

例 9.12　2017 年世界桥牌团体赛威尼斯杯循环赛第十三轮

（中国队——英格兰队）第 1 副　双方无局

```
                    ♠ J72
                    ♥ AKJ2
                    ♦ A2
                    ♣ A984
  ♠ 83                              ♠ AQ1094
  ♥ 10854          北               ♥ Q963
  ♦ J1074      西      东           ♦ K65
  ♣ Q76            南               ♣ 2
                    ♠ K65
                    ♥ 7
                    ♦ Q983
                    ♣ KJ1053
```

	西	北	东	南
开室：		1♣[1]	1♠	2♣
	--	3♣	--	3♦
	--	3♥	--	3NT
	==			
闭室：		1NT	2♣[2]	加倍
	3♥	3NT	==	

1. 16 点以上。

2. 双高花。

闭室北家主打 3NT。在 ♥3 首攻之后取得 3 墩红心、4 墩梅花（提 ♣AK 后送 ♣Q）、♠K 及 ♦A，+400。

开室南家主打 3NT。西家首攻 ♠8，庄家虽然可以忍让一次但毕竟不利的庄位在黑桃上仅有一止。其在 ♠K 进手后提 ♣AK，送 ♣Q 到西家。接着以 ♦A 吃住 ♦4 换攻，在兑现完梅花后飞 ♥Q 失败，宕二，−100。

如果开室南家在同伴 3♥ 之后有叫 3♠ 显示止张（之前曾叫 3♦ 放弃了直接三阶扣叫寻挡的机会）的手段，就可以由庄位有利的北家主打 3NT。

如果说扣叫寻求止张探索 3NT 极为常见的话，以之检查打 6NT 甚至 7NT 就非常少见了。然而在一些对方阻击叫——叫牌空间被严重压缩的进程中，这类寻求止张的扣叫确实是必要的。

例9.13 2017 年美国桥牌锦标赛暨美国国家队选拔赛（二队）决赛

第四节　第 27 副　双方无局

```
                    ♠ 8
                    ♥ Q1053
                    ♦ J82
                    ♣ 109854

     ♠ K107          北          ♠ Q43
     ♥ AKJ       西      东       ♥ 98
     ♦ 543           南          ♦ AKQ106
     ♣ KJ72                      ♣ AQ3

                    ♠ AJ9652
                    ♥ 7642
                    ♦ 97
                    ♣ 6
```

开室：		闭室：	
西	东	西	东
Grue	Moss	Bathurst	Lall
	（2♠）	1NT	3♣ [1]
2NT	6NT	3♦ [2]	4♦
==		4NT	==

1．询问 5 张高花。

2．无 5 张高花。

开室持有 17 点及一个极佳 5 张套的 Moss 在 Grue 的 2NT 之后"勇敢地"径直跳叫 6NT 并获得了成功。闭室在 Lall 显示方块长套之后，持有 3 张支持及不错控制的 Bathurst 选择最弱的 4NT 实属保守。

两位庄家均毫无困难地获得了 12 墩牌，6NT 定约赢得了 11 IMP。

公平地说，开室 6NT 的完成有点幸运的成分，万一西家持：

♠ J1072	♥ AKQ	♦ J3	♣ KJ72？

实际上东家在 2NT 后最佳的选择应该是 5♠——以扣叫寻求第二轮以上止张。同伴的后续答叫可类似于在对方竞叫后的五阶高花加叫（详见第 14 章）寻求第二轮以上控制之后：在无黑桃第二轮止张时叫 5NT；有 ♠K 时叫 6NT；有 ♠A 时扣叫 6♠。这一点在将 ♠Q 换作 ♥Q 时更为必要，毕竟同伴持 ♠QJ 的概率也不小。

例 9.14 2018 年英国 Camrose 金杯赛第一轮

第 11 副　双方无局

```
                    ♠ AKQJ942
                    ♥ —
                    ♦ AKQJ10
                    ♣ A

        ♠ 10873                      ♠ 65
        ♥ AQJ9875        北          ♥ 6
        ♦ 32         西      东       ♦ 987
        ♣ —              南          ♣ J1087632

                    ♠ —
                    ♥ K10432
                    ♦ 654
                    ♣ KQ954
```

西	北	东	南
			——
4♥	7♠	——	——
加倍	——/再加倍	==	

Camrose 金杯赛是一个始于 1937 年，由英格兰队、苏格兰队、威尔士队、北爱尔兰队、爱尔兰队及上一年冠军队参加的高水平年度赛事。

将北家的这手牌称为"百年一遇"肯定不算过分。遗憾的是六位参加英国最高水平杯赛的持牌人均辜负了"牌神"赐予的这样一副好牌（抑或是陷阱）。7♠加倍定约（英格兰队的 Byrne 还"机智"地做了一次努力——再加倍，希望同伴有♥A 时能改叫 7NT）在梅花首攻后黯然宕一。

希望我们的读者朋友们在下次遇到这样的牌时能把握得更好。其实正确的处理方法很简单：北家应在 4♥后叫 7♥——请同伴有♥A 时叫 7NT（最安全的定约），否则叫 7♠（确保正确的庄位）。很好理解是不是？

与对方叫牌后的西方式扣叫、东方式扣叫类似，在自由叫进程中大部分牌手也有类似的约定，即：当所叫为第四花色时是寻求止张，而当所叫为第三花色时则是显示止张。这一点对于成局选择——无将或是有将定约往往是至关重要的。

然而在一些相对复杂的进程中，某个叫品应该属于第三还是第四花色或许并不是那么清晰，甚至偶尔也会在长期固定的顶级搭档间产生误会，并造成极为严重的后果。先看一个相对简单的牌例。

例 9.15

	♠ KJ42			♠ A3
	♥ —	西	东	♥ J873
	♦ KQ2			♦ AJ97
	♣ AKJ1054			♣ 762

1♣	1♥
1♠[1]	1NT
3♣[1]	3♦[2]
3♠[3]	4♦[4]
6♣[5]	==

1. 与直接跳叫 3♣类似的 16～18 点及 6 张梅花，同时还有 4 张黑桃。

233

2. 第四花色通常是寻求该花色中的止张，但并不是所有进程中的实叫花色都被认为是"叫过的花色"。

原则：在开叫人持显示过两套的强牌并于三阶试探 3NT 时，10 点以下弱牌应叫人的一盖一应叫花色将与未叫花色一样处理。换句话说就是哪套好叫哪套，即认为是叫第三套显示实力而不是第四套寻求止张。

如此规定的依据是：可能持较弱牌的一盖一应叫仅仅是显示 4 张以上套，而未见得一定在其中有多少实力。对于大多数不采用这一方式的牌手来说，将无法显示红心弱而方块强的牌，赌 3NT 或许就是最好的选择了。

3. 非常乐见同伴在红心中没有浪费，显示黑桃中的点力。

4. 如此弱的红心当然不能叫 3NT。持有 2 个 A 的高限牌，继续扣叫。

5. 看来同伴是红心没有浪费的高限牌，6♣ 应该有很好的机会。

再看一个世界大赛中的牌例。

例 9.16 2015 年世界桥牌团体赛百慕大杯半决赛

（瑞典队——美国二队；波兰队——英格兰队）

第 90 副 双方有局

```
                    ♠ 983
                    ♥ AK32
                    ♦ 9863
                    ♣ K8

   ♠ AKJ10          北              ♠ Q75
   ♥ 10974      西      东          ♥ 865
   ♦ —              南              ♦ AQ7
   ♣ QJ1094                         ♣ A652

                    ♠ 642
                    ♥ QJ
                    ♦ KJ10542
                    ♣ 73
```

第1桌（美国二队）：		第4桌（波兰队）：	
西	东	西	东
Hurd	Wooldridge	Kalita	Nowosadzki
	1♣		1♣
1♥	1NT	1♥	1NT
2♦	2♥	2♦	2♥
2♠	2NT	3♣	3NT
3♣	3♦	5♣（加倍）==	
5♣（加倍）==			

上述的东西组合都错过了最佳的 3NT 而叫到了很差的 5♣。北家在知道对方 ♥4-3 配合的情况下果断加倍。防守方从首攻 ♥Q 开始先取 3 墩红心，而北家随后继续的第四轮红心又为己方提升出 1 墩将牌。加倍宕二的 +500 结合队友在另一桌上获得成功的 3NT，瑞典队及英格兰队均取得 15IMP。

美国组合的问题是对 3♦ 的理解。Wooldridge 试图将之作为梅花配合后的扣叫显示其中的实力，而 Hurd 则认为这是第四花色寻挡——即方块薄弱，于是便直接冲上 5♣。由于之前的 2NT 已经表明了方块止张，现在在同伴进局逼叫的 3♣ 配合之后应是显示点力位置。也就是说，我们支持 Wooldridge 对 3♦ 的理解，但并不支持此时使用该叫品。持 3-3-3-4 型的低限牌且其中 6 点在同伴较短的方块中，直接止叫 3NT 显然更为合理。

波兰组合的进程中，Kalita 在 2♥ 后立刻 3♣ 明确配合也将是我们的选择。之后方块明显强于黑桃的 Nowosadzki 或应考虑叫 3♦，但是同时表明方块和黑桃止张且通常低限的 3NT 也是一个选择。Kalita 最后的 5♣ 为我们所不取，相信这一决定或许是出于对方块的担心外加临场的感觉吧。

9.3 扣叫（及其他满贯叫牌）被加倍之后

在我方试探满贯时常会碰到被对方加倍指示首攻的情况。之后我们需要采取有效的应对措施，以期准确地叫到合格的满贯或避免不合格的满贯。这其中需要考虑的主要因素包括：硬控制、软控制、额外实力、叫牌空间。

如果我们的叫牌保证第二轮控制（例如扣叫），那么同伴在对方加倍后的应对如下：

·止叫：无控制或 Q，且无余力。

·不叫：无控制或 Q，但有余力。之后原始的扣叫人可以：

止叫：仅有 K，且无额外实力试探可以由其做庄的满贯；

再加倍：第一轮控制；

扣叫：继续满贯试探，但否认第一轮控制（可能仅有 K 及相当余力，试探由其做庄的满贯定约）。

·再加倍：确保没有 2 个快速输墩（至少有 Q）。

·将牌花色之下的扣叫：至少第二轮控制，且有额外实力。

·越过将牌花色的扣叫：第一轮控制，显示额外实力。

如果我们的叫牌不保证第二轮控制（例如最后一班车、对问叫的答叫），那么同伴在对方加倍后的应对如下：

·止叫：无控制，且无余力。

·不叫：无控制，但有余力。之后同伴可以：

止叫：无控制；

再加倍：确保没有 2 个快速输墩（A、KQ 或单缺）；

扣叫：继续满贯试探（可能仅有 K 及相当余力，试探由其做庄的满贯）。

·再加倍：至少第二轮控制。

·扣叫：对方花色中有控制，显示余力。

上述大纲可以简单总结为：止叫最弱、不叫次之、再加倍确保没有 2 个快速输墩、扣叫要视具体情况而定。

例 9.17

♠ Q72		♠ AKJ1064
♥ 6	西　东	♥ A4
♦ AKJ8432		♦ 965
♣ A9		♣ 54

1♦	(3♣)	3♠
4♣[1]	(加倍)	——[2]
再加倍[3]		4NT[4]
5♠[5]		5NT[6]
7♠[7]		==

1. 扣叫显示好于直接加叫 4♠的牌，但并不保证梅花控制。

2. 无控制。

3. 确保没有 2 个梅花快速输墩。

4. 关键张问叫。

5. 2 个关键张及 ♠Q。

6. 问特定 K。表明关键张到齐的大满贯试探。

7. 只要不缺关键张，这手牌将提供充足的赢墩。

例 9.18 2018 年 BBO 训练赛

第 16 副 东西有局

	西	东	
♠ AKJ972			♠ Q84
♥ A6			♥ Q97
♦ J84			♦ K7
♣ A9			♣ KQJ106

1♠	2♣
2♠	3♠
4♣[1]（加倍[2]）	4♦[3]（加倍）
——[4]	4♥[5]
6♥[6]	6NT[7]
==	

1. 扣叫，严肃满贯试探。

2. 心理性加倍。

3. 保证梅花没有 2 个快速输墩，扣叫方块。

4. 无方块控制。

5. 最后一班车，否认第一轮方块控制，可能仅有 ♦K 及相当余力。

6. 有足够的余力叫进满贯，请同伴在有 ♦K 时主打 6NT。

7. 遵命。

例 9.19 2017 年世界桥牌团体赛威尼斯杯决赛

（英格兰队——中国队）第 71 副　双方有局

<pre>
                    ♠ 963
                    ♥ QJ104
                    ♦ 98
                    ♣ KQJ2
  ♠ J4   ♠ K1072
  ♥ AK92   北   ♥ 83
  ♦ AKQ1073   西   东   ♦ J65
  ♣ 6   南   ♣ A1073
                    ♠ AQ85
                    ♥ 765
                    ♦ 42
                    ♣ 9854
</pre>

	西	北	东	南
闭室：	Smith	王文霏	Draper	沈琦
				——
	1♦	——	1♠	——
	2♥	——	3♦[1]	——
	4♣[2]	——	4♠[2]	加倍
	——[3]	——	5♣[4]	——
	6♦[5]	==		

1. 配合方块，进局逼叫。

2. 扣叫。

3. 无控制。

4. 期望同伴有♠Q 或颇多余力。

5. 认为同伴能确保黑桃不连失 2 墩。

6♦ 定约在黑桃首攻后迅速宕一。而开室的中国东西组合王南/黄艳则完成 3NT，并取得 12IMP。

这里有两点需要明确：首先是西家在加倍之后的不叫。如果如我们建议的用作显示既无控制也无♠Q，之后持有低限牌的东家就不应再做满贯试探了；其次是东家的 5♣。如果其很可能只有♠K 的话，除非南家仅凭♠A 加倍（可能性不大），6♦ 是不会成功的。

例 9.20 2018 年北美桥牌锦标赛（夏季）斯平果尔德杯决赛下半场

第 21 副　南北有局

```
                    ♠ 97
                    ♥ 10954
                    ♦ KJ10
                    ♣ Q732

♠ AK                  北              ♠ J108542
♥ AKQJ2        西           东         ♥ —
♦ 854                 南              ♦ A3
♣ K109                               ♣ AJ654

                    ♠ Q63
                    ♥ 8763
                    ♦ Q9762
                    ♣ 8
```

开室：		闭室：	
Willenken	Ginossar	Helgemo	Helness
	1♠		1♠
2♥	2♠[1]	2♥	2♠[1]
2NT	3♣[2]	2NT	3♣[2]
3♠[3]	4♠	3♥[3]	3♠
5♠[4]	==[5]	4♦[6]（加倍）	4♠[7]
			==

1. 笼统叫。这手低限牌尚不足以在三阶直接出梅花套。

2. 4 张以上，实叫。

3. 之前叫过 2NT，现在的 3♥、3♠ 都是表示显示点力位置。Willenken 以 ♠AK 配合同伴的 3♠ 叫牌描述性更好。

4. 请同伴在有方块控制时叫满贯。

5. 顾虑同伴黑桃只有一个大牌时会有两个将牌输墩。

6. 此时的 4♣、4♥ 都是实叫，因此 4♦ 这个 4♠ 前唯一的叫品就是最后一班车的满贯试探。

7. 由于 4♦ 并不保证方块控制，因此在对方的加倍之后 Helness 只要有方块控制就应该再加倍。但是其由于黑桃将牌弱而决定不予显示。之后方块无控制的 Helgemo 自然是不叫。

239

这手牌错失满贯的主因是开叫人在依仗牌型开叫后，出于对将牌质量的顾虑而隐瞒了方块控制，使得有着强大实力但缺方块控制的应叫人误认为存在两个方块输墩。

如果♦A换成♦K，我们会更能理解开叫人的处理。但在持有第一轮控制时完全不做显示（第二张方块显然可以垫在同伴的♥A之下），则有些矫枉过正。尤其是尚处于四阶的 Helness，如果能叫出再加倍，Helgemo 接下来肯定就是关键张问叫。

对方的首攻指示性加倍的主要目的当然是帮助其同伴，但是作为满贯试探的一方也会接收到同样的信息。如果能因势利导、善加利用，也可能会收到奇效。

例9.21 2019 年世界桥牌团体赛百慕大杯半决赛

（荷兰队——挪威队）第 30 副　双方无局

```
                 ♠ 32
                 ♥ 74
                 ♦ KJ9853
                 ♣ KJ9
  ♠ K6                          ♠ A10985
  ♥ KJ932      北               ♥ Q1085
  ♦ 107     西     东           ♦ AQ2
  ♣ A875       南               ♣ 10
                 ♠ QJ74
                 ♥ A6
                 ♦ 64
                 ♣ Q6432
```

开室（挪威队）：		闭室（荷兰队）：	
西	东	西	东
Tundal	Kvangraven	Verhees	Prooijen
	1♠		1♠
2♦（加倍）	2♥	2♥	4♣（加倍）
4♥	==	再加倍	4♦
		4NT	5♠
		6♥	==

闭室的荷兰组合充分利用了对方提供的空间和信息成为四大杯赛十六支半决赛队伍中唯一叫到并完成满贯的队。

闭室东家在同伴应叫 2♥ 后 Splinter 叫 4♣ 显示单缺及 4 张以上配合。南家加倍表示希望黑桃首攻，西家再加倍展示黑桃控制及满贯兴趣。东家此时知道手上 ♦Q 可以升值（南家不会有 ♦K），虽然持低限牌依然做出了响应性扣叫 4♦。这使得西家足以进行关键张问叫并最终达到 6♥。在确定 ♦K 可以飞中后，只要一个高花均分就可以了。庄家实际上得到了 3 墩黑桃、6 墩红心（含将吃）、2 墩方块及 1 墩梅花，+980。

开室西家的 2♦ 为红心套的邀局实力。之后东家虽然在北家的加倍后知道 ♦AQ 等同于 ♦AK，但还是因低限实力而没能有勇气做 Splinter 叫。东家主打 4♥ 也得到了 12 墩，但是失去了 11IMP。

反思：虽然我们也使用加倍对方 Splinter 叫建议高花首攻的约定，但并不支持南家在 4♣ 后使用这个约定。毕竟 ♠QJ 通常不能产生防守赢墩，而这声加倍既给了对手信息又让对手获得了额外的叫牌空间。

9.4　扣叫的局限性

关键张问叫的禁忌在许多桥牌典籍中都有强调，这也使得大部分牌手对这方面的知识都有着相当的了解。但是由于扣叫的局势及应用相对复杂，很少有专家对其正确的应用局势及其固有的局限性做充分的讨论。这也直接导致了即使是中高级牌手，也会在扣叫的运用中时常出现错误甚至滥用。

与关键张问叫一样，扣叫的主要功能是确定有限的输墩，而这一定是在有足够赢墩的基础上进行才有效。如果在尚未使用可能更为有效的手段以探索是否会有 12 个赢墩的情况下，就贸然使用扣叫显示控制，无疑是舍本逐末的做法。

例 9.22 2014 年女子集训队内训练赛

♠ AQJ1053			♠ 974	
♥ 8			♥ A10763	
♦ A108		西 东	♦ 7	
♣ KJ8			♣ AQ53	

开室：		闭室：	
1♠	1NT	1♣	1♥
3♠	4♣	1♠	2♠
4♦	4♥	3♠	4♣
4♠	==	4♦	4♥
		4♠	==

开室使用二盖一体系。在开叫人 3♠ 邀请之后，双方做了三次扣叫最后止于 4♠。闭室使用精确体系。早早在 2♠ 就形成了有配合且逼叫进局的有利形势。但是其并未能在后续进程中发挥出这一优势，亦是在开叫人 3♠ 之后进行了三次同样的扣叫，并最终止于 4♠。

对上述两个进程的评价可以归结为：太多的扣叫、太少的有效信息。很显然这手牌之所以能完成 6♠ 的关键在于双方均有 1 个单张，而同伴在此花色上没有浪费。而这些信息是显示控制的扣叫所无法描述的。这副牌再次说明在叫牌的中期，包括展示长套的赢墩来源、短套的有效将吃等牌型方面的信息远比显示控制要有意义——毕竟足够的赢墩是满贯定约首先要具备的条件。

那么我们如何令人信服地叫到这个铁打的满贯呢？这需要借助于我们在接下来的一章中将要讨论的另一个满贯叫牌的重要武器——寻求帮助叫。

第⑩章 寻求帮助叫
——检查有效点力

10.1 基本定义

寻求帮助叫是指通过叫某个旁门花色来展示该花色一定的长度，并希望同伴在该花色中能提供帮助。寻求帮助叫的主要目的是使同伴能更加准确地衡量其点力，尤其是次级大牌的有效性。在寻求帮助花色中的所有点力均属有效。如果在该门花色中为单缺，应结合将牌的长度决定其价值。而在不需要帮助的花色中（如寻求帮助叫越过的花色），A 通常有用、K 有待商榷、Q/J 则基本可以忽略不计。

相信寻求帮助叫在成局试探中的应用已为大部分牌手所熟知（详见本系列丛书的第一部《科学二盖一进局逼叫——逻辑与思维》）。但是其在满贯进程中的作用常常被严重低估。即使是一些相当有经验的牌手，也往往将满贯试探的手段局限于扣叫及关键张问叫上。

回到上一章中的最后一个牌例：

例 10.1 2014 年女子集训队内训练赛

	西 东	
♠ AQJ1053		♠ 974
♥ 8		♥ A10763
♦ A108		♦ 7
♣ KJ8		♣ AQ53

实战中的两对牌手都仅使用了不合时宜的扣叫，从而导致错过了极好的 6♠ 定约。如果能够很好地了解并使用寻求帮助叫，就可以避免这一失败的叫牌。正确的进程应该是：

二盖一体系：		精确体系：	
1♠	1NT	1♣	1♥
3♠	4♣	1♠	2♠
4♦	4NT	3♣	4♣
5♠	6♠	4NT	5♥
==		6♠	==

使用二盖一体系，1NT 为有限叫牌，3♠ 属限制性进局邀叫。应叫人只有在持原本是 3 张黑桃有限加叫的牌时才可能有满贯兴趣。即便如此，联手 26 ~28 点含 6 - 3 配合的牌通常也不会产生满贯。其还必须是在有好的点力配置，比如同伴单缺上无浪费之类的有利因素时才行。而在总体实力尚显不足的时候通过检查控制去试探满贯显然是事倍功半的，因为门门有控制并不足以完成满贯。一个简单的例子：联手 25 ~ 26 点的均型牌，没有人会去检查控制和关键张试探满贯，因为赢墩肯定不够。

正确进程中 3♠ 后接下来的叫牌仍然是 4♣，但含义则是寻求帮助叫。其不仅表明一定的梅花长度，且一定是非均型牌。之后开叫人的 4♦ 在表明梅花支持的基础上同时显示方块上的实力，通常也有额外的牌型。厘清了上面的逻辑关系和两个叫品的含义，持理想牌的应叫人完全可以也应该在第三叫立刻启动反冲式罗马关键张问叫，在同伴显示 2 个关键张加♠Q 的 5♠ 答叫后欣然叫到 6♠。

实际上对于在二阶即建立黑桃配合逼局的精确法而言，后续可以更加顺畅。作为相对弱牌的应叫人已显示出 8 点以上、5 张以上红心及 3 张黑桃。依主叫原则，开叫人应该成为主叫方，其不该叫占用了整整一阶空间却没能很好描述旁门长度的 3♠ [应是无单缺 6 - 2 - （3 - 2）型的强牌]，而应采用展示牌型的 3♣ 寻求同伴的帮助。之后 4 张梅花的应叫人可直接加叫 4♣，结合之前所叫的 1♥、2♠ 也就清晰地展现出了短方块的三套型牌。这样在方块中没有浪费的开叫人自然可以启动反冲式罗马关键张问叫，且在获知同伴有 2 个关键张的情况下愉快地叫进满贯。

我们不妨再通过一个实战中的简单进程来进一步了解寻求帮助叫在满贯叫牌中的威力。

例 10.2

♠ AKJ74		♠ Q1085	
♥ A9862	西　东	♥ 743	
♦ —		♦ AK2	
♣ AKJ		♣ Q93	

1♠	3♥ [1]
4♥ [2]	4♠ [3]
5♥ [2]	5♠ [3]
==	

1. 4 张以上黑桃，邀叫。

2. 连续寻求红心上的帮助。

3. 连续示弱。

这副牌只有通过强牌一方——面对成局邀叫仍有满贯兴趣的开叫人的两次红心寻求帮助叫才能帮助相对限制性、弱牌的应叫人正确评估其所持点力的有效性。应叫人在持有最差的红心，明知低花点力至少要浪费一半以上的情况下自然不会有任何积极的响应。

10.2　具体应用

我们把一些常见的寻求帮助叫与扣叫的局势简单归纳如下：

·如果满贯试探者之前除将牌外未叫过其他花色，应使用寻求帮助叫（著名的《桥牌世界》体系对此亦有同样明确的定义）。例如：

a) 1♣	1♥	b) 1♥	2/3♥
2/3♥	3/4♦!	4♣!	
c) 1♠	3♦/♥ *		
4♦!			

* 混合加叫/有限加叫。

例 10.3

♠ AKQ1083		♠ J42
♥ K2	西　东	♥ A65
♦ 3		♦ 8654
♣ AJ102		♣ KQ3

1♠	2♠
3♣¹	3♥
4♣²	5♣³
6♠	==

1. 寻求帮助叫。通常是成局试探，但有满贯兴趣时也是同样的起步。

2. 进一步寻求帮助，表明红花色上除 A 以外的大牌均属无效点力。

3. 之前未加叫 4♣，现在显示很好的 3 张梅花。

例 10.4 2005 年世界桥牌团体赛百慕大杯循环赛第十轮

（中国队——葡萄牙队）第 18 副　南北有局

```
                    ♠ A
                    ♥ J753
                    ♦ 96
                    ♣ K107643
```

♠ Q10832		♠ K754
♥ K2	北	♥ A84
♦ AK1085	西　东	♦ Q74
♣ 5	南	♣ A92

```
                    ♠ J96
                    ♥ Q1096
                    ♦ J32
                    ♣ QJ8
```

开室（葡萄牙队）：　　　　闭室（中国队）：

西	东		西	东
	1NT			1♦
2♦	2♠		1♠	2♠
4♣	4♥		4♠	==
5♠	==			

开室应叫人先以 2♦ 逼叫 Stayman 获知同伴有 4 张黑桃，再 Splinter 叫梅花单缺均属正常。但其随后的 5♠ 被同伴理解为需要将牌强度而放过。

闭室应叫人以一手 5 个输张的好牌直接止叫 4♠ 显得过于匆忙。

我们建议的进程为：

	1♣
1♠	2♠
2NT[1]	3♠[2]
4♦[3]	4♥[4]
4NT[5]	5♣[6]
6♠	==

1. 询问叫。

2. 高限 4 张支持。有 3 个关键张的 13 点牌属于平加叫中的高限。

3. 强牌且之前未叫过其他花色的满贯试探为寻求帮助叫。

4. 全部为有效点力，当然要过渡一下。几乎都是关键张的牌，最好是由实力无上限的同伴来问关键张。

5. 关键张问叫。

6. 3 个关键张。

在应叫人持 ♠K 及 2 个尖花 A 时，6♠ 的成功率约为 63%（♠2 - 2、单张 ♠J、北家单张 ♠A、北家黑桃缺门且方块能吃通）。

例 10.5 2012 年世界智力运动会桥牌公开组决赛

（波兰队——瑞典队）第 70 副　东西有局

```
              ♠ AKQ107542
              ♥ K107
              ♦ 6
              ♣ 2
♠ 63          ┌───────┐     ♠ J98
♥ AQ862       │  北   │     ♥ 953
♦ 1074        │西   东│     ♦ KQ98
♣ Q87         │  南   │     ♣ A64
              └───────┘
              ♠ —
              ♥ J4
              ♦ AJ532
              ♣ KJ10953
```

247

开室（瑞典队）：　　　　　闭室（波兰队）：

北	南		北	南
Nystrom	Upmark		Narkiewicz	Buras
	—			1♦
4♠	==		1♠	2♣
			2♥	3♣
			3♠	3NT
			4♣	5♣
			5♠	6♣
			6♠	==

表面上看这副牌的胜负决定于持边缘牌的 Upmark 未做开叫，而 Buras 则选择了开叫并且在后续进程中与同伴就 4♣ 扣叫的含义产生了分歧。

实际上即使 Buras 做了开叫（符合 19.5 原则），还是应该能够停在安全的 4♠ 上。

北	南
	1♦
1♠	2♣
3♠[1]	3NT
4♥[2]	4♠[3]
==[4]	

1. 6 张以上至少半坚固套，逼叫到局。

2. 强牌且之前未叫过其他花色，寻求帮助叫。同时告知同伴对 A 以外的低花大牌不感兴趣。

3. 整手牌只有 ♦A 这 1 个关键大牌，当然止叫。

4. 示弱的同伴不可能有解决 3 个输张的能力。

例 10.6 2022 年世界桥牌团体赛百慕大杯循环赛第一轮

（丹麦队——英格兰队）第 8 副 双方无局

♠ Q5
♥ J
♦ 107653
♣ A10932

♠ A3　　　　　　　　北　　　　　♠ K10842
♥ K863　　　西　　　东　　　　♥ A109742
♦ Q2　　　　　　　　南　　　　　♦ A
♣ K8754　　　　　　　　　　　　♣ J

♠ J976
♥ Q5
♦ KJ984
♣ Q6

开室（英格兰队）:		闭室（丹麦队）:	
西	东	西	东
Dyke	Byrne	Askgaard	Konow
1♣	1♦ [1]（加倍）	1♦ [3]	1♥
2♥ [2]（4♣）4♦		2♥	4♣
4♥	==	4♥	==

1. 转移叫，4 张以上红心。

2. 低限，4 张红心。

3. 2 张以上方块。

很显然，双方都错过了极佳的 6♥ 定约（百慕大杯赛二十四支队伍中仅有约三分之一的东西组合叫到了 6♥）。

上面的进程也凸显了即便在世界级的牌手中也存在以下问题：

· （开室）过度依赖扣叫，而未能善加利用寻求帮助叫试探满贯；

· （闭室）滥用 Splinter 叫。

只看东西两手牌，6♥ 成功的关键在于开叫人有 4 张红心且能帮助应叫人解决可能的黑桃输张。

开室东家的 4♦ 扣叫并不能告诉同伴其到底需要的是什么，之后绝对低限的开叫人止叫 4♥ 当属情理之中。

闭室东家在无对方干扰的情况下贸然以 2 个单张的牌做出极浪费空间的 Splinter 叫更是大错特错。4♣告知同伴其梅花中的大牌是浪费，难道其方块中的大牌就有用了？

两桌的东家都没有将需要黑桃帮助这一重要的信息传达给同伴。开室合理的处理应是在 4♣之后以 4NT 作为黑桃的寻求帮助叫，之后高花持牌极为有利的西家自会做出积极的响应；而闭室的合理进程则应类似于：

1♣	1♥
2♥	2♠ [4]
3♦ [5]	3♠ [6]
4♣ [7]	4♦ [7]
4♠ [8]	5♥ [9]
6♥	==

4. 询问叫。

5. 低限，4 张红心。

6. 寻求帮助叫。

7. 扣叫，积极的满贯试探。

8. 已是低限 4 张红心中很好的牌了，反冲式罗马关键张问叫。

9. 2 个关键张及 ♥Q（或保证联手 10 张红心）。

·当两手牌强弱分明时：强牌一方叫旁门花色是寻求帮助，弱牌一方叫旁门花色通常是扣叫显示控制。

这里的强牌是指明显地高于开叫实力，如 2♣开叫、跳叫新花色再叫等；弱牌是指最多低限开叫实力，如 1NT 应叫、建设性或有限加叫、低限再叫等。

建立这一原则的理论依据是：一手很强的牌势必有包括点力（A、K）及牌型（单缺）在内的很多控制可以显示，而"众多"的控制在有限叫牌空间的约束下是很难全面展示的。因此其更适合作为主叫方去了解同伴的牌，通过寻求帮助叫告知有限实力的同伴，哪些点力是有效的。而一手较弱的牌则可以通过直接扣叫的方式，将有限实力的位置告知同伴。

例 10.7 2005 年世界桥牌团体赛百慕大杯循环赛第十轮
（中国队——葡萄牙队）第 10 副　双方有局

```
              ♠ Q10
              ♥ Q53
              ♦ Q82
              ♣ J10432

♠ 62                        ♠ 853
♥ K9762        北           ♥ J1084
♦ J4        西    东        ♦ 653
♣ A985         南           ♣ KQ7

              ♠ AKJ974
              ♥ A
              ♦ AK1097
              ♣ 5
```

开室（葡萄牙队）：		闭室（中国队）：	
北	南	北	南
	1♠		1♠
1NT	3♦	1NT	3♦
3NT[1]	4♦	3♠[1]	4♣[3]
4♠[2]	==	4♠	5♥[3]
		5♠	==

1. 有一半以上的点力在同伴的双套中，3♠等待叫要好于 3NT。

2. 完全忽略了两个关键 Q 的作用，起码应该使用 4♥作为最后一班车
——表明一定的进取心。

3. 扣叫。作为超强牌，此时使用扣叫完全无助于同伴对整手牌价值的衡
量。如果应叫人持有♥K 或♣K 将完全无法判断其价值。

251

我们在此提供两个改进的进程：

进程1：		进程2：	
	1♠		2♣
1NT	3♦	2♦	2♠
3♠	4♦	2NT	3♦
4♥	4NT	4♠	6♠
5♣	5♥	==	
5♠	6♦		
==			

首先我们强烈建议开叫2♣而不是1♠。以9.5个赢墩的双套强牌开叫1♠将剥夺其他人一阶花色叫牌的机会，因而容易被全不叫。试想如果去掉应叫人的♥Q，开叫人岂不是要很郁闷地接受1♠超五，+230 的结果？

就这副牌而言，开叫人不论做何开叫到3♦时都描述出了黑桃主套、方块副套的强牌。只不过进程2 显示出更强的实力且保证4 张以上方块。

之后进程1 中的3♠为等待叫，1－3 张黑桃均有可能。这手牌如果多1 张黑桃，可在3♦后直接跳叫4♠——图像式跳叫显示3 张黑桃且在同伴的双套中有2 个大牌。持实战牌的应叫人在第三叫时则应如我们之前提到的以4♥过渡。接下来就由开叫人全权负责了，其4NT 在尚不确定哪套配合的情况下为双套关键张问叫。5♣答叫为1 个关键张或2 个关键Q。开叫人接力问有无额外的关键Q（同伴可能持♣A 和♦Q），并在得知没有未显示的关键Q 后叫6♦请同伴选择满贯。

进程2 中2NT 再叫已否认了3 张黑桃，因此后续可使用4♠作为图像式跳叫，显示黑桃2 张含大牌及3 张方块含大牌（4 张方块时会叫4♦）的弱牌。开叫人随后跳叫6♠成为最后定约。

·当联手实力有限，需要有牌型且点力位置极佳方能产生满贯时应使用寻求帮助叫。

关于这一点，在本章开始时的例子中已有很好的说明。

·成局线以上叫旁门花色通常是寻求帮助叫。除非我方之前未叫过其他花色（通常是有对方阻击叫的进程），那么叫新花色为显示控制的扣叫。

这是很必要但又很容易混淆的一类局势，我们将通过几个例子做进一步的阐述。

例 10.8 2013 年世界桥牌团体赛决赛

第 84 副　双方有局

```
              ♠ 10853
              ♥ J3
              ♦ AQ43
              ♣ J85

♠ QJ6                        ♠ AK
♥ A742          北            ♥ KQ1085
♦ 10952      西    东          ♦ 8
♣ 62            南            ♣ AK974

              ♠ 9742
              ♥ 96
              ♦ KJ76
              ♣ Q103
```

百慕大杯

开室（摩纳哥队）：		闭室（意大利队）：	
西	东	西	东
Fantoni	Nunes	Versace	Lauria
——	1♥	——	1♥
2NT	3♣	3♣	4♣
3♠	4♣	4♥	4♠
4♥	4♠	5♥	==
5♥	6♥		
==			

威尼斯杯

开室（英格兰队）：		闭室（美国二队）：	
西	东	西	东
Dhondy	Senior	Levin	Wolpert
——	1♥	——	1♥
3♥	4NT	2♥	3♣
5♦	6♥	4♥	==
==			

Fantoni 的 2NT/3♠、Versace 的 3♣、Dhondy 的 3♥ 均表示 4 张红心的混合加叫。其对持牌的描述明显好于 Levin 简单的 2♥ 加叫。

百慕大杯两对组合在混合加叫后的两轮叫牌一致但含义不同。Nunes 连续扣叫梅花、黑桃，Fantoni 连续示弱，其中的 5♥ 兼有奇数个关键张的含义。最后 Nunes 抱着"如果你是好搭档，就不要让我看见 3 张梅花"（其颇耐人寻味的赛后语）的想法而加叫到 6♥。Lauria 的 4♣ 为实叫 5 张套，其之后的 4♠ 被 Versace 理解为短套而示弱 5♥。Lauria 因担心梅花输张而决定不叫。威尼斯杯英格兰队的 Senior 则是两眼一闭直接关键张问叫。

应该说实战中两个 6♥ 组合的成功都有运气的成分，并不令人信服。

我们建议的进程为：

— —	1♥
2♦	3♣
4♥	5♣
5♦	6♥
= =	

未开叫后的 2♦ 为 Drury 约定叫，显示 8 + 支持点以上及 4 张以上红心配合。之后开叫人最关心的是同伴的红花色 A 及梅花是否有第三轮控制，而后者是扣叫及关键张问叫都无法了解到的信息。这一问题的解决之道是在同伴示弱 4♥ 后继续采用成局线以上的寻求帮助叫——5♣。这样持有双张梅花的开叫人应该叫 5♦ 作为最后一班车，随后应叫人再推进到 6♥ 就比较合理了。

例 10.9

西	东
♠ 963	♠ A752
♥ KQJ97	♥ A1074
♦ AQJ5	♦ K74
♣ 2	♣ A3

西	东
1♥	2NT
3♣[1]	3♦[2]
4♦[3]	4NT[4]
5♥[5]	= =[6]

1. 梅花单缺。

2. 扣叫。这手牌在同伴显示梅花单缺之后可谓喜忧参半：喜的是梅花上没有浪费，忧的是牌型有些重复。

3. 显示 4 张好方块，且黑桃无控制。

4. 黑桃上至少有 1 个输墩，以 4NT 作为黑桃的寻求帮助叫检查是否有第 2 个输墩。

5. 3 张小黑桃是最差的结构，当然使用最弱的叫品。

6. 如果同伴能有个过渡叫，就可以叫满贯，但现在只能放弃了。

例 10.10 2014 年世界桥牌综合锦标赛混合团体赛决赛

（Salvo 队——吉利汽车队）第 16 副　东西有局

```
                    ♠ 2
                    ♥ Q109
                    ♦ AKQ7
                    ♣ Q10753
  ♠ AQ4                          ♠ KJ853
  ♥ 5            北               ♥ 63
  ♦ J9865     西    东            ♦ 1042
  ♣ KJ86         南               ♣ 942
                    ♠ 10976
                    ♥ AKJ8742
                    ♦ 3
                    ♣ A
```

西	北	东	南
开室：1♦	——[1]	1♠	4♥
——			

1. 鉴于梅花套较弱而决定不争叫。

闭室：1♦	2♣[2]	——	2♥[3]
——	4♥	——	4NT[4]
——	5♣[5]	——	5♥[6]
==			

2. 考虑到 1♦ 后 2♣ 强大的干扰作用而决定做积极的争叫。

3. 实叫且逼叫。

4. 关键张问叫。

5. 1 个关键张。

255

6. 因顾虑有2个黑桃输张而止叫。

如我们在第7章中所提到的：如果在缺1个关键张的情况下不能叫到小满贯，那么通常就不应该使用关键张问叫。

对于没有成局线以上寻求帮助叫的牌手来说，至少扣叫5♣要好一些。之后北家如果能响应扣叫5♦——承诺在同伴越过的黑桃中有控制，南家很可能会最终叫到6♥。

不过在此局势下，还是寻求帮助叫更为有效。可能的进程是：

西	北	东	南
1♦	2♣	--	3♥[7]
--	4♥	--	4NT[8]
--	5♦[9]	--	6♥
==			

7. 我们建议将防守叫牌中的二盖二应叫作为非逼叫。持进局实力，6张以上好套的牌可直接跳叫出套。

8. 黑桃套的寻求帮助叫。

9. 显示在黑桃套上的帮助并扣叫方块。

例10.11

♠ KQ9863		♠ A72
♥ AK2	西　东	♥ 953
♦ A		♦ K943
♣ AK6		♣ 843

2♣	2♠[1]
3♣[2]	3♠
4♣[3]	4♦[3]
4♥[3]	4♠
5♣[4]	5♠[5]
6♥[6]	6♠[7]
6NT[8]	==

1. 3个控制。

2. 对换叫，显示黑桃长套。

3. 扣叫。

4. 可数到 12 个顶张赢墩。只要同伴再有个 Q，或持红心、梅花双张，就有大满贯了。以 5♣ 作为寻求帮助叫。

5. 无法提供所需帮助。如果有个 Q 或梅花双张，可扣叫 5♦。

6. 同伴未叫 5♦，肯定没有 Q 或梅花双张，检查红心。

7. 还是没有任何帮助。

8. 只能如此。

· 在两手牌都没有点力和牌型限制时，例如：开叫、二盖一应叫、限制性加叫以上，双方的满贯试探都是以显示控制为主的扣叫。

在这类形势下，双方的地位是平等的，没有主叫与从叫的区分。扣叫可以更好地显示实力。

例 10.12

	西	东	
♠ J985			♠ AK76
♥ AKQJ974			♥ 5
♦ 7			♦ AKQ2
♣ 2			♣ QJ84

西	东
1♥ [1]	2♣
2♥ [1]	2♠
4♥ [1]	5♦ [2]
6♥ [3]	==

1. 显示低限及至少 6 张半坚固以上套。

2. 这里是扣叫还是寻求帮助叫，同伴之间要讨论清楚。由于同伴为开叫实力而非弱牌，并且这里是对有半坚固以上长套同伴的合作性满贯试探——即并非主叫，因此 5♦ 应是扣叫，且表明越过的梅花无控制。

3. 有梅花控制，加上坚固 7 张红心足以接受同伴的满贯邀请。

第11章 将牌质量与选择

我们之前就检查快速输墩的两种主要方式——关键张问叫（整体检查）和扣叫（特定检查）做了完整的讨论。而本章的主要课题则是如何选择正确的将牌及其合理的阶数，其也可以认为是一种特定的输墩检查——避免过多的将牌输墩。

11.1 将牌质量

满贯定约最难堪的事情恐怕就是在明手摊牌之后发现在正常的分配下要失2墩将牌或因选择了错误的将牌花色而平白增加了1个将牌输墩。我们接下来要研讨的就是尽量避免这类悲剧的发生。

11.1.1 自然进程

或许会出乎不少人的意料，许多时候一个具有较好描述性的自然进程就是满贯叫牌的成功良方，并不一定需要什么时髦的约定叫。当然，随时保持思考与警惕是绝对必要的。同时，"懒惰"与"随性"往往是诱发满贯叫牌错误的主因。

我们以获得2018年度世界桥牌最佳叫牌奖的精彩牌例作为讨论的起点。

例 11.1 2017 年世界桥牌团体赛威尼斯杯循环赛第二十一轮
（中国队——美国二队）第 32 副　东西有局

```
                    ♠ 1085
                    ♥ 982
                    ♦ 10
                    ♣ 1098764
  ♠ K              ┌─────┐        ♠ AQJ932
  ♥ AKQJ5         │  北  │        ♥ 43
  ♦ AJ53      西  │     │  东     ♦ Q962
  ♣ Q53           │  南  │        ♣ A
                   └─────┘
                    ♠ 764
                    ♥ 1076
                    ♦ K874
                    ♣ KJ2
```

开室（美国二队）：		闭室（中国队）：	
西	东	西	东
Moss	Goldberg	沈琦	王文霏
1♥	1♠	1♣	1♠
2NT	3♣	2♥	2♠
3♦	4♦	2NT	3♠
4♠	4NT	4♦	4NT
5♥	6♦	5♦	5NT
==		7♥	7♠
			==

　　开室美国组合使用自然体系。应叫人先是 3♣ 问叫，再显示方块，并在同伴显示配合的扣叫之后发动关键张问叫，最后因为缺 ♦K 而止于 6♦。相信 Moss 在从明手吊将到 ♦J 后多少还会觉得有些幸运——如果北家的单张不正好是 10 的话，6♦ 都要宕了。

　　闭室是获奖的中国组合沈琦/王文霏。在精确法强 1♣ 开叫后的前两轮叫牌比较简单。第三轮是这手牌的关键，两位牌手都表现出了很好的大局观和牌感，在确定进入满贯叫牌范畴后将注意力更多地集中在了自己强而有力的主套，分别叫出 2NT 和 3♠——而没有介绍较为一般的第二套方块。在应叫

259

人连叫三次黑桃套的情况下，开叫人果断地以单张♠K 做支持扣叫 4♦。这一叫不仅确定了黑桃作为将牌，也为后面的满贯叫牌扫清了障碍。最后阶段应叫人发起的两轮关键张问叫序列及开叫人显示 3 个关键张和坚固红心套的答叫，也体现出了清晰的计划及完整的思路。

在威尼斯杯所有的二十二支参赛队中，有半数的东西方选择了 6♦ 作为最后定约，其中两桌宕掉——典型地因选择错误的将牌花色而多出了 1－2 个将牌输墩；另有六对叫到其他小满贯，其中两对 6♥、三对 6♠、一对 6NT；还有三对则止于成局定约。只有两对牌手成功叫到了大满贯，而王文霏/沈琦则是唯一叫到最佳 7♠ 定约的组合；另一对的最终定约是 7♥——在梅花首攻后需要黑桃或方块中一定的运气才能成功。

两桌相较可以发现，开室最大的问题就是应叫人完全没有显示出高质量的 6 张黑桃。我们建议的进程为：

1♥	1♠
3♦	3♠[1]
4♠[2]	4NT[3]
5♦[3]	5NT[3]
7♥[3]	7♠
==	

1. 一些牌手此时会加叫 4♦，但 3♠ 应是更好的选择。其非常经济地显示出了 6 张套，同时并没有耽误后续配合方块的机会。

2. 一手极强牌简单加叫同伴的长套到局很可能是单张。如果有确定的 8 张配合，其肯定应该扣叫。

3. 与获奖组合相同的关键张问叫系列及答叫。

例11.2　2017年东南亚桥牌锦标赛公开组循环赛第十一轮

第14副　双方无局

```
                    ♠ QJ10963
                    ♥ —
                    ◆ K96
                    ♣ 9732

        ♠ A            北          ♠ K54
        ♥ 754      西      东       ♥ AK862
        ◆ AJ107        南          ◆ Q83
        ♣ AKQJ5                    ♣ 104

                    ♠ 872
                    ♥ QJ1093
                    ◆ 542
                    ♣ 86
```

实战中的大部分东西组合都宕在了5♥、6♥上，典型的进程是：

西	北	东	南
		1♥	——
2♣	2♠	——	——
3♥	—	3♠	——
4NT	——	5♥	加倍/——
——/5NT/6♥	==		

持19点及坚固梅花套的西家基本上都是先配合红心，再关键张问叫。有所区别的是在东家的5♥之后，不少南家选择了加倍，西家随后要么迟钝地不叫宕一－100，要么机警地改叫5NT超一＋490；而如果南家冷静地放过5♥，认为只缺♥Q的西家都继续加叫6♥宕二也是－100。

这副牌与上一例其实有类似之处：当一手强牌进入满贯叫牌时应仔细地统筹处理而不是懒惰地满足于以8张配合的花色为将牌。在有足够的实力支撑时，花色的质量往往重于数量。这一点与叫牌初期注重显示牌型、长套而非牌点位置有着本质的区别，而许多牌手往往借着惯性而忽略了这一满贯叫牌思路转型的重要性。

实际上在5♥之后不论有无对方的加倍，西家均该叫6NT而不是包括6♥在内的其他定约。从东家的3♠扣叫和5♥关键张答叫已知其持有♠K、♥AK但没有♥Q。持3张小红心的西家应意识到在对方阻击叫后很可能有2个红心输墩。鉴于已有 10 个顶张赢墩，如果红心能有 4 墩，那么 6NT 也有了 12 墩。同时，西家很好的方块结构也是提供额外赢墩的另一途径。

例 11.3

♠ AKQ764		♠ J5
♥ K82	西　东	♥ A9753
♦ 1052		♦ KQJ3
♣ 3		♣ AQ

1♠	2♥
2♠	2NT
4♣[1]	4NT[2]
5♥[3]	6NT[4]
==	

1. 延迟性 Splinter 叫，显示 3 张红心配合及梅花单缺。注意：之前（仅）叫过 2♠，4♣ 不可能只是为了强调自己的黑桃套。同时先 2♠ 而不是立刻加叫 3♥ 也表明了持有很好的 6 张黑桃。

2. 因黑桃为同伴的主套，以 4NT 作为关键张问叫。

3. 2 个关键张，但无 ♥Q。

4. 缺 ♥Q 和 1 个 A，6♥ 肯定不行。不过基于同伴有 6 张好黑桃可以数到含 6 墩黑桃、2 墩方块、♥AK、♣A 在内的 11 墩，方块及 ♣Q 都可能产生 12 墩。6NT 显然是正确的选择。

本例也充分体现了展示（好）长套和短套的有效结合对最终选择正确满贯定约的重要性。

例 11.4

♠ K2		♠ AQ1093
♥ —	西　东	♥ A8
♦ AK874		♦ 9652
♣ AJ10753		♣ KQ

1♣	1♠
2♦	2♠[1]
3♦[2]	4♦
4♠[3]	4NT[4]
5♦[5]	5♥[6]
6♦[7]	7NT[8]
==	

1. 15 点牌面对同伴的逆叫已进入满贯范畴，不必急于以这么弱的方块确定可能的 4 – 4 方块配合为将牌。

2. 完成 5 – 6 低花套的描述。

3. 扣叫。

4. 接力关键张问叫。

5. 3 个关键张。

6. 询问♦Q。

7. 无♦Q。

8. 同伴有♦AK、♣A 及♠K，7NT 定约兼有吃通黑桃或方块外加挤牌的机会（超过 70%），明显好于必须依赖方块 2 – 2 分布的 7♦ 定约。

再次强调：当联手点力充足而配合花色强度一般的时候，无将往往是最佳选择。其最大的好处是一旦配合花色分布不利还有其他额外机会。

11.1.2 将牌 J 的重要性

众所周知，只含 AQ 或 KQ 的 8 张配合是不足以作为满贯定约将牌的：

a）K753	b）A753	c）KQ753	d）AQ753
Q642	Q642	642	642

在上述组合中，将牌只失 1 墩的机会为 a）的 14%（打对方特定的一方持含 A 的双张）、b）– d）的 34%（飞中对方 A 或 K，且 3 – 2 分布）。如果多个 J，就有了 3 – 2 分布，68% 的机会，外加打对单张 A 或 K 的额外机会。

如果是含 AK 的 9 张配合，1 墩不失的概率是 40%。而如果多个 J，就有 52.5% 的机会。

换句话说，有无将牌 J 很可能是满贯定约是否合格的分界岭。然而常用的关键张问叫最多只能检查到将牌 Q，核实将牌 J 需要通过其他途径。

例 11.5 2020 年 BBO 网络双人赛

第 8 副　双方无局

♠ 6	♠ AKJ10 74
♥ A82	♥ 954
♦ K93	♦ AQJ
♣ AQJ832	♣ K

西　东

进程 1：

1♣	1♠
2♣	3♠[1]
3NT	4♦[2]
4♥[2]	4NT[3]
5♥	6♠
==	

进程 2：

1♣	1♠
2♣	2♦[4]
2NT	3♠
3NT	4♣[5]
4♥[5]	4NT[6]
5♠	6♣
	==

1. 至少 6 张半坚固以上套，逼叫。

2. 扣叫。

3. 对黑桃的反冲关键张问叫。

4. 虚叫，逼叫到 3♣。

5. 扣叫。

6. 对梅花的接力关键张问叫。

几乎没有组合成功地叫到 7♣。主要的问题就是持有强牌好套的应叫人无法确定开叫人是否有♣J。进程 1 中开叫人在同伴显示半坚固以上黑桃长套的强牌之后，因单张黑桃而选择的消极 3NT 负有主要责任。进程 2 中开叫人在同伴扣叫 4♣后应勇于承担责任直接做关键张问叫，而不是选择模棱两可的扣叫。随后应叫人的关键张问叫也欠妥，毕竟这无法解决同伴有无♣J 的疑惑，或许可以考虑叫 5NT，并准备在同伴选择 6♣后加叫 7♣。

我们推荐的进程为：

1♣	1♠
2♣	3♠
4♣ [7]	4♦ [8]
4♥ [9]	4NT [10]
5♠ [11]	5NT [12]
6♦ [13]	7♣ [14]
==	

7. 通常没有黑桃大牌或双张（有则扣叫红花色），强调6张以上梅花好套（在同伴持单张大牌时保证吃通）及余力。

8. 扣叫。可能是配合梅花，也可能是进一步强调自己的黑桃套。

9. 扣叫。

10. 当双方均在四阶显示了余力之后，4NT属于二人均有好套但无逼叫明确配合后的双套关键张问叫。

11. 2个关键张及♣Q。

12. 问特定K。

13. ♦K。

14. 12个顶张赢墩，有足够的进手建立起黑桃。

如果开叫人的♦K换成♥K，7♣的成功将需要对方不首攻方块或飞中♦K。那么应叫人选择稳妥的6♠还是承担一定风险的7♣，将取决于比赛局势及对对手水平的评估（其是否总是对大满贯定约首攻将牌?）。

例 11.6

♠ QJ		♠ AK874
♥ AKJ5	西　东	♥ 1064
♦ K65		♦ A103
♣ AKQJ		♣ 87

2♣	2NT [1]
3♣ [2]	3♠ [3]
3NT [4]	6NT
==	

1. 至少4个控制。

265

2. 无 5 张以上套。

3. 5 张以上黑桃。

4. 22～24 点，无 3 张黑桃。

开叫人在这手牌的处理上过于简单了。虽然是 24 点，但赢墩丰富且♠QJ 极具价值，不应叫最弱的 3NT。合理的进程为：

2♣	2NT
3♣	3♠
4♠	4NT[5]
5♠[6]	5NT[7]
7NT[8]	==

5. 反冲式罗马关键张问叫。

6. 2 个关键张及♠Q。

7. 关键张到齐，问特定 K 的大满贯试探。

8. 同伴有♠AK 及♦A，已能数到 13 墩牌了。

叫牌进入满贯范畴后，有个专家心得值得介绍：可以考虑以 AJ、KJ、QJ 双张加叫同伴的 5 张套。如果不做加叫，同伴很难知道 5－2 配合可以吃通 5 墩。同时，含 J 的双张大牌加叫并不会导致冒叫到有一个将牌输墩的大满贯（同伴一定是有 KQ、AQ、AQ 时才会叫大满贯）。反而是持 KQ、AQ、AK 的双张加叫可能会产生冒叫（同伴持 A、K、Q 时会认为是 8 张配合而无输墩）。下面是此用法获得成功的又一个例子：

例 11.7

♠ KJ	♠ AQ982
♥ A76	♥ 74
♦ A82	♦ K65
♣ AQ1095	♣ K42

西　东

1♣	1♠
2NT	3♦[1]
4♣[2]	4NT[3]
5♣[4]	7NT
==	

1. 询问高花，保证 5 张黑桃。

2. 3 张黑桃及 5 张好梅花（梅花不够好时只能 3♠）。将 KJ 双张当作 3 张叫是因为这手控制和赢墩均好的牌只叫 3NT 实在是不甘心。

3. 关键张问叫。

4. 4 个关键张。

我们再看一副世界级牌手对此心得的运用，而结果却大相径庭。

例11.8 2014 年北美桥牌锦标赛（夏季）斯平果尔德杯决赛

第 61 副　双方有局

```
              ♠ KQ1084
              ♥ AK103
              ♦ AK65
              ♣ —
♠ 653                        ♠ 972
♥ QJ9         北             ♥ 742
♦ Q32      西     东         ♦ J74
♣ 9653        南             ♣ QJ82
              ♠ AJ
              ♥ 865
              ♦ 1098
              ♣ AK1074
```

西	北	东	南
Brogeland	Helness	Lindqvist	Helgemo
Nunes	Schwartz	Fantoni	Fisher
	1♠	--	2♣
--	2♥	--	2♠
--	5♣[1]	--	5♥[2]
--	7♠	==	

1. 排除关键张问叫。

2. 1 个关键张。

两对组合通过完全相同的进程叫到一个极差的大满贯实属罕见，而原因竟是两位南家不约而同地使用了我们刚刚介绍的专家心得。

应叫人再叫时处在一个比较困难的位置。2NT 缺乏方块止张，3♦ 第四花色又较占空间，以 2 张黑桃大牌当 3 张支持似属无奈之举。不过这却极大地刺激了同伴。开叫人在假设同伴至少有个双张的基础上，直接用排除关键张问叫并在关键张到齐后相信同伴进局逼叫的实力足以解决另一红花色上的2个输张。实际上如果应叫人的任何一张红花色换成黑桃，7♠就是合格定约。

这副7♠在打法上似乎需要（猜断）飞中西家某个红花色的QJ且3-3分布。不过仔细看下就会发现稍好点的方块套可以提供一个额外机会——在东家持含7的双张小牌时也能成功。实战中，Helness正是采取了这一理论上的"最佳"打法，而Schwartz则令人震惊地用♣AK垫去♥103后直接打♦AK6（无任何成功的可能，即使能击落双张♦QJ）。虽然两位庄家都是宕一的结果，但体现出的做庄水平完全不在一个档次上。

回到叫牌，为什么之前用含J的双张显示配合效果极佳，而这次却遭遇滑铁卢呢？关键的区别在于前两例都是有丰富赢墩的强牌。而本例则是低限实力及赢墩，即使建立起梅花也很可能缺乏兑现赢墩的进手。因此，以含J的双张当3张加叫还需要一个附加条件——持强牌且赢墩充足。

这手牌虽然再叫3♦有些别扭，但仍属本手。一个合理的进程是：

西	北	东	南
	1♠	--	2♣
--	2♥	--	3♦
--	4♦	--	4♠[3]
--	6♠	==	

3. 3♦已否认3张黑桃，现在的4♠为显示2张黑桃的成局选择。

11.1.3　特别要求将牌质量的局势

有经验的牌手都知道在某些局势下，如果将牌足够坚挺，我方可以迅速地取得12或13墩牌。但是在将牌不够好而要脱手时，对方凭借着首攻的优势，往往可以先手拿到至少2个防守赢墩。

这类局势可以概括为：我方既有足够的赢墩，又有2个以上潜在的输墩。关键在于能否在对方获取两墩前先行得到属于己方的赢墩，而将牌的控制权往往是双方博弈的决定因素。

例 11.9　2021 年美国桥牌锦标赛及国家队选拔赛四分之一决赛

第 6 副　东西有局

<pre>
                    ♠ 76
                    ♥ 10765
                    ◆ A1086
                    ♣ 1064
  ♠ 5432   ♠ 10
  ♥ K3   北   ♥ Q82
  ◆ Q942   西   东   ◆ KJ53
  ♣ 875   南   ♣ KQJ32
                    ♠ AKQJ98
                    ♥ AJ94
                    ◆ 7
                    ♣ A9
</pre>

西	北	东	南
		1♣	加倍
--	1♥	--	?

南家在再叫时面临困难的选择：即便同伴仅持含 K 的 4 张红心，在东家开叫持有大部分点力的情况下 6♥ 也有着不错的机会；但是如果同伴的红心极弱，满贯的机会就非常遥远了。

实战中部分南家直接跳叫 4♠ 成为最后定约——虽然对这副牌而言是成功了，但不能不说是个极为保守的决定。更多的南家选择了 Splinter 叫 4◆/♣。不过如我们在第 6 章中的讨论，南家的这类牌并不适合 Splinter 叫，因为其并不能从同伴那里获得最为重要的信息。实际上，在北家示弱 4♥ 之后，选择不叫和关键张问叫的南家各占一半——南家此时的困境也进一步说明了之前的 Splinter 叫并非明智之举。之后，不论是止于安全的 4♥ 还是冒进到 6♥，都是侥幸的成分居多。

我们认为南家作为持有极强牌的一方，理应成为主叫并把控全局。基于这一考量，其在 1♥ 后最合适的叫品是跳扣叫 3♣——既表明了红心配合，又保留了足够的叫牌空间做满贯试探。从这一角度说，如果一定要使用 Splinter 叫的话，4♣ 要好于 4◆——至少给同伴留出了最后一班车的空间。至于通报同伴具体哪一个花色是单缺反倒没那么重要。

加倍人跳扣叫通常逼叫到局，且在同伴持合适的牌时能产生满贯（唯一例外是同伴选择了最便宜的应叫，即可能是 3 张套时或止于部分定约）。由于该叫品出自一手极强牌对着可能极弱牌的局势，所以将其同时作为将牌问叫也是一个不错的用法。之后同伴可以按类似弱牌关键张答叫的方式进行，只不过仅显示将牌中的关键张。我们建议的进程是：

西	北	东	南
		1♣	加倍
--	1♥	--	3♣
--	3♦ [1]	--	4♥ [2]
==			

1. 红心中无关键张，即最多持♥J。

2. 同伴连个♥Q 都没有，甚至 4♥ 都不保证能成功，但总是期望同伴能有所帮助。

其实我们对这类极强牌在成局线以下对限制性弱牌做关键张问叫的用法并不陌生。例如在三阶阻击开叫后，可用 4♣ 或 4♦ 应叫作为将牌问叫。

例 11.10 2021 年北美桥牌大赛（秋季）瑞士移位赛半决赛第一轮

第 9 副　东西有局

	♠ AK10753	
	♥ Q852	
	♦ K4	
	♣ 4	
♠ QJ862		♠ 94
♥ 4		♥ A1097
♦ 985		♦ 2
♣ 10876		♣ AKJ932
	♠ —	
	♥ KJ63	
	♦ AQJ10763	
	♣ Q5	

西	北	东	南
1♠	2♣		加倍 [1]
--	? [2]		

1. 对方有实力的二盖一争叫后采用弱自由应叫，好牌先加倍。

2. 该如何选择再叫？

不难发现南北方最多可以完成4♥。但是如果将♠AK换成♥A，6♥将轻而易举。这也进一步说明了旁门赢墩充足时将牌不失的重要性。

从北家的角度看，不论同伴是正常的负加倍还是含方块套的好牌，这手6-4-2-1的牌都价值不错。算上单张梅花的牌型点，似乎接近跳叫3♥的实力。但是这里有个原则值得强调：持边缘牌时，将牌强度可作为决定因素。鉴于红心较弱，2♥再叫更为恰当，而3♥跳叫则很可能导致冒进。如果将♦K换成♥K，3♥就毫无疑问；如果换成♥A，则可扣叫3♣逼叫到局。

11.2 将牌选择

11.2.1 无将、高花、低花?

应该说选择有将还是无将、高花还是低花始终是叫牌中一个极为重要的课题。其重要性远远不止于满贯范畴，或者说更多地出现在成局定约的选择上。因此，我们本节的讨论也将不仅局限于满贯叫牌，毕竟许多需要考虑的因素和原则并不因为定约阶数的变化而有所不同。

我们首先来梳理一下无将及有将定约的优缺点：

·无将定约成局要求低，但有某门花色被对方击穿的可能性；

·有将定约可依靠将牌优势控制局面并通过将吃增加赢墩，但成局要求高（尤其是低花定约）且可能会面临将牌偏分或对方有将吃的风险。

基于此，优先选择花色定约（包括4-3配合）的局势大致包括：

·有足够的（慢）赢墩，但某个花色止张不足；

·可以通过将吃增加赢墩。

而优先选择无将定约的局势则大致包括：

·虽有8张（以上）配合，但（均型）缺乏将吃；

·虽有8张（以上）配合，但叫牌显示将牌偏分的可能性较大；

·虽有8张（以上）配合，但将牌的强度不足；

·点力和赢墩充足，但顾忌对方将牌偏分或有将吃；

·我方二人均在对方的某个争叫花色中有长度（对方可能有将吃）。

例 11.11 2005 年美国桥牌锦标赛暨美国国家队选拔赛四分之一决赛

第 6 副　东西有局

```
                    ♠ J86
                    ♥ 98
                    ♦ AJ7
                    ♣ AK432
    ♠ KQ2                           ♠ A10543
    ♥ 42          北                ♥ 10753
    ♦ K6532    西    东             ♦ Q104
    ♣ 1096        南                ♣ Q
                    ♠ 97
                    ♥ AKQJ6
                    ♦ 98
                    ♣ J875
```

开室：		闭室：	
北	南	北	南
Schwartz	Becker	Simson	Johnson
	1♥		1♥
2♣	3♣	2♣	3♣
3♦	3♥	3♦	3♥
3♠	4♥	3NT	==
==			

两桌的前五个叫牌完全一致，区别在于应叫人的第三叫。

从开叫人的三次叫牌来看其很可能黑桃薄弱，因此黑桃无止的应叫人理应以第四花色的 3♠ 寻求止张。

3NT 定约需要吃通梅花且对方 ♠4-4，而实际的牌张分布仅满足前者。3NT 在黑桃首攻下宕一，4♥ 则仅失 2 墩黑桃超一。

例 11.12 2005 年美国桥牌锦标赛暨美国国家队选拔赛半决赛

第 85 副　南北有局

♠ QJ743
♥ A74
♦ KQ62
♣ 8

♠ 65		♠ A2
♥ Q102	北	♥ KJ86
♦ AJ873	西　东	♦ 95
♣ K53	南	♣ AQJ96

♠ K1098
♥ 953
♦ 104
♣ 10742

	西	北	东	南
	Rosenberg	Woolsey	Zia	Stewart
第 1 桌：		1♠	加倍	2♠
	3♦	——	3♠	——
	4♥	==		
	Berkowitz	Greco	Cohen	Hampson
第 3 桌：		1♠	加倍	2♠
	3♦	——	3NT	==

东家的再叫决定了最后定约的正确与否。在同伴邀叫的 3♦ 后，黑桃仅有一止的东家可以看到在持边缘成局点力、没有方块支持的情况下，期望止住黑桃后立刻拿到 9 墩牌不太现实。

Zia 因此并未匆忙地叫 3NT，而是扣叫 3♠ 将成局选择的任务交给了同伴。持黑桃双小的 Rosenberg 之前已否认 4 张红心，理所当然地以 3 张红心叫出 4♥，并凭着 5 墩梅花、3 墩红心及另外 2 个 A 顺利成约。

Cohen 则过于简单地叫 3NT 并成为最后定约。南家的黑桃首攻立刻将庄家逼入绝境。

273

例 11.13   2012 年北美桥牌锦标赛（春季）IMP 双人赛决赛第二场

第 9 副   东西有局

```
                    ♠ AQ63
                    ♥ AK10
                    ♦ K4
                    ♣ 9742
      ♠ K1094                      ♠ 8
      ♥ J9764        北           ♥ 82
      ♦ J6       西      东       ♦ Q109873
      ♣ 105          南            ♣ KQJ8
                    ♠ J752
                    ♥ Q53
                    ♦ A52
                    ♣ A63
```

西	北	东	南
	敖海龙		王建坚
	1♣	2♦	加倍
——	2NT	——	3NT
==			

我们无局方前两家采用 10 ~ 12 点的 1NT 开叫，因此北家先开叫 1♣、再叫 2NT 是 15 ~ 17 点。鉴于持点力充足的 4 − 3 − 3 − 3 型，以及对方阻击叫后其他花色偏分的机会较大，南家决定不再检查 4 − 4 黑桃配合而直接叫 3NT。

东家首攻♣K，并在庄家忍让后换攻♥8。庄家以♥K 得，再送一墩梅花。西家♣10 赢后换攻♦J，明手♦A 得后续出黑桃到手上♠Q。兑现♣A（西垫♥6）、♥Q（东垫♦7）时探明东家持 1 − 2 − 6 − 4 型。之后的一切就尽在掌握之中了，再取♥A、♦K，摊牌声称两边黑桃双放小投入西，最后再取两墩黑桃成约。而 4 − 4 配合的 4♠ 则需要完全打对将牌才能勉强回家——仅有少数的庄家完成了这一任务。

例 11.14 2020 年 BBO 网络赛

♠ A93	♠ KQJ6
♥ AK872	♥ 654
♦ AKJ5	♦ Q94
♣ A	♣ K73

西 东

2♣	2♥[1]
2NT	3♣[2]
3NT[3]	4♦
4♥	4♠[4]
5♦[5]	6NT[6]
==	

1. 2 个控制。

2. Muppet Stayman。

3. 5 张红心。

4. 反冲式罗马关键张问叫。

5. 5 个关键张但没有♥Q。

6. 联手至少 33 点，且不乏赢墩。在缺♥Q 的情况下选择更为稳妥的 6NT 似乎是显然的——毕竟从概率上说 4‑1 分布的可能性近乎三分之一。

实战中，有超过一半的组合选择了 6♥，并因♥4‑1 分布而宕一。

例 11.15 2014 年世界桥牌综合锦标赛混合团体 32 强赛

第 8 副 双方无局

北

	♠ AQJ984	
	♥ 3	
	♦ 842	
	♣ 865	

♠ 732		♠ K65
♥ Q82	西 东	♥ AKJ74
♦ AJ10		♦ K9
♣ AJ42		♣ KQ3

南

	♠ 10	
	♥ 10965	
	♦ Q7653	
	♣ 1097	

实战中东西方有十六对打 6♥窅一、四对打 6NT 正好。以下是两个较为普遍的进程：

进程 1：   进程 2：

西	东		西	东
1♣[1] (2♠)	3♦[2]		1♦[1] (2♠)	3♥
4♥	4♠[3]		4♥	4NT[3]
5♥[4]	6♥/6NT		5♠[4]	6♥/6NT
==			==	

1. 分别为自然法、精确法开叫。

2. 红心转移叫，邀叫以上实力。

3. 关键张问叫。

4. 2 个关键张及 ♥Q。

最后的关键都落到了东家对满贯定约的选择上。

此时的东家可以看到大致 5 墩红心、2 墩方块、3 墩梅花及 ♠K 共 11 个顶张赢墩。开叫的同伴在显示出的 2 个 A 及 ♥Q 外应该还有 2 - 3 点，如果含 ♦Q 或♣J 就有了第 12 墩。

更为重要的是：如果在对方未有配合的阻击花色中有长度，一定要对对方可能的将吃保持警醒。从西家没有扣叫 3♠ 来看，其黑桃并非单缺，那么持有 3 张黑桃的东家显然应该顾忌到对方将吃黑桃的危险。总体而言，东家最后应该有足够的理由选择 6NT。

有时我们在有某个薄弱花色时不得不在 7 张配合的四阶高花定约和 8 张配合的五阶低花定约中做抉择，那么就需要考虑以下两个主要因素：

· 五阶低花定约是否会有 3 个快速输墩；

· 四阶高花定约是否会因将牌的质量不足而失败。

例 11.16

♠ A7		♠ KQJ93
♥ Q2		♥ J9
♦ AK932		♦ J107
♣ A763		♣ KQ4

1 ♦	1 ♠
2 ♣	2 ♥ [1]
2 ♠ [2]	3 ♦ [3]
3 ♥ [4]	4 ♠ [5]
==	

1. 第四花色进局逼叫。

2. 保证 2 张黑桃的笼统叫。

3. 显示配合。

4. 寻求止张。

5. 表明 5 张好黑桃。

虽然有 8 张配合，但因有 2 个红心输墩，打成 5♦ 定约需要飞中♦Q。而仅 7 张配合的 4♠ 定约只要对方的牌张分布并非极端不利就可以成功。

例 11.17 2008 年美国桥牌锦标赛暨美国国家队选拔赛四分之一决赛

第 18 副 南北有局

	♠ 982	
	♥ 73	
	♦ 972	
	♣ A9843	

♠ 74		♠ KQJ3
♥ A10952	北	♥ Q4
♦ Q83	西 东	♦ AKJ654
♣ KJ7	南	♣ 2

	♠ A1065	
	♥ KJ86	
	♦ 10	
	♣ Q1065	

西	北	东	南
Weinstein		Levin	
		1 ♦	加倍
1 ♥	——	1 ♠	——
1NT	——	3 ♦	——
3 ♥ [1]	——	4 ♥ [2]	——
5 ♦ [3]	==		

1. 整个进程中关键的一叫。同伴为 16~18 点的 4-6 黑桃加方块。如果其梅花无止，3NT 很可能取决于同伴有无♠A 或♥K——即在止住梅花首攻后是否有第 9 个快速赢墩。3♥这一等待叫表明了对 3NT 的顾虑。当然，如果同伴之后再叫 3♠，自然会叫 3NT 显示梅花止张。

2. 因黑桃上的慢赢墩及梅花单张而无意于 3NT，以 4♥显示含大牌的双张作为成局选择。

3. 因红心不够强而选择 5♦，为一个完美的中间叫牌收官。

实战中另一桌的东西组合选择了 3NT 定约，并在梅花首攻后宕一。

11.2.2　选择更为有利的将牌

牌手们时常会遇到有不止一个花色可能成为最终将牌的情形，那么该如何选择最为有利的花色作为将牌呢？下面是几个常用的原则：

· 选择更具将吃价值的花色；

· 选择相对均型一方的长套花色（有单缺的同伴将吃可增加赢墩）；

· 选择整体实力较弱、进手较少一方的长套花色；

· 选择有旁门大牌需要保护一方的长套花色；

· 持两个等长、中间张类似的 8 张以上配合时，选择缺 A 的花色。

例 11.18

	♠ 8		♠ AJ
	♥ AQ952	西　东	♥ K83
	♦ K74		♦ A932
	♣ KQ74		♣ J1092

1♥	2♣
3♣[1]	3♥[2]
4♦[3]	4♠[4]
5♣[5]	6♣[6]
==	

1. 14 点以上，5-4 以上的红心加梅花。

2. 显示红心配合。

3. 之前已显示 5-4，碎片叫第三套。

4. 连续配合两套且之前未显示过其他长套后的双套关键张问叫。

5. 3 个关键张（2 个关键 Q 合计 1 个）。

6. 红心、梅花都是 8 张配合，但 4 - 4（梅花）配合往往比 5 - 3（红心）配合更具将吃价值。

正常情况下，红心定约将在低花上各失 1 墩。而梅花定约则因应叫人的 2 个方块输张可以垫在开叫人的红心套上而仅有 ♣A 这 1 个输张。

例 11.19 2017 年世界桥牌团体赛跨国队式赛决赛

第 32 副　东西有局

♠ AJ43		♠ KQ1082
♥ A2	西　东	♥ 9
♦ KQJ9		♦ A76
♣ J95		♣ AK87

Robson	Gold
1NT	2♥
3♠[1]	4♣[2]
4♦[2]	4NT[3]
5♥[4]	6♣[5]
7♦[6]	==

以上是三、四名决赛中英格兰队第一组合 Gold/Robson 的绝妙进程：

1. 高限，4 张黑桃配合。

2. 扣叫。

3. 关键张问叫。

4. 2 个关键张但无 ♠Q。

5. 大满贯试探，寻求梅花第三轮控制。

6. 虽然没有 ♣Q 这个关键大牌，但有着极好的 4 张方块。如果同伴有一定的方块配合及牌型，那么方块就将是更具将吃价值的花色。于是，叫 7♦ 作为大满贯选择！

北家首攻 ♠5。庄家得进后取 ♥A、明手将吃 ♥2、清将（♦4 - 3 分布），摊牌成约。精彩至极的 7♦ 不仅赢得了 19IMP（另一桌西家打 7♠宕一）及铜牌之战，也成为 2018 年度世界桥牌最佳叫牌奖最有力的竞争者之一。

这副牌同时也是百慕大杯冠亚军决赛的最后一副（第 128 副），美国二队冲到 7♠宕一，法国队则是 6♠正好打成。

如果使用科学二盖一体系，进程应该是：

1NT	2♥
2NT[7]	3♣[8]
3♦[9]	4♣[10]
4♦	4NT[11]
5♥[12]	6♣[13]
6♠/7♦[14]	==

7. 4张黑桃支持，高限4-3-3-3或红心有效双张。

8. 接力询问。

9. 红心有效双张。

10. 展示牌型寻求帮助。同伴红心双张使你无法通过将吃增加赢墩。

11. 反冲式罗马关键张问叫。

12. 2个关键张。

13. 梅花花色问叫。

14. 既可能简单地回答无第三轮控制，也可能如 Robson 一样叫出富有想象力的7♦，但绝不会打毫无机会的7♠。

例11.20

西	东
♠ KQJ62	♠ A984
♥ 965	♥ A2
♦ AK72	♦ QJ1083
♣ 3	♣ Q10

1♠	2♦
3♦	3♠
4♥[1]	4NT[2]
5♦[3]	5♥[4]
6♦[5]	==

1. 碎片叫显示第三套，未叫花色单缺。

2. 双套关键张问叫。

3. 3个关键张。

4. 询问额外的关键Q。

5. 有额外的关键Q但无余力，请同伴选择满贯定约。

虽然都是 9 张配合，但是选择相对均型一方（应叫人）的长套作为将牌可以增加将吃赢墩。6♦ 定约在开叫方将吃一次梅花后将轻松完成，而 6♠ 定约则会失败于多出的 1 个红心输墩。

例 11.21 2020 年 BBO 练习赛

第 4 副 双方有局

	西 东	
♠ Q72		♠ K85
♥ K		♥ AQJ972
♦ A72		♦ Q9
♣ AKJ976		♣ Q4

西	东
1♣	1♥
3♣	3♥
4♥[1]	4NT[2]
5♠[3]	5NT[4]
6♥	==

1. 既持强牌又有好套一方的加叫多为单张大牌——有 2 张配合时应扣叫，无支持时应凭借自己的长套叫 3NT。

2. 方块无控制，以 4NT 作为黑桃扣叫。

3. 同伴应持不错的红心才会有满贯兴趣，以 5T +1 做关键张问叫。

4. 1 个关键张。

虽然联手有 8 张梅花、7 张红心，正确的将牌却是持弱牌一方的红心。因为打 6♣ 时将可能面临联通及进手上的问题而无法顺利兑现红心。

例 11.22

	西 东	
♠ 1082		♠ K74
♥ AKQ763		♥ J4
♦ QJ3		♦ AK84
♣ J		♣ AK94

西	东
1♥	2♣
2♥	2NT
3♥[1]	3♠[2]
3NT[3]	4♠[4]
5♥[5]	6NT[6]
==	

1. 6 张以上，通常余力有限。

2. 显示点力位置。

3. 保证第四花色方块中的止张。

4. 反冲式罗马关键张问叫。

5. 2 个关键张及 ♥Q。

6. 有需要保护的 ♠K。基本可以数到 6 墩红心、3 墩方块、♣AK。♠A 位置有利就有了第 12 墩，位置不利在 ♠K 被保护时仍有其他机会。

例11.23　2023 年世界桥牌团体赛百慕大杯循环赛第八轮

（瑞士队——美国二队）第 1 副　双方无局

```
                    ♠ K5
                    ♥ AKJ42
                    ♦ K76
                    ♣ AQ7
    ♠ AJ843              北        ♠ Q109762
    ♥ 1063          西        东    ♥ Q985
    ♦ A109               南        ♦ 2
    ♣ 95                          ♣ 108
                    ♠ —
                    ♥ 7
                    ♦ QJ8543
                    ♣ KJ6432
```

	西	北	东	南
开室：	Moss	Kalita	Grue	Klukowski
闭室：	Zimmermann	Fleisher	Nowosadzki	Martel
		2NT	— —	3♠[1]
	加倍	4♥/3NT	4♠	5NT[2]
	— —	6♣	==	

1. 双低花。

2. 满贯选择。

实战中两位东家均首攻单张 ♦2，导致 6♣ 很快以宕一告终。在同时举行的百慕大杯二十四桌的比赛中，有六对南北组合叫到并打成了 6♦ 定约。

本例很好地说明了选择缺 A 的花色作为将牌可以较大可能地避免对方在

另一花色中获得将吃。由于我们无法预知两个低花的分布情况，不妨假设方块和梅花都是 3 - 1 分配。如果打 6♣，除非是单张 ◆A，只要首攻方块就能获得一个将吃；而如果打 6◆，即使首攻梅花，还需要持 3 张梅花的人同时还有 ◆A 才能获得进手并给同伴将吃梅花。而由于持 3 张梅花的人比同伴多了 2 张梅花，这一机会仅为 45%。

例 11.24

♠ A		♠ K962
♥ 10864	西　东	♥ 3
◆ J87		◆ KQ1062
♣ AK853		♣ QJ4

1♣	1◆
1♥	1♠
2◆	3♣
3♠	5◆
==	

同样是 8 张配合，有将牌 A 的 5♣ 定约将比缺将牌 A 的 5◆ 定约危险得多。在对方红心首攻迫将之后，即使低花 3 - 2 分布，庄家仍将不得不在清将前建立方块，而对方可以通过忍让获得将吃或断桥。

11.2.3　关键张问叫之后的将牌选择

在我方确定将牌并启动关键张问叫之后再改弦更张至其他花色作为将牌的情况并不常见，但是在发现配合花色质量不够好且有其他好套及充足实力时仍然存在这一可能性。

在关键张问叫之后，如果问叫人于六阶叫我方之前叫过的长套，那么：

·当这个花色为一方的主套时是满贯选择，而非花色问叫；

·当这个花色为一方可能 5 张的第二套且我方之前确定的将牌上（答叫）无 Q 时为满贯选择，而非花色问叫。

例 11.25

♠ A642		♠ K753
♥ KJ2	西　东	♥ A3
◆ 2		◆ KQJ3
♣ AKJ102		♣ Q53

1♣	1♠
4♦	4NT
5♥	6♣
==	

很显然缺 1.5 个关键张的 6♠毫无机会。而叫到 6♣的关键就是应叫人在关键张问叫之后有实叫 6♣请同伴选择满贯的手段。

例 11.26 2004 年世界桥牌奥林匹克混合团体赛第十四轮

第 2 副　南北有局

♠ AJ6		♠ K10532	
♥ J	北　　南	♥ KQ1097	
♦ AQ		♦ K	
♣ Q1087543		♣ AK	

Zia	Auken
	1♠
2♣	2♥
2♠	3♥[1]
4♦	4NT[2]
5♥[3]	6♥[4]
7♠[5]	==

1. 5 - 5 以上高花。

2. 黑桃关键张问叫。

3. 2 个关键张，但无♠Q。

4. 建议最后定约。

5. 长考五分钟后认为同伴的 6♥是寻求第三轮控制的大满贯试探。

7♠定约在♠4 - 1 分布之下宕二 - 200，因另一桌止于 4♠而失去 13IMP。

依照我们之前的讨论，6♥应是满贯选择。这一点在红心可能是 5 张的第二套且应叫人答叫无将牌 Q 之后（可能有别的选择）当无疑义。如果能就这一点达成共识，应叫人最后的选择当然应是 6NT。在实际的牌张分布下，6♣、6♥、6NT 均可完成。但是，使用这种满贯选择的前提是搭档之间有过充分的讨论，否则很容易出现类似实战中的误会。

例11.27 2014 年全国桥牌锦标赛女子团体半决赛第二节

（山东璞石队——女子集训队）第 2 副　南北有局

♠ 974
♥ 1092
♦ AJ
♣ AQ1095

♠ QJ10		♠ 86
♥ 876	北	♥ 43
♦ 754	西　东	♦ Q108632
♣ 8743	南	♣ KJ2

♠ AK532
♥ AKQJ5
♦ K9
♣ 6

开室：

北	南
(2♦)	4♦
4♥	==

闭室：

北	南
	1♠
2♣	2♥
2♠	4NT
5♥	6♠
==	

　　开室南家在对方阻击 2♦ 之后，以如此之好的 20 点及 5 – 5 高花仅仅叫 4♦ 请同伴选打高花局显然偏差太大。如果先加倍，再在同伴显示一定实力的 3♣ 后出黑桃套逼叫，当不难叫到 6♠。

　　闭室在没有干扰的情况下叫到 6♠，并收获 13IMP。不过南家应该可以看到：同伴有 2 个低花 A，如果黑桃能取 4 墩就基本有了 12 个赢墩，因此 6♥ 很可能会是更好的定约。一旦 ♠4 – 1 分布，也还有一些额外机会。如之前的讨论，南家在关键张问叫之后可叫 6♥ 作为满贯选择。

285

例 11.28　2015 年中国国家女子希望队训练赛

第 6 副　东西有局

```
                    ♠ KQ10
                    ♥ K87
                    ♦ AQ3
                    ♣ KQ83
♠ J865                              ♠ 97432
♥ Q53          北                   ♥ 92
♦ 875      西      东                ♦ 96
♣ 642          南                   ♣ AJ105
                    ♠ A
                    ♥ AJ1064
                    ♦ KJ1042
                    ♣ 97
```

西	北	东	南
	王玮		刘硕妍
		--	1♥
--	2♣	--	2♦
--	2♥	--	3♦[1]
--	4♠[2]	--	5♦[3]
--	6♦[4]	==	

1. 5–5 以上红花色。

2. 对红心的反冲式罗马关键张问叫。

3. 2 个关键张，但无♥Q。

4. 不妨假设同伴有♥A、某个黑花色 A 及♦K，那么我方就有了 7 个红花色赢墩、有 A 的黑花色中 3 墩、另一黑花色中 1.5 墩。相比 6♥，6♦ 至少有飞中对方黑花色 A，外加红心、梅花中可能的额外机会。

例 11.29 2021 年中国第十四届全国运动会桥牌混合团体决赛

（天津队——湖北队）第 32 副　东西有局

```
                    ♠ Q75
                    ♥ 86
                    ♦ AKJ
                    ♣ J8742
      ♠ A9           北         ♠ 1082
      ♥ K432      西    东       ♥ QJ10975
      ♦ 108643       南         ♦ Q75
      ♣ 105                     ♣ 6
                    ♠ KJ643
                    ♥ A
                    ♦ 92
                    ♣ AKQ93
```

不难看出，南北方的最佳定约是 6♣。不过在同时进行的冠亚军、三四名决赛的四桌中，只有最后获得冠军的天津组合取得了成功。

西	北	东	南
	董春晖		王健
--	1♦¹	--	1♠
--	1NT	--	3♣²
--	3♠³	--	3NT⁴
--	4♦⁵	--	4♥⁵
--	4NT⁶	--	5♦⁷
--	5♥⁶	--	5♠⁷
--	6♣⁸	==	

1. 精确法，11~15 点，2 张以上。

2. 5-5 以上，进局逼叫。

3. 3 张黑桃。

4. 严肃性满贯试探。

5. 扣叫。

6. 关键张问叫系列。

7. 3 个关键张、无♠Q。

8. 建议最后定约。

北家在同伴的 3♣ 后先显示黑桃配合（一些专家牌手这里有叫 4♣ 同时显示 3 张黑桃及 4 张以上梅花双套配合的手段），但心中应已考虑到一旦打满贯将是梅花将牌更佳。在关键张问叫及同伴的 5♦ 答叫之后，北家如果立刻叫 6♣ 理论上说应是满贯选择。但其为了避免误会，决定在持有♠Q 的情况下问♠Q，并在同伴可预见的 5♠ 答叫后叫出 6♣——确保万无一失。

例 11.30 2022 年世界桥牌团体锦标赛百慕大杯循环赛第二轮

（瑞士队——意大利队）第 7 副　双方有局

```
              ♠ Q763
              ♥ A98
              ♦ AQ73
              ♣ 52
  ♠ J                        ♠ K542
  ♥ KQ53      北            ♥ J10642
  ♦ J106    西    东        ♦ 2
  ♣ 87643     南            ♣ Q109
              ♠ A1098
              ♥ 7
              ♦ K9854
              ♣ AKJ
```

	西	北	东	南
	Madala	Drijver	Duboin	Brink
开室：				1♦
	--	1♠	--	2NT[1]
	--	3♣[2]	--	3♠[3]
	--	3NT[4]	--	4♣[5]
	--	4NT[6]	--	5♥[7]
	--	6♦[8]	==	

1. 15 点以上及 4 张黑桃配合。

2. 接力询问。

3. 红心单缺。

4. 等待叫。

5. 扣叫。

6. 关键张问叫。

7. 2 个关键张，但无♠Q。

8. 满贯选择。

在本届团体赛四大杯赛的九十六桌上，仅百慕大杯的四对组合叫到了最佳的 6♦ 定约。Drijver 的 6♦ 满贯选择是整个进程之关键。因闭室的意大利 Lauria／Versace 组合仅叫到并完成 4♠，瑞士队收获 13IMP。

问题 11.1　问叫人在关键张问叫之后于六阶上叫我方长套是满贯选择，那么在需要长套花色中的 Q 可打大满贯时该怎么办呢？

这就需要点"曲线救国"的技巧了。具体来说就是叫一个有 Q 的其他花色或同伴的短套花色作为询问叫。答叫人如果持有我方长套花色中的 Q，将不难判断出问叫人此举的真实意图。

例 11.31

西	东
♠ A642	♠ KQ753
♥ KQ2	♥ A3
♦ 2	♦ A53
♣ AQJ42	♣ K53

1♣	1♠
4♦ [1]	4NT [2]
5♥ [3]	6♦ [4]
7NT [5]	==

1. 配合黑桃，Splinter 叫。

2. 常规反冲式罗马关键张问叫，表明有 ♦A。

3. 2 个关键张。

4. 此时没有继续特定 K 问叫，而是以叫同伴的短门（6♦）试探大满贯。这说明其不是（仅仅）对某个花色的 K 感兴趣。

5. 关键张已齐，且同伴显然持有 ♣K。在只有 ♣Q 时可叫 7♠（5 墩黑桃、3 墩红心、3 墩梅花、♦A 及方块将吃），而在同时持有 ♣QJ 时就可以直叫 7NT 了。

在关键张问叫之后，问叫人还有一种请同伴在打配合的花色定约和无将定约中做选择的办法：选择一个既不可能是最后定约也不可能是花色问叫的叫品。我们以一副实战牌为例：

例 11.32　2022 年中国桥牌 A 类俱乐部联赛第一站第二轮

第 12 副　南北有局

```
                    ♠ J742
                    ♥ 10
                    ♦ 109532
                    ♣ J76

♠ AK1098         北          ♠ —
♥ Q752      西        东     ♥ A864
♦ AQ             南          ♦ K64
♣ K10                        ♣ AQ8532

                    ♠ Q653
                    ♥ KJ93
                    ♦ J87
                    ♣ 94
```

实战中半数以上的东西组合都叫到了较差的需要南家持♥K×（×）才能成功（约 34% 的机会）的 6♥。在实际的牌张分布下均以宕一收场。

从两手牌看的最佳定约是 6♣，其次是 6NT。二者在♣3－2 分布时均可成功。一旦♣4－1，6♣还有一定的从黑桃中打出 1 墩的额外机会。客观地说，叫到 6－2 配合的 6♣颇为不易。一个可能的进程是：

西	北	东	南
1♠	——	2♣	——
2♥	——	3♥	——
3NT[1]	——	4♣[2]	——
4♦[2]	——	4♥	——
5♥[3]	——	6♣[4]	==

1. 严肃的满贯试探，扣叫黑桃。

2. 扣叫。

3. 需要同伴将牌强度的邀叫。

4. 自己的红心较弱，肯定不会打 6♥。提供 6♣ 作为选择，并准备将同伴接下来的 6♥ 改为 6NT。

开叫人如果在同伴的 4♣ 后立刻关键张问叫——一个略为激进但不算离谱的选择，那么进程大致应是：

西	北	东	南
1♠	——	2♣	——
2♥	——	3♥	——
3NT	——	4♣	——
4♠[5]	——	5♦[6]	——
6♦[7]	——	6NT[8]	==

5. 反冲式罗马关键张问叫。

6. 2 个关键张。

7. 自己的红心较弱，颇为担心联手缺 1 个关键张的将牌强度。由于开叫人最多 4 张低花，因此 6♦ 不可能是只有方块第三轮控制就可能打大满贯的花色问叫。那么剩下的含义就是请同伴在 6♥ 和 6NT 中做满贯选择了。

8. 仅持一张红心大牌，而梅花很可能是额外赢墩来源，自然选择 6NT。

11.2.4　5NT 满贯选择

在现代满贯叫牌中，5NT 无疑是做满贯选择最为普遍也最为有效的工具。一般说来，5NT 满贯选择主要用于以下几种情形：

· 没有或不确定是否有 8 张配合；

· 有 8 张配合，但将牌质量可能不够好；

· 有两个 8 张配合。

后两种情况在有一方持相对均型牌时比较常见，可能是有另一花色的配合或强度更好，又或者是 6NT 定约最佳。

例 11.33 2005 年世界桥牌团体赛百慕大杯四分之一决赛

（美国二队——阿根廷队）第 85 副　南北有局

```
                    ♠ Q9873
                    ♥ KQ5
                    ♦ Q9
                    ♣ Q92
    ♠ KJ106                      ♠ 4
    ♥ 9763          北           ♥ A10842
    ♦ 85         西    东        ♦ 10432
    ♣ 743           南           ♣ 1086
                    ♠ A52
                    ♥ J
                    ♦ AKJ72
                    ♣ AKJ5
```

　　四场四分之一决赛的八对南北组合无一叫到合格的 6NT 或 6♦ 定约。最终定约分别是 6♠ 和 5♠ 的各三对，4♠ 和 3NT 的各一对。

　　美国二队的 Greco/Hampson 是最接近叫到最佳定约 6NT 的组合。

	西	北	东	南
开室：	Madala	Greco	Lambardi	Hampson
	--	1♠	--	2♦
	--	2NT	--	3♠
	--	4♠	--	5NT
	--	6♥	--	6♠
	==			

　　4♠ 之后，Hampson 敏锐地意识到黑桃虽然有 8 张配合，但是否有足够的强度却是个疑问。跳叫 5NT 作为满贯选择是一个非常有见地的选择，也是最接近摆脱较差 5-3 配黑桃定约陷阱的叫品。可惜最后还是功亏一篑，依然要吞下 6♠ 宕二的苦果。

　　Greco 的 6♥ 意图显示红心点力。由于其不可能是最后定约，应该还有顾虑黑桃强度提供 6NT 作为选择的含义。之后 Hampson 或许应该继续 6NT 而不是 6♠。当然 Greco 在 5NT 之后因之前已否认 3 张方块支持，以含大牌的双张叫 6♦（将成为最后定约）应是合理的选择。而且在 6♠ 之后考虑到同伴之前的 5NT 应该不会有♠AKJ 中的两张，还是有很好的理由选择 6NT。

总体而言，二人在 5NT 后三次错过了叫到 6♦、6NT 的机会。

例 11.34

♠6		♠K873
♥AKJ9742	西 东	♥Q
♦Q2		♦A103
♣AK8		♣Q10742

1♥	1NT
3♣[1]	4♣[2]
4♥[3]	5NT[4]
6♥[5]	==

1. 有超过 3♥ 邀叫的实力，以半实叫做进局逼叫。

2. 4 张以上梅花支持的好牌。

3. 澄清为 6 张以上红心的单套牌。

4 2 个有效 Q 加旁门 3 个控制，足够叫满贯。但尚不确定哪套更适合作为将牌，作为满贯选择的 5NT 正好合用。

5. 同伴肯定对红心有些支持，否则不会提供红心作为选择。

例 11.35 2009 年世界桥牌团体赛百慕大杯半决赛

（意大利队——保加利亚队；美国二队——中国队）

第 11 副　双方无局

♠ AQ53		♠ KJ10
♥ K	北 南	♥ J5
♦ KJ976		♦ A32
♣ 842		♣ AKQJ9

Rodwell	Meckstroth
	2NT
3♣[1]	3♦[2]
3♥[3]　（加倍）	再加倍[4]
4♦[5]	4♠
5NT[6]	6♣
==	

1. 改良 Puppet Stayman。

2. 无 5 张高花。

3. 4 张以上黑桃。

4. 3 张黑桃。

5. 实叫。

6. 满贯选择。

在参赛的四支队伍里美国组合是唯一叫到最佳 6♣ 定约的组合，而其关键的一叫就是 5NT 满贯选择。6♣ 可以依靠 4 墩黑桃、2 墩方块及 6 墩梅花（包括一次红心将吃）轻松完成。

例 11.36 2022 年北美桥牌大赛（春季）瑞士团体赛第一轮

第 4 副　双方有局

```
            ♠ J
            ♥ AK7432
            ♦ A8
            ♣ AJ85
♠ 9843                    ♠ 652
♥ 86          北          ♥ J1095
♦ 763      西    东        ♦ KJ94
♣ K762        南          ♣ Q4
            ♠ AKQ107
            ♥ Q
            ♦ Q1052
            ♣ 1093
```

西	北	东	南
	Starkowski		Kwiecien
	1♣¹	--	1♠²
--	2♥³	--	2♠
--	3♣	--	3♦⁴
--	3♥	--	3♠
--	3NT	--	5NT⁵
--	6♠	==	

1. 波兰梅花开叫中的强牌一类。

2. 7 点以上，4 张以上套。

3. 18 点以上，5 张以上套。

4. 等待叫，通常是寻求止张。

5. 满贯选择。

6♠ 是唯一的理论上合格、实战中可以完成的满贯定约。而波兰组合成功的关键就是南家以 5NT 作为满贯选择，而之前已否认有 2 张黑桃的北家果断地以单张 J 提供选择。如果 ♠J 换成 ♥J，北家自然会选择 6♥。这副牌也再次凸显了将牌 J 的重要性。

由于另一桌的南北方止于 3NT，上述精妙的叫牌进程不仅为本队赢得了一个两位数的得分，同时还摘得了该年度的世界桥牌最佳叫牌奖。

我们接下来要讨论的是一个与 5NT 满贯选择相关的问题：如果面临对方的高阶阻击叫，以至于我方的第一次配合叫要在五阶做出，例如：

a) 1♠　 5♣　 5♠　 --　　 b) 1♥　 4♠　 5♥　 5♠

　　?　　　　　　　　　　　 ?

此时应该如何考虑后续叫品的含义？我们的建议是：

·新花色：自然叫，大满贯邀叫，但不逼叫。在仅保证 8 张配合的情况下，我方完全可能有更好的配合。

·六阶将牌之下扣叫对方花色［a）中］：显示第一轮控制的大满贯邀叫，要求同伴在有 1.5 个关键张及额外实力或 2 个关键张时叫大满贯。

·5NT：当有六阶将牌之下的扣叫可用时［a）中］依然是满贯选择；当无六阶将牌之下的扣叫可用时［b）中］为温和的大满贯邀叫。

注意：b）进程不属于逼叫性不叫的局势。

例 11.37　双方无局

1♠	5♣	5♠	—
?			

a)　♠A9753　　♥AKJ2　　♦KQ52　　♣ —

b)　♠AJ753　　♥A72　　　♦KQJ52　　♣ —

c)　♠AQ753　　♥AKJ72　♦K52　　　♣ —

d)　♠AQ10753　♥AK　　　♦AQ852　　♣2

a) 5NT。或许我方在红花色上有更好的配合。

b）6◆。实叫好的 5 张以上套，邀叫大满贯。同伴在持方块长于黑桃但没什么余力时可以不叫。

c）6♣。如果同伴有 2 个有效关键张，可以打 7♠。

d）5NT。然后再叫 6♠，表示没有梅花第一轮控制的大满贯邀叫。

例 11.38 双方无局

```
                ♠ 5
                ♥ 73
                ◆ AKJ96432
                ♣ 107

  ♠ A8764                      ♠ KJ2
  ♥ AK985          北          ♥ Q2
  ◆ —          西      东      ◆ 87
  ♣ K65            南          ♣ AQJ842

                ♠ Q1093
                ♥ J1065
                ◆ Q105
                ♣ 93
```

西	北	东	南
1♠	5◆	5♠	--
5NT[1]	--	6♣[2]	--
6◆[3]	--	7♣[4]	==

1. 满贯选择。

2. 叫出更有可能作为将牌的梅花套。

3. 显示方块第一轮控制，大满贯兴趣。

4. 同伴至少应该是类似于实际持牌了。

11.2.5 大满贯选择

问题 11.2 5NT 可以用来请同伴于六阶选择满贯，那么如果我们需要在七阶上选择满贯呢？

叫比可能的大满贯低一级的叫品（6NT 除外）——即 6♠ 以上但不可能作为最后定约的某个叫品。

例 11.39　2021 年 BBO 网络对抗赛

第 9 副　东西有局

```
              ♠ J1082
              ♥ Q7642
              ♦ 9
              ♣ 843

♠ K954        北          ♠ AQ63
♥ K108                    ♥ A
♦ AJ3    西         东     ♦ KQ8652
♣ AQ10        南          ♣ 65

              ♠ 7
              ♥ J953
              ♦ 1074
              ♣ KJ972
```

西	北	东	南
--	--	1♦	--
1♠	--	4♥[1]	--
4NT[2]	--	5♠[3]	--
5NT[4]	--	7♥[5]	--
7NT[6]	==		

1. 并非最标准的 Splinter 叫，但已是最接近的描述。

2. 反冲式罗马关键张问叫。

3. 2 个关键张及♠Q。

4. 问特定 K，大满贯兴趣。

5. 方块上有额外的大牌及长度，请同伴在 7♠ 和 7NT 中选择。

6. 同伴单张♥A，不会只凭含 KQ 的 5 张方块就提供 7NT 作为选择。这手牌有足够的余力选择 7NT。

7♠ 必须要求黑桃不失，而 7NT 则还有飞中♣K 的额外机会。

例 11.40 2017 年世界桥牌团体赛跨国队式赛决赛

第 8 副　双方无局

	西	东	
♠ QJ5		♠ A92	
♥ AK108		♥ Q	
♦ A		♦ KQ10954	
♣ QJ1054		♣ AK2	

本例也是百慕大杯决赛的第 104 副，我们已在第 4 章中分析了法国队的进程。下面来看看波兰组合在跨国队式赛决赛中的表现：

Kalita	Nowosadzki
1♣	1♦
1♥	2♦[1]
3♣	4♣
4♦[2]	4NT[3]
5NT[4]	6♠[5]
7♣	==

1. 人为逼叫。

2. 扣叫。

3. 关键张问叫。

4. 2 个关键张及♣Q，外加 1 个旁门 K。

5. 大满贯选择。

西家如果有 2 张方块而没有♣J，7NT 才是最佳定约。

由于闭室的东西组合仅叫到并完成 6NT，7♣定约赢得了 10IMP。

第三部分

相关用法及约定

在这一部分，我们将陆续讨论几个与满贯叫牌密切相关的、需要同伴间讨论并达成一致的用法及约定。

4NT 绝对是高阶叫牌中拥有最多可能含义的叫品。而具体进程中的确切含义既要依靠合理的逻辑分析，也要有赖于同伴间的默契。

接下来我们就 4NT 比较常见的五种用法依优先顺序展开讨论。

12.1 显示双套

应该说显示双套并不是 4NT 的专利，在一些不太可能是要打所叫无将的情况下都可以用来显示双套。除了最常见的 2NT 争叫显示未叫双低花外，以下各例亦属于可以运用反常无将显示双套的情形：

a)	--	1♦	--	1♠	b) 1♠	--	2♠	--
	1NT					--	加倍	--	2NT

c) 1♦	1♠	--	2♠	d) --	1♠	--	3♠
2NT				3NT			

e) 1♠	--	3/4♠	4NT	f) 1♦	4♠	4NT

g) 1♦	4♠	--	--
4NT			

特别值得注意的是 f) 和 g) 中 4NT 的用法。在低花开叫遭到对方四阶高花阻击叫之后，以 4NT 作为显示低于对方花色的双套牌为普遍的用法。

在 f) 中，应叫人可能持梅花或红心比方块长 2 张的双套牌，例如：

♠3	♥K3	♦K1053	♣AQ8762，或
♠3	♥AQ8762	♦K1053	♣K3

持前一手牌将对同伴的五阶低花不叫；持后一手牌将在同伴的5♣后叫5♦显示红心加方块套，而在同伴的5♦后不叫。

在 g）中的情况较为复杂，此时叫4NT 和5♣都应是某种6−5 的双套牌，只不过5♣肯定是双低花而4NT 还有双红套的可能性。传统的办法是：5♣显示5−5 或5−6 低花，即要求同伴持等长低花时不叫；4NT 为5−6 双红套或6−5 双低花，即要求同伴持等长低花时叫5♦。类似地，当开叫人持5−6 双红套时将在同伴的5♣后叫5♦，而在同伴的5♦后不叫。由于只有在应叫人选择5♣时，开叫人才能明确地表达出5−6 双红套，因此其会希望同伴有更多地叫5♣的机会。于是也就产生了一个改良的处理：对调传统的4NT 和5♣对可能低花双套的描述，即4NT 为5−6 双红套或5−5/5−6 低花——使得同伴选择梅花的可能性更大，而5♣则表示6−5 低花——要求同伴持等长低花时改叫5♦。

例 12.1 南北有局

♠ AQ109873
♥ —
♦ J74
♣ K74

♠ —	北	♠ K654
♥ KQ1076	西 东	♥ A9854
♦ AQ10652	南	♦ 98
♣ Q3		♣ 98

♠ J2
♥ J32
♦ K2
♣ AJ10652

开室：

西	东
1♦	(1♠) −−
4NT[1]	5♦
==	

闭室：

西	东
1♦	(1♠) −−
4NT[2]	5♣
5♦	5♥
==	

1. 传统方式，5－6 双红套或 6－5 双低花。
2. 改良方式，5－6 双红套或 5－5/5－6 双低花。

开室使用传统方式的 4NT，之后持 2－2 低花的应叫人选择 5◆。之后开叫人因不确定同伴是否配合红心而不叫。虽然是合理的选择，但 5◆ 难逃一宕的结果令人伤心。

闭室使用改良的 4NT，之后持 2－2 低花的应叫人选择 5♣。接下来开叫人以 5◆ 澄清为 5－6 双红套。5♥ 成为最后定约且毫无困难地完成。

那么如果前面 f）和 g）中的开叫由保证 3 张的 1◆ 改成保证 5 张的 1♥ 呢？在 g）中，4NT 仍然是显示双套牌——6－5 的红心加低花。而在 f）中，我们将采取第 7 章中提到过的同伴实叫 5 张以上套而问叫人无显示配合的逼叫手段时做关键张问叫的处理方式。而正好持双低套时则考虑加倍。

例 12.2 双方有局

```
              ♠ KJ10763
              ♥ 1084
              ♦ A103
              ♣ 7

  ♠ —                        ♠ A42
  ♥ Q2          北           ♥ AK53
  ♦ Q97652   西     东       ♦ KJ4
  ♣ Q9876       南           ♣ AK3

              ♠ Q985
              ♥ J976
              ♦ 8
              ♣ J1042
```

西	北	东	南
	2♠	加倍	4♠
4NT	--	5♠	--
5NT	--	6◆	==

西家的 4NT 是显示任意双套牌。在东家的 5♠ 之后，西家如果直接叫 6♣/◆ 应是显示该花色至少不差于另一高级花色的双套牌，而 5NT 则属于延迟出套显示高级花色好于低级花色双套牌的情形。9 张配合的方块自然优于 8 张配合的梅花，也是唯一可以完成的满贯定约。

下面来看一个在 4NT 之上使用反常无将的极端牌例。

例 12.3　2023 年 BBO 网络赛

第 6 副　东西有局

```
              ♠ QJ85
              ♥ 10982
              ♦ Q754
              ♣ 9
  ♠ 73          北          ♠ —
  ♥ Q76543   西    东      ♥ AK
  ♦ 8           南          ♦ AKJ932
  ♣ QJ53                    ♣ AK864
              ♠ AK109642
              ♥ J
              ♦ 106
              ♣ 1072
```

西	北	东	南
		2♣	4♠
--	6♠	7♦	==

7♦ 当然难逃宕一。那么在 6♠ 后东家有没有显示双套的手段呢？不仅应该有，而且可以有不止一种方式。基于我们高阶反常无将优先于自然无将的原则（前者发生的机会要高得多），直接叫 6NT 及先逼叫性不叫再在同伴加倍后叫 6NT 都应该是显示双套牌。二者的区别在于直接 6NT 为低套不差于高套，而延迟性 6NT 则是高套好于低套。这样便于同伴在持等长/强的套时做出正确的选择。例如西家可能持：

♠73　　　　♥ Q765432　　♦Q8　　　♣Q9

虽然在东家的延迟性 6NT、东家的 7♣ 之后，北家仍可能继续牺牲 7♠，但是东西方至少可以拿到 +800 而不是 -100。

同时应该明确：如果开叫人先逼叫性不叫再在同伴加倍后叫 7♣ 或 7♦，应该是所叫花色半坚固长套外加一个更高级花色的长套，例如：

♠ ——　　　♥A　　　♦AKJ93　　♣AKJ9864

303

12.2 最后一班车

当以梅花作为将牌，而 4NT 是唯一的非明确含义的叫品时，其作为最后一班车使用最为合理。关于这一点，我们已在第 3 章中做了全面的梳理。

12.3 关键张或黑木问叫

4NT 作为关键张或黑木问叫虽然在优先次序上排在第三位，但一定是出现频率最高的用法。其除了在黑桃配合之后作为反冲式罗马关键张问叫之外，在一些没有明确配合但满贯机会明显时也会被用来询问关键张或 A。我们已在第 7 章中对如何确定关键花色及各种形式的关键张问叫做了详尽的分析与举例，在此不再赘述。

12.4 自然邀叫

自由叫牌进程中，4NT 在以下的局势中为自然邀请：

· 加叫同伴的自然无将叫品至 4NT；

· Stayman 问叫、Jacoby 转移叫之后直接跳叫 4NT；

· 在第四花色、寻求止张叫、未配合的三阶自然叫后跳叫 4NT。

应该说 4NT 邀叫的情形基本上都比较明显，不易发生误会。

在开叫人显示了 10 张以上的双套牌之后，由于依照 20 法则开叫人的低限降低到了 10 点，应叫人可以通过立刻叫 4NT 和延迟性 4NT 作为双路邀请——分别显示 18～19 点的一般邀叫和 20～21 点的强邀叫。

例 12.4

♠ 2		♠ AK3
♥ J7	西　东	♥ AQ632
♦ AKJ63		♦ 102
♣ KQ743		♣ AJ2

1♦	(3♠)	4NT
6♣		==

持有不错 14 点的开叫人理应接受邀请，并顺便显示 5 张梅花套。

我们接下来重点要讨论的是 4NT 邀叫之后的后续叫牌，毕竟对于同伴而言可能并不仅仅是接受邀请或不接受邀请那么简单。

如果被邀请人持限制型牌，那么在 4NT 邀叫之后：

（1）不叫：低限，拒绝邀请。

（2）五阶配合同伴花色：低限，实叫。

（3）五阶新花色：高限逼叫。在可能有 8 张配合时为实叫（尤其是 5♣、5♦）。其中在可能有 4 - 4 配合时通常 4 张；在可能有 5 - 3 配合时通常 5 张。而在不可能有 8 张配合时为从 1 个关键张开始的加级答叫关键张。

（4）5NT：加级答叫关键张，具体取决于有几个非实叫五阶花色叫品。

（5）六阶花色：高限接受邀请，实叫 5 张套或配合同伴。

上述大纲的要点在于五阶叫牌，其理论依据为：

·4NT 之后常常还有 8 张低花配合，偶尔还可能有 8 张高花配合。因此有必要将一些五阶叫牌作为实叫——探索可能的满贯定约；

·在五阶新花色至 5NT 中至少会有 2 个叫品作为高限接受邀请并答叫关键张。这一点对于满贯成败很可能是至关重要的。

例 12.5

	西 东	
♠ J82		♠ AK3
♥ A7		♥ QJ632
♦ AKJ63		♦ Q102
♣ K43		♣ A2

1NT	2♦
2♥	4NT
6♦	==

持有高限点力且控制好的开叫人以 6♦ 接受邀请，并显示 5 张套。

例 12.6

	西 东	
♠ QJ8		♠ AK3
♥ A87		♥ QJ632
♦ KJ3		♦ Q102
♣ KQJ3		♣ A2

1NT	2♦
2♥	4NT
5♠	5NT
==	

4NT 之后五阶叫牌的含义：5♣、5♦ 显示 5 张套但不足以直接叫满贯；5♥ 显示低限 3 张红心；5♠、5NT 显示高限及奇数、偶数个关键张。

注意：由于 5♣、5♦、5♥ 均为实叫，且要保留至少两个显示关键张的叫品，我们没有显示 5 张黑桃套（1NT 开叫 5 张套可能性最低的花色）的手段。应叫人在发现缺 2 个关键张之后，止叫 5NT。

例 12.7

♠ AKQJ8	♠ 63
♥ KQJ9	♥ 872
♦ Q97	♦ AK82
♣ 9	♣ AJ42

西　东

西	东
1♠	1NT
3♥	3♠ [1]
3NT	4NT
5♦ [2]	6♣ [3]
6♠	==

1. 等待叫，同伴或许有高花额外长度。

2. 之前显示了 5-4 高花，此为碎片叫显示第三套。

3. 以六阶不可能是最后定约的叫品做满贯选择。

例 12.8

♠ 6	♠ AQJ103
♥ Q85	♥ KJ93
♦ A82	♦ KJ10
♣ AKQ864	♣ 3

西　东

西	东
1♣	1♠
3♣	3♥
3NT	4NT
==	

应叫人最后的 4NT 无疑是满贯邀叫。更为重要的一点是其在同伴显示出 6 张以上好梅花套之后，明确表明了梅花短门。如果有 2 张梅花的邀叫牌则应该叫 4♣。不难看出，联手是否有 8 张梅花直接关系到梅花吃通及满贯成败的机会。之后，缺少♣J 的开叫人知道梅花很可能要输 1 墩，作为低限牌当然是拒绝了同伴的邀请。

例 12.9　2016 年女子俱乐部联赛循环赛第四轮

第 2 副　南北有局

<pre>
                    ♠ Q854
                    ♥ J6
                    ♦ K76
                    ♣ 8763
   ♠ K3   北   ♠ AJ762
   ♥ AQ7   西   东   ♥ K942
   ♦ AQJ2   南   ♦ 4
   ♣ K542   ♣ QJ10
                    ♠ 109
                    ♥ 10853
                    ♦ 109853
                    ♣ A9
</pre>

西	北	东	南
		1♠	--
2♣	--	2♥	--
2NT	--	3♣	--
4NT	--	5♣	--
6NT	==		

东西两家都有些冒叫。开叫人在持 5 - 4 - 1 - 3 型时要多个♠Q（至少将♠J 变为♠Q）才比较适合在 4NT 之后继续叫 5♣。而持有 19 点的应叫人也不宜在 5♣后直接跃进 6NT，以 5♠表明含大牌的双张黑桃比较合适，那么开叫人接下来的 5NT 将成为最后定约。4NT 有现成的 10 墩牌；5NT 已不绝对安全但机会很不错，在实际的牌张分布下尚可完成；6NT 则在未能获得极好运气（飞中♠Q 且 3 - 3 分布）后试飞♦K 不中的情况下宕二。

例 12.10 2022 年世界桥牌综合锦标赛罗森布鲁姆杯四分之一决赛

第 18 副　南北有局

```
                        ♠ 10
                        ♥ K1093
                        ♦ 7632
                        ♣ A1098
        ♠ K87                          ♠ A9643
        ♥ A5            北              ♥ QJ7
        ♦ AKJ108     西     东          ♦ Q94
        ♣ KQJ           南              ♣ 42
                        ♠ QJ52
                        ♥ 8642
                        ♦ 5
                        ♣ 7653
```

开室：		闭室：	
西	东	西	东
Wolfson	Garner	Zia	Gold
	――		――
2♣	2♦	2♣	2♦
2NT	3♥	2NT	3♥
3♠	4NT	3♠	4NT
6♠	==	==	

　　两位西家均基于 5 张好方块而将持牌升值为 22 点——开叫强 2♣，再叫 2NT。随后东家先转移叫显示黑桃，再以 4NT 做满贯邀叫。那么开叫人接下来该当如何呢？西家持牌的优点是有黑桃配合且控制及大牌组合不错，缺点则是毕竟只有 21 点且黑桃质量一般。

　　开室的 Wolfson 决定接受邀请叫 6♠。闭室的 Zia 则在长考后不叫。

　　应该说东家的 4NT 略显激进。在同伴高限为差的 24 点时，这手 5 张套较弱的 9 点牌选择直接邀叫相当勉强。或许 3NT 更为合适，毕竟同伴在持高限且有 3 张黑桃时是会接着以扣叫显示的。

　　当然西家之后直叫 6♠ 也颇为激进，最多叫 5♠ 显示低限 3 张黑桃作为反邀请（随后持差黑桃而多次级大牌的东家可考虑改为 5NT）。在专家牌手中有个说法：边缘牌可依将牌质量决定进退。从这点上说，Zia 的不叫颇为老道。

Wolfson 的 6♠ 毫无机会。而 Zia 的 4NT 则很轻松，仅失去♣A 和♥K。

竞争叫牌进程中，加叫同伴的自然无将叫牌至 4NT 及无配合时的 4NT 跳叫也仍是自然邀叫。同时需要特别注意：与自由叫不同，在遭到对方干扰尤其是阻击叫之后，我方二人实力和牌型的不确定性都明显增加，因此在 4NT 邀叫之后并不排除大满贯的可能。

第三部分 相关用法及约定

例 12.11

♠ Q108		♠ AKJ4
♥ AQ3	西 东	♥ J8
♦ KQ632		♦ AJ7
♣ Q5		♣ A1042

（2♥）	加倍
3NT	4NT
6NT	==

在竞叫中经常遇到的一个问题是在同伴叫出了一个范围很大的 3NT 之后，有多少实力才够加叫 4NT 邀请？由于加倍之后的 2NT 为 Lebensohl 约定叫，因此一些原本属于邀叫范畴的牌也只能略为冒进至 3NT。我们不妨以推进人持高限邀叫和低限到局的 12～13 点（尽管其很可能持或强或弱的牌）作为评估的基点，那么均型牌时的 18 点应是 4NT 邀请的最低限。之后持有 15 点的推进人自然是欣然接受邀请。

例 12.12

♠ 108		♠ A62
♥ AK9863	西 东	♥ J2
♦ A2		♦ Q107
♣ KQ5		♣ A10942

1♥	（3♦）	3NT
4NT	==	

本例中开叫人在再叫时遇到的问题更多。首先是要不要做满贯试探；其次是如果试探，应该怎么继续？基于与前例类似的假设，这手 16 点的牌因含一个较好的 6 张套及不错的组合大牌，也应该属于进行满贯邀叫的低限牌。尽管大部分专家倾向于"平淡"的 4NT 加叫，但我们也应看到其并不理想，有些值得进一步探讨的地方。

首先，4NT 未体现出不错的 6 张红心，或许可能是 6-2 配合的红心定约更佳？由于 4♥ 再叫只是表示长红心而并没有满贯兴趣的含义，因此不适合这手牌。那么扣叫 4♦ 如何？这通常是表示红心的额外长度及满贯企图，且方块短。而这手低限邀叫牌又不具备后一条件，贸然选择 4♦ 很可能会误导同伴。

其次，4NT 未能开发出梅花的潜力。鉴于同伴方块止张一般，高花多半不超过 3-2，在方块长度也有限的情况下大概率上应该有一个 5 张以上的梅花套。那么只要有足够的控制，梅花满贯的前景相当可期。即使面对现在应叫人这样较为典型的低限牌，6♣ 也有一定的机会（当然对方阻击叫后可能的恶劣分布是个不利因素）。基于应叫人的实力和梅花套都可能更好，4♣ 这一有些偏离主流的再叫也是个非常值得考虑的选择。

例 12.13

♠ 108		♠ A6
♥ AK9863	西　东	♥ Q2
♦ A2		♦ Q107
♣ KQ5		♣ A109742

1♥	(3♦)	3NT
4NT		5♣¹
5♦²		5♠
7♣		==

1. 与上例相较，应叫人的 ♥J 换成了 ♥Q，梅花长套也多了 1 张。虽然从点力上说仍属低限，但这两个改进不可小视，面对同伴相对均型的邀叫则应有所表示。5♣ 不仅是出套想打，而是有着明显邀叫的意味。

2. 同伴的 5♣ 再叫无疑令人鼓舞，扣叫第一轮控制显示大满贯兴趣。

例 12.14 请判断以下进程中 4NT 的含义及实力。

a)	1♦	3♠	4NT		b)	1♠	3♦	4NT
c)	1♥	3♠	4NT		d)	1♠	3♦	加倍	--
							4NT	
e)	1♠	3♠	--	4NT	f)	2♠	2NT	--	4NT
g)	3♠	3NT	--	4NT	h)	2♠	加倍	--	4NT

a）和 b）均为自然邀叫，点力为 16+~19 点。如果需要显示有配合且有

满贯兴趣的强牌，可以在开叫花色的成局线以下扣叫。

c）注意与a）、b）的区别：如果没有特别手段（例如以4♣作为表示至少好的4♥加叫），此时应叫人无法在开叫花色成局线以下用扣叫显示配合及满贯兴趣，因此4NT是对红心的关键张问叫。

d）应是显示18～19点的自然邀叫。

e）3♠通常是以7张以上坚固低花套为依托的寻求止张打3NT。推进人的4NT为强满贯邀叫，希望同伴有1个K或更多的余力时叫满贯。

f）和g）将自然无将加叫至4NT总是邀叫，点力14～15点。

h）也是自然邀叫，点力为16+～19点。

例12.15 双方无局

```
              ♠ J2
              ♥ K4
              ♦ J10985432
              ♣ 3
  ♠ AK8                    ♠ Q94
  ♥ A953        北         ♥ QJ82
  ♦ —       西     东      ♦ AKQ7
  ♣ AJ8764      南         ♣ KQ
              ♠ 107653
              ♥ 1076
              ♦ 6
              ♣ 10952
```

西	北	东	南
1♣	3♦	4NT¹	--
5♦²	--	6NT³	--
7♣⁴	--	7NT⁵	==

1. 16+～19点，邀叫。

2. 扣叫。

3. 19点属于高限点力，但方块上的浪费应该超出了同伴的想象。不过基于♣KQ的支持还是略倾向于跳叫6NT显示高限。

4. 基于同伴的高限实力，大满贯应该没有什么问题。

5. 如此的方块赢墩，当然改为7NT。

12.5　建议最后定约

作为自然叫建议打的 4NT 是各种可能含义中优先级别最低且出现机会最低的一种。其仅限于以下局势：

- 在对方四阶低花自然叫之后（包括我方加倍）立刻叫 4NT；
- 在我方四阶低花为第一个实叫之后立刻叫 4NT；
- 在无干扰四阶低花（含配合）自然叫之后叫 4NT；
- 先自然叫 3NT，随后被同伴或对方抬到 4NT；
- 低花满贯试探中的成局选择。

例12.16　请判断以下进程中 4NT 的含义。

a) 1♠　　4♦　　--　　4NT　　b) 4♣　　--　　--　　4NT

c) 4♦　　加倍　--　　4NT　　d) 4♦　　--　　--　　加倍
　　　　　　　　　　　　　　　　　--　　4NT

e) 1♠　　3NT　4♠　　加倍　　f) 1♠　　3♥　　4♦　　--
　　--　　4NT　　　　　　　　　4NT

g) 3♣　　3♥　　--　　4♦
　　--　　4NT

a）是我方四阶低花争叫之后的实叫 4NT。

b）- d）是我方在对方四阶低花叫牌之后的实叫 4NT。

e）是我方的 3NT 被对方抬到了 4NT。

f）和 g）比较复杂，需要同伴间讨论达成一致，作为自然叫或关键张问叫均有其合理性。我们的建议是：在我方二人均显示出开叫实力且均已叫出 5 张以上套后叫出的 4NT 为关键张问叫。在 f）中仅应叫人显示出好的 6 张以上套，因此是对方块的关键张问叫；在 g）中我方二人均显示出（通常）好的 6 张以上套，因此是对问叫人主套（红心）的关键张问叫。

例12.17 2018 年世界桥牌综合锦标赛罗森布鲁姆杯 16 强赛

第 14 副　双方无局

♠ 72
♥ 64
♦ 4
♣ AKQ108763

♠ K3		♠ QJ654
♥ QJ10532	北	♥ A7
♦ A873	西　东	♦ 962
♣ J	南	♣ 952

♠ A1098
♥ K98
♦ KQJ105
♣ 4

开室：		闭室：	
北	南	北	南
Chagas	Villas – Boas	Robinson	Boyd
	1♦ (1♥)		1♦ (3♥)
2♣	2NT	4♣	4NT
3NT	==	==	

　　开室的进程比较正常。而闭室西家在同伴未开叫后悍然叫出的 3♥ 阻击显然给南北方造成了不小的压力。Robinson 不得不在四阶显示梅花，Boyd 随后叫出的 4NT 并没让这对多年的搭档产生任何疑惑——均坚定地认为属于实叫。

　　不难发现，5♣ 是很容易被击宕的——只要防守方在 ♦A 被顶出之前攻击黑桃即可。而 4NT 则只有在西家接近双明手的黑桃首攻下才会有危险。实战中，两位西家均首攻红心，两位庄家也各自收获了 10 墩。虽是一副平牌，对闭室的南北组合而言却是付出了更多的努力。

313

例 12.18 2019 年全国桥牌俱乐部锦标赛第九轮

第 12 副　南北有局

北		南
♠ AKQ		♠ 103
♥ KJ954		♥ 103
♦ —		♦ AKQ742
♣ J10642		♣ AK3

1♥	2♦
3♣	3♦
3NT	4♣
4NT	5♦
==	

　　东家误将 4NT 认为是罗马关键张问叫，而实际上在四阶低花自然叫之后接着叫出的 4NT 应为示弱止叫。

　　纵观全场，所有东西组合中约一半打 3NT 得到 9 - 11 墩，另一半宕在 5♦（♦ 5 - 2 分布）、6♣、6NT 上。

例 12.19 2010 年世界桥牌综合锦标赛罗森布鲁姆杯半决赛

第 10 副　双方有局

	北	
	♠ K32	
	♥ K2	
	♦ KQJ873	
	♣ Q5	

西		东
♠ Q9		♠ J10754
♥ J10953		♥ AQ764
♦ 104		♦ 9
♣ 10732		♣ A6

	南	
	♠ A86	
	♥ 8	
	♦ A652	
	♣ KJ984	

西	北	东	南
Hampson	Fantoni	Greco	Nunes
		1♠	——
1NT	2♦	2♥	2♠
3♥	3NT	4♥	4♠
加倍	4NT	——	6♦
==			

Fantoni 的 4NT 是在自然叫 3NT 后被对方和同伴共同抬高一阶的结果，应该适用建议最后定约的原则。而这也确是 Fantoni 的本意，遗憾的是 Nunes 误判其为满贯试探并冒进到 6♦ 宕一，损失 12IMP。

不过我们虽然支持此时的 4NT 为止叫，但对实际进程中选择 4NT（同样要宕一）持保留态度。即使同伴有 ♦A 及其扣叫承诺的 ♠A，在红心首攻下仍是只有 9 墩牌。4NT 的成功将依赖于同伴持有第三个 A，而仅需多 1 墩的 5♦很可能不管同伴是否有 3 个 A 都能通过建立梅花赢墩完成。

例 12.20　2017 年世界桥牌团体赛百慕大杯决赛

（法国队——美国二队）第 14 副　双方无局

♠ J74		♠ KQ103
♥ A	北　南	♥ KQ103
♦ KQJ43		♦ 75
♣ AKQ2		♣ J97

开室（法国队）：

Rombaut	Combescure
	1NT
3♣	3♦
4♣	4♥
5♣	5♦
==	

闭室（美国二队）：

Grue	Moss
	1♦
2♦	2♥
2♠	2NT
3♣	3NT
4NT	==

开室法国组合采用 9～12 点 1NT 开叫，后续结构与我们强 1NT 开叫之后类似。Rombaut 先检查 5 张高花，再显示 5 - 4 低花。Combescure 在持既无配合又无好控制的牌时唯一正确的选择应该是 4NT——最弱的叫品且建议最后定约。然而其选择了具有一定积极含义的 4♥，这也直接导致叫到了最差的成

局定约——5♦上，需要♦3-3才得以侥幸完成+400。

闭室美国组合前三家无局时使用精确法。Moss 在模糊1♦开叫后通过一系列自然叫很好地描述了整手牌。最后 Grue 的 4NT 邀叫成为最后定约，毫无困难地仅失去2个A，+460。

例 12.21　2019 年 BBO 练习赛

第 11 副　双方无局

♠ AKQ964		♠ 8
♥ J4	西　东	♥ AKQ102
♦ A		♦ J10743
♣ AJ98		♣ K4

1♠	2♥
3♣	3♦
3♠	3NT
4♣	4♥
4NT[1]	5♠[2]
5NT[3]	6♣[4]
7♥[5]	==

1. 与上一例不同的是 3NT 之后两边均有一次显示余力的额外动作，这时的 4NT 为关键张问叫——同时询问双方的主套。

2. 2.5 个关键张。

3. 询问特定 K。

4. ♣K。

5. 同伴有♥AKQ 和♣K，凭借 11 个顶张赢墩外加建立起两墩黑桃足以完成 7♥。

例 12.22 2009 年世界桥牌团体赛百慕大杯、威尼斯杯半决赛

第 21 副 南北有局

♠ 75
♥ AK95
♦ A7
♣ QJ432

♠ 1063	北	♠ J9842
♥ 10732	西　东	♥ QJ64
♦ 65	南	♦ 1092
♣ AK75		♣ 6

♠ AKQ
♥ 8
♦ KQJ843
♣ 1098

以下是实战八桌中四桌的进程。

保加利亚公开队：　　　　　　中国女队：

北	南		北	南
1NT	2NT		1NT	3♣
3♦	3♥		3♦	4♥
3NT	4♠		5♦	==
5♦	==			

在精确 1NT 开叫之后，两位应叫人都先转移方块再显示红心单缺，只不过保加利亚在低一阶上即完成这一描述。问题出在两位开叫人在 4♠（扣叫）、4♥ 后都没能叫 4NT，或许都是将 4NT 作为关键张问叫？但是我们认为在上述进程中，开叫人最后如果叫 4NT 均应属于实叫——毕竟无将开叫人本身就不适合做关键张问叫。尤其是保加利亚组合，相当于先叫 3NT，又被同伴抬到了 4NT，肯定应为实叫。

中国公开队：		法国女队：	
北	南	北	南
1♣	2♦	1♣	1♦
2♥	2NT	1♥	1♠
3♣	3♠	2♣	3♦
3NT	4♣	4♦	4NT
4♦	4♥	5♥	6♦
6♦	==	==	

在自然 1♣ 开叫之后，本应有更多的探索空间，但两对均冒叫到了更加出格的 6♦。中国组合叫到 4♣ 时已初步建立了梅花配合，如果使用反冲式罗马关键张问叫的话可叫 4♦ 问关键张，并在得到同伴 1 个关键张的 4♥ 问叫后止叫 4NT 或 5♣。当然这显然不是中国组合当时的用法。法国组合的问题比较明显：在四阶建立方块配合之后，应叫人在梅花无控制的情况下即选择了关键张问叫并撞到 6♦。

5♦ 和 6♦ 的庄家均在失去 ♣AK 及一次梅花将吃后仅得到 10 墩牌。

如果使用科学二盖一体系，建议的进程为：

1♣	1♦
1♥	2♦[1]
3♣	3♦
3♥	4♣[2]
4♦[3]	4♥[4]
4NT[5]	==

1. 人为逼叫，无 4 张黑桃。

2. 显示梅花配合。

3. 反冲式罗马关键张问叫。

4. 1 个关键张。

5. 止叫。

本例也凸显了 4NT 在低花满贯试探中作为成局选择的重要性。

第⑬章　5NT的各种用法

5NT 出现的频率显然要明显低于 4NT，但其同样有着多种可能的含义。清晰、完整地了解这些含义，并掌握不同进程中有效利用这一武器的技巧，同样将有效地提升我们满贯叫牌的能力。

类似于 4NT，我们也就 5NT 比较常见的六种用法依优先顺序展开讨论。

13.1　满贯选择

在现代满贯叫牌中，5NT 最为普遍的用法是满贯选择——请同伴在六阶选择一个合适的落脚点。在许多情况下：或者是我方没有明显的配合，抑或是对我方已建立的配合信心不足，都需要通过满贯选择来决定到底适合打什么花色或是无将。关丁这一点我们在第 11 章中已进行了充分的研讨。

在此我们仅就关键张问叫后以 5NT（而非 11.2.3 节中所述的叫某个花色）作为满贯选择的用法进行补充。这种情况在使用传统的 4NT 关键张问叫时并不存在，因为 5NT 将有更重要的用法，例如特定 K 问叫。但是在许多较低水平关键张问叫逐渐流行的今天，例如 3♣ 阻击开叫后的 4♦、三阶其他花色阻击开叫后的 4♣、低花关键张问叫、反冲关键张问叫等，这一用法就成为可能。由于很多答叫可在 4NT 以下完成，那么将牌 Q、旁门 K、旁门第三轮以上控制等问叫就都可以在 5NT 以下实现（有兴趣的读者不妨做一下排列）。于是（跳叫）5NT 就成了一个空闲的叫品。

319

例 13.1 2019 年北美桥牌大赛（秋季）索罗威杯第一轮

♠ 75		♠ AK84
♥ AK8753	西　东	♥ QJ962
♦ 6		♦ AQ5
♣ 10853		♣ A

Berkowitz	Cohler
2♥	4♣ [1]
4NT [2]	5NT [3]
6♣ [4]	7♥
==	

1. 该组合在弱二开叫后也使用 4♣ 作为关键张问叫。

2. 阻击叫后加四级显示 2 个关键张。

3. 满贯选择。

4. 还有 4 张梅花。

获知同伴的黑桃和方块总共最多 3 张之后，Cohler 愉快地叫到了这个极易完成却很难叫到的大满贯。

在 Berkowitz 的 4NT 答叫 2 个关键张之后，其已无旁门 K 的可能（那样的牌将做正常的一阶开叫）。因此在五阶叫新花色就是询问第三轮以上的控制，而加叫 5NT 则可用作满贯选择。不过应叫人这里以 5NT 寻求开叫人的第二套并不是为了找到更好的将牌（尽管该用途更为常见），而是为了通过了解牌型确定输墩数（一种鲜少用到的附加优点）。这一成功的大满贯叫牌同时获得了 2020 年度世界桥牌最佳叫牌奖的提名。

还有一种可能出现的情况是：在发现缺将牌 Q 之后也想考虑其他定约的可能性，毕竟有些时候即使已有 8 张配合，仍有可能是别的花色作为将牌更好。此时以 5NT 作为满贯选择无疑也是一个很好的用途。

注意：缺将牌 Q 后的 5NT 满贯选择与我们之前在第 8 章中提到的寻求特定花色组合的用法可能会有所冲突（尤其是在黑桃将牌时），同伴间须明确讨论、分析应用的局势。

例 13. 2 2022 年世界桥牌团体赛循环赛第二十二轮

（印度队——英格兰队）第 7 副 双方有局

<pre>
                        ♠ J6
                        ♥ K9
                        ♦ J106532
                        ♣ AQ4
     ♠ A98743   北   ♠ Q5
     ♥ Q10752   西   东   ♥ 643
     ♦ 8   ♦ Q974
     ♣ 6   南   ♣ 9873
                        ♠ K102
                        ♥ AJ8
                        ♦ AK
                        ♣ KJ1052
</pre>

	西	北	东	南
闭室：	Shivdasani	Norton	Thakral	Bell
			——	2NT
	——	4♣ [1]	——	4♦
	——	4♥ [2]	——	4♠ [3]
	——	5♣ [2]	——	5♦ [3]
	——	5NT [4]	——	6♣
	——	==		

1. 转移叫显示方块套。

2. 反冲式罗马关键张问叫系列。

3. 3 个关键张，无 ♦Q。

4. 满贯选择。

在所有的百慕大杯二十四桌的比赛中，英格兰队年轻的 Norton/Bell 是唯一叫到 6♣ 最佳定约并收获满贯得分的组合。其整个叫牌进程中的关键就是在关键张问叫系列发现缺 ♦Q 之后的 5NT 满贯选择。在 Norton 明确显示了 6 张不太好的方块套且无其他 4 张旁门，而且由于关键张不足希望考虑其他定约的可能性时，Bell 当然是顺水推舟叫出自己的 5 张梅花套。

注意：这里的 5NT 满贯选择与没有将牌 Q 后寻求组合帮助的用法并无矛

盾。如果寻求组合帮助，接力 5♥ 是一般性询问，而 5NT 则是明确寻求红心组合大牌。但在双方均未显示过红心长度时，不会有此特别需求。

13.2   询问特定 K

5NT 作为询问特定 K 的定义是最为清晰的，即在 4NT 关键张问叫之后以 5NT 作为特定的 K 问叫。通常是试探大满贯，但也可能是试探 6NT。这方面的问题已在第 8 章中有了完整的论述。

13.3   大满贯逼叫

大满贯逼叫为美国现代桥牌的奠基人埃利·克勃森（Ely Culbertson）于 1936 年倡议使用的约定叫。虽然名为大满贯逼叫（Grand Slam Force），实际上是一种以 5NT 作为将牌邀请的大满贯试探。在罗马关键张问叫流行之前的"古代"，由于缺乏问叫将牌 K 和 Q 的手段，这一将牌询问方式有着相当广泛的应用。而在各种关键张问叫得到普遍使用的现代，需要用 5NT 大满贯逼叫这一约定的时候已非常罕见。大约只会发生在问叫人无法使用关键张问叫的时候，比如有缺门但无法使用排除性关键张等。

对于 5NT 大满贯逼叫的答叫，我们建议随将牌花色的不同而有所区别。

·将牌为高花时的答叫：

（1）6♣，加一级：无 A 或 K。

之后，问叫人可继续接力问 Q，答叫人在有 Q 或能保证联手有 10 张将牌时叫大满贯；

（2）6♦，加二级：A 或 K，但无额外长度；

（3）6♥，加三级：A 或 K，并有额外长度，往往保证联手有 10 张将牌；

（4）6♠，加四级：AQ 或 KQ；

（5）6NT，加五级：AK；

（6）7♣，加六级：AKQ。

·将牌为方块时的答叫：

（1）6♣，加一级：无 A、K 或 Q；

（2）6♦，加二级：有 AKQ 中的一张；

（3）6♥、6♠、6NT，加三至五级：等同于将牌为高花时的加四至六级，即 AQ 或 KQ、AK、AKQ。

即将将牌为高花时的前三级合并为二级，其他答叫依序向前提一级。

·将牌为梅花时的答叫：

（1）6♣，加一级：最多有 AKQ 中的一张；

（2）6♦、6♥、6♠，加二至四级：等同于将牌为高花时的加四至六级，即 AQ 或 KQ、AK、AKQ。

即将将牌为高花时的前三级合并为一级，其他答叫依序向前提二级。

注意： 以上有 2 张大牌的答叫往往已越过了六阶将牌，但这些答叫仍可能有其意义。问叫人或许将在 6NT、七阶花色定约和 7NT 中做选择。

例 13.3

♠ A3		♠ 2
♥ —	西 东	♥ 987654
♦ AKQ643		♦ 105
♣ Q10962		♣ AKJ4

1♦	1♥
2♣	3♣
3♦	4♠[1]
5NT[2]	7♣[3]
==	

1. 之前的 3♣ 只是邀叫，现在的 Splinter 叫单缺表示至少可打 5♣。

2. 由于红心缺门而无法做常规关键张问叫，因此使用 5NT 寻求同伴的 2 张梅花大牌。

3. 不存在其他高于 6♣ 的可能定约时，直接叫 7♣ 便是。

例 13.4

♠ —		♠ KJ854
♥ A1054	西 东	♥ KQ763
♦ Q92		♦ —
♣ AKQ543		♣ 872

1♣	2♠[1]
2NT[2]	3♣[3]
3♥[4]	4♦[5]
5♣[5]	5♦[5]
5NT[6]	6♠[7]
7♥[8]	==

1. 反 Flannery 约定叫，显示 8～10 点及 5 - 5 以上高花。

2. 问叫，低花套有限实力或有高花配合及满贯兴趣的强牌。

3. 高花中无额外长度。

4. 确立将牌，满贯兴趣。

5. 一系列扣叫。

6. 大满贯逼叫。

7. ♥AQ 或 KQ。

8. 理想的结果。

5NT 大满贯逼叫还有一种延伸用法，即在同伴显示出 6 张以上且至少半坚固的长套后，以 5NT 要求同伴在持坚固套时叫大满贯。

例 13.5 2022 年土耳其混合团体赛第八轮

第 8 副　双方无局

西	东
♠ AJ52	♠ 9
♥ AKQ	♥ J64
♦ AK1095	♦ 32
♣ 5	♣ AKQJ987

Kaya	Yavas
1♦	2♣
2♠	3♣
3♥	4♣
5NT	7♣
==	

在应叫人连续叫出 2♣、3♣、（越过 3NT 的）4♣ 之后，开叫人的 5NT 为寻求同伴坚固套的大满贯试探。而应叫人也不负所望，直奔 7♣。

13.4 小满贯邀叫

5NT 在以下情况下为小满贯邀叫：

· 无法用 4NT 邀叫；

· 同伴示弱 4NT；

· 同伴的 4NT 是（半逼迫性）首次叫无将。

例 13.6 2017 年世界桥牌团体赛循环赛第二轮

（美国二队——中国队）第 2 副 南北有局

♠ K92		♠ AJ73
♥ AKQ9	北 南	♥ 85
♦ AK7		♦ Q53
♣ K52		♣ QJ107

Martel	Fleisher
$(2♠^1)$	--
$3NT^2$	$4♣^3$
$4♥$	$5NT^4$
$6♥^5$	6NT
==	

1. 黑桃加一低花的阻击叫。

2. 19 点以上均型或含有长套的好牌。

3. Baron Stayman 问叫，请同伴由低往高叫 4 张以上套。

4. 此时叫 4NT 为示弱，而 5NT 则是小满贯邀叫。

5. 22 点均型牌，接受邀请。

例 13.7 2018 年世界桥牌综合锦标赛公开组双人赛决赛第五节

第 17 副　双方无局

```
                    ♠ A1097
                    ♥ AK109
                    ♦ KJ9
                    ♣ Q7
  ♠ J654                           ♠ K3
  ♥ Q76          北                ♥ J543
  ♦ 532       西    东             ♦ 976
  ♣ 1054         南                ♣ J862
                    ♠ Q82
                    ♥ 82
                    ♦ AQ104
                    ♣ AK93
```

西	北	东	南
	1NT	--	2♣
--	2♥	--	4♣ [1]
--	4♦ [2]	--	4NT
--	5NT [3]	--	6NT
==			

1. 低花 Stayman。

2. 无 4 张低花。

3. 同伴 4♣ 保证 14 点以上及满贯兴趣，但在寻求低花未果后撤至 4NT。作为 1NT 开叫的绝对高限，理应继续邀叫。

通过黑桃双飞完成 6NT 将得到 89% 的比赛分。

例 13.8　双方无局

```
                    ♠ 7
                    ♥ 972
                    ♦ K1098652
                    ♣ 86

  ♠ AKQ94        北          ♠ 53
  ♥ QJ5       西    东        ♥ A43
  ♦ A743         南          ♦ QJ
  ♣ 2                        ♣ AKQJ93

                    ♠ J10862
                    ♥ K1086
                    ♦ —
                    ♣ 10754
```

西	北	东	南
1♠	3♦	4♦[1]	--
4NT	--	5NT	--
6NT	==		

1．对换叫，4♣为配合黑桃的扣叫，4♦则是梅花套。

开叫人 4NT 为首个无将实叫，之后应叫人的 5NT 为满贯邀请。

13.5　大满贯邀叫

如果我方被迫在五阶出套，那么 5NT 就仅仅是否认对方花色第一轮控制（无法扣叫）的一般性邀请。这与四阶低花后常用的 4NT 实叫完全不同。其主要原因在于五阶花色定约已经到局，5NT 实叫（或作为小满贯邀请）并无多大意义，毕竟其恰好是唯一可完成的五阶定约的机会极小。

例 13.9 双方无局

<pre>
                    ♠ 864
                    ♥ AKQ10964
                    ♦ 74
                    ♣ 3
    ♠ AJ9   ┌─────────┐   ♠ Q5
    ♥ 872   │   北   │   ♥ —
    ♦ AQJ65   │ 西   东 │   ♦ K32
    ♣ Q4   │   南   │   ♣ AKJ107652
                   └─────────┘
                    ♠ K10732
                    ♥ J53
                    ♦ 1098
                    ♣ 98
</pre>

西	北	东	南
	(4♥)	5♣	--
5NT	--	7♣	==

　　西家在同伴的 5♣ 之后具备至少加叫至小满贯、足以邀请大满贯的实力。5NT 表明对方花色（红心）中无第一轮控制，但另外两个花色既有控制又有赢墩。之后持有红心缺门及低花中余力的东家自是欣然接受邀请叫进大满贯。在某些局势下，5NT 也可以是在为大满贯邀叫做准备。

例 13.10 双方有局

<pre>
                    ♠ A4
                    ♥ 10842
                    ♦ J54
                    ♣ 9842
    ♠ ——   ┌─────────┐   ♠ 875
    ♥ A5   │   北   │   ♥ KJ963
    ♦ A109862   │ 西   东 │   ♦ KQ3
    ♣ KQ1063   │   南   │   ♣ AJ
                   └─────────┘
                    ♠ KQJ109632
                    ♥ Q7
                    ♦ 7
                    ♣ 75
</pre>

西	北	东	南
1♦	--	1♥	4♠
4NT[1]	--	5NT[2]	--
6♣	--	6♦[3]	--
7♦[4]	==		

1. 方块好于梅花的双低花套。

2. 第一含义是满贯选择。

3. 显然在叫 5NT 时就决定要叫 6♦ 了。相对于直接叫 6♦，这是有大满贯兴趣的邀叫。同时因未扣叫 5♠ 而否认有黑桃首轮控制。

4. 相信同伴在低花上会有 3 个关键张外加一定的余力，大满贯应该有不错的机会。

13.6 建议最后定约

5NT 作为最后定约的情况非常罕见，但即便是在自由叫牌中也并非完全不可能。

例 13.11

♠ K5		♠ AQ932
♥ AQ975	西 东	♥ 4
♦ AJ3		♦ KQ5
♣ KQJ		♣ 10862

2NT	3♥[1]
3♠	4♣
4♦[2]	5♦[3]
5NT[4]	==

1. 黑桃转移叫。

2. 高限，但既无 3 张黑桃也无 4 张梅花，即大牌位置及控制均好。

3. 碎片叫，因之前先叫了 4♣ 而一定是 3 张方块。

4. 依然没有配合，且在同伴的红心短门中颇多点力，理应示弱。

作为邀叫实力的应叫人，充分展型是满贯试探的有效步骤。如果开叫人的大牌不变，牌型由 2-5-3-3 换作 2-3-5-3，6♦ 将是很好的定约。

第 14 章　五阶高花加叫及后续

（跳）加叫五阶高花属于满贯邀叫，这一点是显而易见的。但是与之相关的一些细节可能就没那么确定了。比如：其对同伴接受邀请的具体要求是什么？该叫品仅仅是小满贯邀叫还是也存在大满贯的可能性？

14.1　我方仅有一个未叫花色

在我方仅有一个未叫花色时，（跳）加叫五阶高花为寻求该未叫花色中的控制。同时，这类五阶高花邀叫并不排除大满贯的可能性。

之后，同伴的答叫：

（1）不叫：没有前两轮控制。

（2）5NT，分两种情况：

· 6NT 的庄位可能更好时：显示 K，提供无将与高花的满贯选择；

· 高花庄位已处有利位置，或无将与高花的庄位在同一方：第一轮控制，无旁门 A 但有额外实力。

（3）加叫六阶将牌：第二轮控制（可能打不同庄位的 6NT 时常为单张）。

（4）扣叫未叫花色：第一轮控制，0 或 2 个旁门 A。

（5）其他花色：第一轮控制，1 个旁门 A。无额外实力时叫有 A 的花色，（之前叫牌保证）有额外实力时则显示额外实力的位置。

例 14.1

♠ AK52		♠ QJ43
♥ A	西　东	♥ KQ964
♦ Q3		♦ 74
♣ AKQJ63		♣ 104

330

2♣	2♦
3♣	3♥
3♠	5♠[1]
==[2]	

1. 同伴持两套强牌，这手牌显然不能只满足于4♠。在只有方块这一个未叫花色时，加叫5♠是寻求该花色中的控制，要求同伴在有第二轮以上控制时继续叫牌，否则就不叫。

2. 缺乏方块控制，当然不叫。

例 14.2

西	东
♠ 2	♠ AKQ108653
♥ AK987	♥ 64
♦ AK1043	♦ 2
♣ K3	♣ J4

西	东
1♥	1♠
3♦	3♠
3NT	5♠[1]
5NT[2]	6NT
==	

1. 寻求未叫花色梅花中的控制。

2. 由开叫人主打的6NT可能是最佳定约，显示♣K。

例 14.3

西	东
♠ 2	♠ AKQ108653
♥ AKQ87	♥ 64
♦ AJ1043	♦ 2
♣ A3	♣ J4

西	东
1♥	1♠
3♦	3♠
3NT	5♠
6♣[1]	6♦[2]
7♠[3]	==

1. 梅花第一轮控制，且有另外2个旁门A。

2. 关键张到齐，进一步试探大满贯。

3. 连张 ♥ KQ 足以接受大满贯邀叫。

例 14.4

♠ AKJ643		♠ 2
♥ AQ106	西 东	♥ KJ72
♦ Q5		♦ A1065
♣ 6		♣ AK54

1♠	2♣
2♥	3♥
3NT[1]	4♣
5♥[2]	6♣[3]
6♦[4]	7♥[5]
==	

1. 黑桃扣叫，严肃满贯试探。

2. 寻求未叫花色方块中的控制。

3. 方块第一轮控制及 ♣A。

4. 大满贯邀叫。

5. 6♣ 已否认 ♦K，否则之前应 6♦ 显示余力位置。♣K 应足以接受邀请。

例 14.5

♠ AKQJ102		♠ —
♥ Q98	西 东	♥ A104
♦ J9		♦ AK74
♣ A3		♣ K109874

1♠	2♣
3♠[1]	4♦[2]
5♠[3]	6♣[4]
6♦[5]	7♠
==	

1. 中限实力，至少 6 张半坚固以上套。

2. 扣叫。

3. 寻求未叫花色红心中的控制。

4. 红心第一轮控制及 1 个旁门 A，显示余力位置。

5. 接力继续大满贯试探。

例 14.6 2017 年美国桥牌锦标赛暨国家队选拔赛二队决赛第七节

第 9 副　东西有局

```
                    ♠ 432
                    ♥ J62
                    ♦ 108
                    ♣ J8765
♠ A              北              ♠ KQJ1076
♥ AKQ105      西    东           ♥ 987
♦ J7             南              ♦ AQ94
♣ AKQ43                         ♣ —
                    ♠ 985
                    ♥ 43
                    ♦ K6532
                    ♣ 1092
```

闭室：	西 Hampson	北 Fleisher	东 Greco	南 Martel
			1♠	--
	2♥	--	2♠	--
	3♣	--	3♠	--
	4♦[1]	--	4♥	--
	5♠[2]	--	6♠[3]	==

1. 唯一显示黑桃支持的逼叫，并不保证方块中的控制。

2. 寻求未叫花色方块中的控制。

3. 专家们一致批评东家，此时其应该叫 6♦ 显示第一轮控制。之后西家当无困难地叫出 7♠。

这副牌的最佳定约是由东家主打 7NT，其次是 7♠。另一桌的东西组合叫到再次的 7♥，所幸红心正常分布而成功获得 13IMP。

14.2　对方叫过某个花色

在对方叫过某个花色之后，我方未显示对方花色中控制时的五阶高花（跳）加叫的含义及后续与我方仅有一个未叫花色时类似。但在叫牌空间被压缩时除了要求同伴有对方花色控制外，或许还有更高的要求。

a) 1♥　　3♦　　5♥　　　b) 1♥　　　4♦　　　5♥

在 a) 中，应叫人可以扣叫 4♦——低于四阶将牌，作为不保证方块控制的满贯试探。因此 5♥ 跳加叫只是需要同伴有方块控制就可以打满贯。

在 b) 中，应叫人如果扣叫 5♦——高于四阶将牌，是保证方块控制的满贯试探。因此 5♥ 跳加叫将是无方块控制时唯一的满贯试探叫，因此其在需要同伴有方块控制的同时还希望其总体实力不太差。这里有一些模糊的空间，拜对方强烈的阻击叫所赐而需要一些临场的判断。

例 14.7

	西	东	
♠ Q10962			♠ AKJ54
♥ 654			♥ —
♦ —			♦ KQJ74
♣ AKQJ7			♣ 863

西	东
(3♥)	4♦ [1]
5♠ [2]	5NT [3]
7♠ [4]	==

1. 5 - 5 以上的黑桃加方块双套，逼叫。

2. 配合黑桃，寻求红心控制的满贯邀叫。正常情况下同伴在两个主套中各有 2 个大牌，期望其同时能控制住红心。

3. 5♠ 已处于有利庄位，所以 5NT 是显示红心第一轮控制及余力，但没有旁门 A。

4. 同伴显示余力，♠AK 肯定是有保障的。

例 14.8

♠ 96			♠ 54
♥ KQ108654	西	东	♥ AJ3
♦ AKJ8			♦ 7
♣ —			♣ AKJ10654

	(2♠)	3♣	(3♠)
	4♦¹		5♥²
	==		

1. 显示红心长套。

竞争叫牌中有些专家牌手在敌我双方各叫一套，而在四阶有一高一低两个未叫花色时采用对换叫，以避免四阶实叫高花（如本例中的4♥）是否逼叫的问题。笔者亦推荐成熟的组合采取该用法。

2. 红心配合，希望同伴在有黑桃控制时叫进满贯。

例 14.9

♠ Q9653			♠ AKJ2
♥ 5	西	东	♥ AKQJ2
♦ A82			♦ 65
♣ A987			♣ K4

	(3♦)	加倍
	4♠	5♠¹
	6♣²	7♠³
	==	

1. 对方花色中无控制的邀叫。

2. 方块第一轮控制，外加♣A。

3. 同伴♠Q 总是有的。如果不放心，用6♦检查一下亦无不可。

例14.10 2019 年世界桥牌团体赛百慕大杯循环赛第九轮

（意大利队——中国队）第 5 副　南北有局

```
              ♠ Q
              ♥ 2
              ♦ J10963
              ♣ AQ8642
♠ K10632                      ♠ AJ8754
♥ A          北                ♥ Q65
♦ KQ4      西    东             ♦ A752
♣ K973        南                ♣ —
              ♠ 9
              ♥ KJ1098743
              ♦ 8
              ♣ J105
```

开室（中国队）：		闭室（意大利队）：	
西	东	西	东
	1♠（3♥）		1♠（3♥）
4♥	5♠	4♣（加倍）	4♦
6♠	==	4NT	6♣
		7♠	==

开室西家的扣叫 4♥ 表明黑桃配合，且好于直接叫 4♠ 的牌，但不保证红心控制。之后在同伴以 5♠ 寻求红心控制时，直接叫 6♠ 有些匆忙了。这手牌不仅有第一轮红心控制，且有包括极好的黑桃及另外 2 个旁门 K 在内的诸多余力。类似前一节的讨论，在同伴的黑桃定约已处于有利庄位时，叫 5NT 显示红心第一轮控制及余力但无旁门 A 是合适的后续。之后西家可以进一步叫 6♦ 寻求帮助并进而叫到 7♠。

闭室的意大利组合（及许多世界级组合）在我方高花开叫、对方三阶阻击后均采用 4♣ 与扣叫对方花色的对换叫，即 4♣ 为配合高花的扣叫，而扣叫对方花色则是显示梅花套。笔者亦强烈推荐这一用法。其优势在于为常见的有实力配合到局的牌留出了试探满贯的空间。而对于需要显示梅花套的强牌而言，稍微高一点问题不大，起码在 5♣ 之前还有空间。这一约定使得这副牌的后续变得轻而易举。西家足以在同伴的 4♦ 扣叫后启动关键张问叫，并在得到 6♣（该组合表示 2 个关键张及缺门）的答叫后直达 7♠。

虽然前述关于五阶加叫及后续的约定主要是针对高花定约，但在一些低花的满贯进程中，一方在4♣、4♦后直接加叫5♣、5♦时也适用。

例14.11

♠ K		♠ AJ62
♥ AK83	西　东	♥ Q7
♦ Q97642		♦ AK53
♣ 54		♣ Q83

1♦	1♠
2♦	2♥ [1]
3♥ [2]	4♦ [3]
5♦ [4]	== [5]

1. 人为逼叫。

2. 4张红心。

3. 澄清2♥是为显示方块支持做准备，且表示有满贯兴趣。

4. 如果♠K换成♣K，或♣4换成♠4，即使是低限牌，在之前已做过有限叫的前提下仍应扣叫5♣向同伴传达在唯一未叫花色中有控制这一重要信息。

5. 同伴直接止叫5♦，应该是低限且在梅花中无控制。

五阶高花满贯邀叫还有一点值得注意：在条件允许时，较快的进程只要求同伴在特定花色中有控制；而较慢的进程则要求同伴除特定花色中有控制外还有额外实力。

例14.12　2015年世界桥牌团体赛百慕大杯决赛

（瑞典队——波兰队）第16副　东西有局

	♠ KQ2	
	♥ A1054	
	♦ Q108754	
	♣ —	
♠ A10873	北	♠ 94
♥ J2	西　东	♥ 93
♦ AJ32	南	♦ 9
♣ J3		♣ Q9876542
	♠ J65	
	♥ KQ876	
	♦ K6	
	♣ AK10	

开室（瑞典队）：		闭室（波兰队）：	
北	南	北	南
Upmark	Nystrom	Jassem	Mazurkiewicz
			（1♠）
1♦	1♥（1♠）	2♦	2♥
3♥	5♥	4♥	==
6♥	==		

闭室西家的 1♠ 开叫使得波兰队南北组合未曾有过试探满贯的想法。

开室瑞典队 Upmark 的跳加叫 3♥ 显然是考虑了牌型点的加分因素。而 Nystrom 则肯定对同伴的硬实力有着更高的期望——立刻跳叫 5♥ 寻求有黑桃控制的满贯，结果发现虽然同伴黑桃有控制，6♥ 却在缺 2 个旁门 A 的情况下迅速宕一。实际上，Nystrom 不妨先扣叫 4♣，然后再在同伴可能的 4♦、4♥ 之后跳叫 5♥，毕竟除了黑桃控制之外还需要同伴有 2 个关键张。

接下来我们比较两组进程，以区分有无对方花色控制的满贯邀请。

a) 1♦　3♠　5♥　　　　　b) 1♦　　3♠　　4NT　　--
　　　　　　　　　　　　　　　5♣/5♦--　　5♥

在 a) 中，直接 5♥ 应是无黑桃控制的满贯邀请。而 b) 中经过 4NT（第一含义为选择低花）的延迟性 5♥ 则是有黑桃控制的满贯邀请。

c) 3♦　　加倍　　--　　5♥　　d) 3♦　　加倍　　--　　4♦
　　　　　　　　　　　　　　　　　　--　　4♠　　--　　5♥

在 c) 中，直接 5♥ 是无方块控制的满贯邀请。而 d) 中经过 4♦（第一含义为选择高花）的延迟性 5♥ 应是有方块控制的满贯邀请。

那么下面的一快一慢两个进程又各代表什么牌呢？

e) 4♥　　5♠　　　　　　f) 4♥　　4NT　　--　　5♦
　　　　　　　　　　　　　　　--　　5♠

首先要厘清对方 4♥ 阻击叫之后叫 4NT、5♥ 的含义（详见《现代防守叫牌——机遇与挑战》）：4NT 通常是双低套，但也不排除是黑桃加低花的极强牌，例如 f) 中可能的持牌是：♠AQJ1074 ♥— ♦AK1084 ♣K5；5♥ 则是准三套强牌，例如：♠AQJ9 ♥— ♦AKQ4 ♣AQ1087，即不愿意因加倍而被持相对均型牌的同伴不叫的牌。那么当持黑桃单套牌且不甘心仅叫 4♠ 时就只能以 5♠ 作为一般的满贯邀叫，至于对方花色红心中的控制则是未知数，例如：♠AKQJ974 ♥A8 ♦A4 ♣K5。

例 14.13 2021 年美国桥牌锦标赛暨国家队选拔赛决赛

第 44 副　南北有局

```
                    ♠ K93
                    ♥ AKJ7
                    ♦ J875
                    ♣ A2
    ♠ 2          ┌─────────┐      ♠ Q4
    ♥ 4          │   北    │      ♥ Q10985
    ♦ K1042      │西      东│      ♦ Q93
    ♣ KJ96543    │   南    │      ♣ Q108
                 └─────────┘
                    ♠ AJ108765
                    ♥ 632
                    ♦ A6
                    ♣ 7
```

西	北	东	南
Hurd	Nickell	Bathurst	Katz
3♣	加倍	--	4♣
--	4♥	--	5♠
--	6♣	--	6♦
--	6♥	--	6♠
==			

　　Katz 通过先 4♣ 再跳叫 5♠ 的方式准确地描述了一手有梅花控制的黑桃单套满贯邀请牌。之后，Nickell 显示出了余力及 ♣A 以试探大满贯。最后因总体实力不足而止于不错的 6♠ 定约。

　　Katz 接下来的做庄也表现出了与其叫牌相当的高水准。面对正常的 ♥4 首攻（方块首攻将击败 6♠），Katz 以明手 ♥A 吃住后连打六轮黑桃。明手垫 3 张方块，Bathurst 则是抛弃 3 张梅花及 ♥5。Katz 接着 ♣7 到 ♣A，将吃明手 ♣2。此时的 Bathurst 彻底崩溃。如果其保留 3 张红心、1 张方块，Katz 可拔 ♦A，小红心投入 Bathurst，♥KJ 将获得最后 2 墩。而在 Bathurst 实际保留红花色各 2 张后，Katz 送 1 墩红心建立起第 4 张红心，收获 +1430 及 13IMP（另一桌的对手止于 5♠）。

14.3 其他情况

如果我方没有未叫花色或有两个以上未叫花色，而对方又没有争叫或我方已表明对方花色中的控制，那么（跳）加叫五阶高花就表示既不适合用关键张问叫也不适合用扣叫的牌。其持牌大致有两类：

·第一类：控制很好但将牌不佳。这类牌缺的是赢墩或好的将牌而不是关键张；同时由于控制多，一般的扣叫也不能充分显示其实力。

·第二类：控制很差但将牌很好。这类牌由于控制差而无扣叫可用；同时由于某门花色无前两轮控制，也不宜用关键张问叫。

上面这两类牌的情形几乎是相反的，其同伴结合手上的牌通常是不难区分的。请看下面的例子：

例 14.14

西		东
♠ 3		♠ AJ652
♥ Q963		♥ KJ102
♦ AK76		♦ —
♣ AK107		♣ Q983

西	东
1♦	1♠
2♣	3♣
3♥[1]	3♠[2]
3NT[3]	4♥[4]
5♥[5]	6♥[6]
==	

1. 描述性叫牌，显示（准）三套牌。

2. 作为之前 3♣ 邀叫中极好的牌，扣叫 3♠。由于已知同伴黑桃为短门，这一定是显示 ♠A 且浪费不多的高限牌。

3. 又一个描述性叫牌，显示黑桃不是缺门。

4. 明确表明 4 张红心。

5. 同伴表明持 5-4-0-4 型，且基本都是有效点。这手牌是高限点力，但方块上有浪费且红心又偏弱，邀叫比较合适。

340

6. 同伴的5♥显然是基于很好的控制。持高限实力且红心不错时理应接受邀请。

第 三 部 分 相 关 用 法 及 约 定

例 14.15

西		东
♠ —		♠ A97
♥ AJ109764		♥ 53
♦ AQJ42		♦ K3
♣ 9		♣ AK8653

西	东
1♥	2♣
2♦	2♠
3♥	3♠
4♦	5♥[1]
6♥[2]	==

1. 都是控制，只要同伴的将牌足够好就可以打成满贯。

2. 将牌有足够的中间张，理应接受邀请。

例 14.16 2020 年美国定约桥牌协会（ACBL）网络双人赛

西		东
♠ AQ109754		♠ 6
♥ AK		♥ Q652
♦ AKQ8		♦ 963
♣ —		♣ KQ653

西	东
2♣	2♦
2♠	2NT[1]
3♦	3NT
5♠[2]	==[3]

1. 不是二度示弱的极弱牌，但无 3 张黑桃。

2. 寻求一定的黑桃支持。

强 2♣ 开叫人在显示了两套后直接跳叫主套至五阶应表明 7 张以上好套（但并不坚固，否则不会先叫 3♦），即对着同伴的单张也可一打。并且由于未叫第三套，也清晰地告知同伴在红心和梅花中的点力均属无效。

3. 单张小黑桃，当然拒绝邀请。

实战中很多组合对 5♠ 的含义没有明确的认识，要么开叫人在 3NT 后直冲 6♠，要么应叫人在 5♠ 后凭借 ♣KQ 和 ♥Q 而叫进满贯。

假设将应叫人的牌换成：

♠K   ♥J652   ♦J63   ♣97653

相信不少牌手们的最终定约也很可能会是 6♠，而错过了很好的 7♠ 定约。这时合理的进程应该是：

2♣	2♦
2♠	2NT
3♦	3NT
5♠	5NT[4]
7♠[5]	==

4. ♠K 应足以使黑桃无忧。5NT 强于直接加叫 6♠但弱于其他六阶叫牌，表明在方块上还有些许帮助。

5. 7♠在同伴有两个有利因素时当可完成。

例 14.17

♠ A985		♠ KQ632
♥ AJ5	西 东	♥ 74
♦ Q3		♦ AKJ10
♣ A1063		♣ J7

1NT	2♥
2♠[1]	3♣[2]
4♥[3]	5♠[4]
6♠[5]	==

1. 虽有 4 张黑桃，但因低限且非有效双张而不宜做超级转移叫。

2. 方块套。

3. 我们以跳叫未叫高花显示 4 张黑桃配合，很好的控制及点力位置（♦Q得到升值），而之前却不适合做超级转移叫。

4. 两个主套均无问题，但在两个未叫花色中缺乏控制。

5. 全是关键张，毫不犹豫地接受邀请。